SW
MINERVA
社会福祉叢書
56

介護現場における「ケア」とは何か

―介護職員と利用者の相互作用による「成長」―

種橋征子著

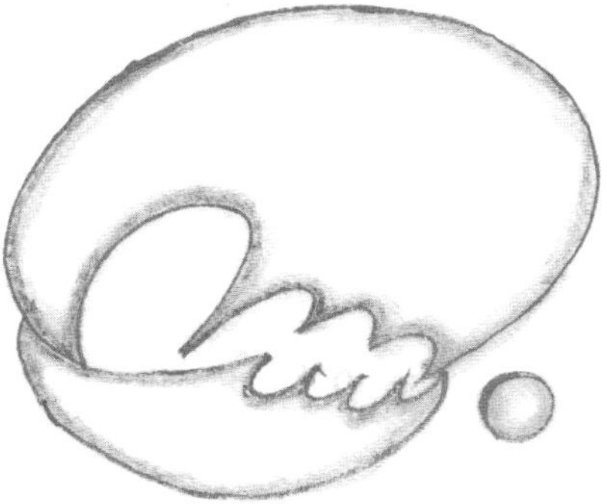

ミネルヴァ書房

はしがき

本書は，「地域包括ケア」や「ユニットケア」といった介護に関わる政策としての「ケア」，あるいは，介護方法，技術という意味での「ケア」の基盤を成し，「不安，気がかり」「気遣い，助ける」といった「ケア」という言葉が本来もつ，相反する意味を併せもった，相手の痛みに共感し気遣い助け合うことで人として成長していくといった，援助の価値，思想となる存在論としての「ケア」の概念を，介護老人福祉施設の介護職員と利用者との関わりにおける認識から明らかにし，この「ケア」の概念を介護職員が理解する意義と介護職員に対する「ケア」の概念の教育・研修方法とその課題について考察したものである。

筆者が「ケア」の概念の研究に取り組み始めたきっかけは，1990年代末から2000年代の社会福祉基礎構造改革から介護保険制度施行の流れの中で，高齢者福祉サービス事業に市場原理が導入されたことによって，本来対等であるべき援助関係が顧客獲得のために変容することや，援助者との相互作用を通じて利用者が本来の力を取り戻し，自分の人生を歩んでいくことを支えようとする，社会福祉における援助の機能が損なわれることを危惧したためである。

また，この頃，高齢者介護施設においては従来の多床室という環境の中での集団処遇から個別ケア，個室・ユニットケアというように，施設利用者に対する個別性を重視した介護の提供や施設での生活の質の向上を目指し，生活環境の整備も含めた介護のあり方，考え方が大きく転換した時期でもあった。

当時，筆者は介護職を経て，介護老人福祉施設の生活相談員，介護支援専門員として従事していたが，個別ケアの実践を向上させるためにその阻害要因は何であるのか疑問をもち，仕事を続けながら大学院の修士課程に進学した。その後，いったん退職して博士後期課程に進み，改めて，利用者に対する援助について考えてみた。そのときに，「生活の質の向上といっても，個々人のニーズはもちろん異なり，ここまで援助すればよいといった上限はない。それならば逆に，利用者が尊厳をもった一人の人として社会的な生活を送ることを保障するために，われわれ援助者がしなければならないこと，忘れてはならないことは何なのかを理解しておく必要がある。そのためには，それらを明確にしなければならないのではないか」と考えるに至った。

そんな時に出会ったのがメイヤロフ（Mayeroff, M. 1971）の *On Caring*（『ケアの本質』＝2003）である。他者とともにあり，ともに生きる社会的存在であるわれわれ人間にとって「ケア」の概念は，生きる営為そのものとも言えるものである。しかし，川本隆史（1995）が指摘するように，メイヤロフのケア論は，抽象的でわかりづらく，ただちに日常の利用者の援助に援用することは難しいと思われた。そこで，親子，友人などあらゆる人間関係の中にも存在する，この「ケア」の概念を利用者に最も身近で関わる介護施設の介護職員や訪問介護員を含めた介護労働者にわかりやすく，援用してもらいやすくするために，介護老人福祉施設の介護職員と利用者の間で展開されているケアの実態から，その概念を明らかにしようとしたのである。

本書は，「ケア」とは何かについて，先行文献における「ケア」の概念をまとめた第Ⅰ部と，介護職員と利用者の互いの関わりにおける認識から「ケア」の概念を明らかにした第Ⅱ部，今後，介護現場において「ケア」の概念の教育・研修が広く行われるよう，介護職員が「ケア」の概念を理解する意義，並びに，その研修方法と課題について考察した第Ⅲ部の三部構成となっている。各章の内容は以下の通りである。

まず序章では，高齢者福祉サービスの営利化が介護現場に及ぼす影響と介護労働者の労働環境の問題を先行研究の指摘と制度施行以前から介護労働に従事する現管理クラスの職員が認識する援助の変化や問題点を併せて示し，本書の3つの目的を示した。

第Ⅰ部は，文献における「ケア」の概念をまとめた部分である。第1章では，

「ケア」とは何か，その言葉のもつ意味や哲学・倫理学分野の先行文献，特に，ケア論の先駆的論者であるメイヤロフ（Milton Mayeroff）（1971）の *On Caring* を中心に検討した。第2章では，介護職員と利用者との間で展開される「ケア」の概念を明らかにするための調査に向け，示唆を得るために，70年代から行われてきた看護学における「ケア」の概念研究のレビューを行った。

第Ⅱ部は，介護職員と利用者の互いの関わりにおける認識から「ケア」の概念を明らかにした部分である。第3章では，介護老人福祉施設5施設15名の介護職員を対象に実施した利用者との関わりにおける認識や，対応困難な利用者との関わりについてのインタビュー調査結果から，介護職員の立場からみた「ケア」の実態を報告し，第4章では，同施設の15名の利用者を対象に実施した，介護職員との関わりにおける認識についてのインタビュー調査結果から利用者の立場からみた「ケア」の実態を報告した。続く第5章では，介護職員，利用者双方の互いの関係性に対する認識についての調査結果から，双方の関係性の実態を明らかにした。第6章では，ここまで報告してきた調査の総合考察として，調査結果から介護職員と利用者の認識から得られた「ケア」の概念と両者間における感情・認識の循環（「ケア」の実態）を示し，「ケア」の関係性とその関係性による介護職員，利用者双方にとっての「成長」を明らかにした。

第Ⅲ部は，今後，介護現場において「ケア」の概念の教育・研修が広く行われるよう，介護職員が「ケア」の概念を理解する意義，並びに，研修方法とその課題について考察した部分である。第7章では，介護老人福祉施設の介護職員10名を対象に，津村俊充（2012）の「体験学習の循環過程」を参考に計画した「ケア」の概念についての研修プログラムを実施した。その際のインタビュー調査で語られたこれまでの利用者との関わりの経験や研修プログラム終了後の気づきや認識の変化から，利用者との「ケア」の関係性の実態と介護職員が「ケア」の概念を理解する意義を考察した。第8章では，研修プログラムに対する感想や事後アンケートの結果から，フロアレベルで実施する「ケア」の研修方法とその課題について言及した。

終章では本書のまとめとして，得られた知見を基に「臨床的・技術的レベル」のケア，「制度・政策レベル」のケアに対する示唆を述べ，最後に，社会福祉専門職養成機関や介護現場における「ケア」の概念の教育の必要性を改めて指摘した。

本書で明らかにした介護職員と利用者との関わりにおける認識から得た「ケア」の概念や，介護職員，利用者が語ったエピソードは，多くの介護労働者にとっては，日ごろの業務の中ですでに類似した経験をしており，とりたてて目新しいことはないと感じられるかもしれない。しかし，そういった日常のやりとりの中には，改めて言葉にして浮かび上がらせないと埋もれてしまう大切な援助の価値があり，それらを言葉として伝えなければ気づかれないまま忘れられてしまうだろう。介護労働者と利用者の普段の関わりの中に，「ケア」の関係性は存在している。本書によって介護労働者の方々にこの「ケア」の概念を理解してもらうことで，利用者だけでなく，自分たちの存在のかけがえのなさや介護という仕事の素晴らしさを実感していただければ幸いである。

2017年3月

著　者

介護現場における「ケア」とは何か

——介護職員と利用者の相互作用による「成長」——

目　次

第Ⅲ部　「ケア」の概念の教育の必要性

序　章

なぜ今，介護現場において「ケア」の概念の理解が必要なのか

1　介護現場の現状

高齢者福祉サービス事業の営利化と影響

1990年代末に始まる社会福祉基礎構造改革から介護保険制度施行の流れにおいて高齢者福祉サービス事業に市場原理が導入され，福祉サービス事業の営利化が図られた。高齢者福祉サービス事業所間の顧客確保の競争が激しくなると同時に，利用者は消費者と位置づけられることになった（佐橋2006）。この高齢者福祉サービスの準市場化，営利化については，そもそも公益性や公共性の高い福祉サービスに営利法人を参入させたことや介護現場への影響として，介護労働者（本書では，介護施設の介護職員と訪問介護員を含めた介護職者のことを指す）の労働条件の悪化やサービスの効率化，規格化などすでに複数の問題点が指摘されている（加藤2002；廣末2002；中塩2003；廣末2007；横山2007a；2007b）。さらに，介護保険制度では，介護認定による利用者の標準規格化と介護度毎に定められた区分支給限度額によってサービスの必要性の規格化，介護認定基準策定には介護職員のタイムスタディーデータが用いられ，介護報酬も単位化されることとなり，介護労働者の提供する介護サービスは時間換算や標準化が可能な商品とみなされるようになった（Gorz =1997；田川2007）。

しかし，介護労働者の利用者に対する援助は，介護労働者から一方向的に提供され，購入者である利用者に一方向的に評価されるサービス産業の商品と同様に捉えられるものではない（岩間2004）。そのような援助関係では，抱える問題に苦しむ利用者の生きる力や潜在的にもつ力を引き出し，利用者自らが生

活を立て直したり，今までの生活を維持していくこと，あるいは，その意欲をもつことを援助することはできないだろう。社会福祉における援助には，援助者側からの一方向的なものではなく，利用者との間で目標や課題を共有し，ともにその課題の解決に向かうという共同関係が存在する（岡崎 2004)。援助の過程においても，利用者との対等な人間関係を基盤に，互いが発達，成長していくという双方向で展開されるものである（石田 2002)。

例えば，福祉サービスを家事代行サービスのようなサービス産業の商品と同様に考え，すべてではないにしろ，利用者も消費者として福祉サービスに利便性や快適さを求め，福祉サービス事業所も顧客確保や収益のために利用者の必要性（needs）ではなく，欲求（wants）に応えていこうとするならば，本来対等であるべき介護支援専門員などの相談援助職員や介護職員などの介護労働者との援助関係も，利用者を主とする主従関係に変容することが懸念される。小川栄二（2002）が，「ホームヘルプは生活全体を視野に入れた援助であって，部分サービスの寄せ集めではない」と述べているが，利用者の生活全体や価値観，将来起こりうることを見据えた援助ではなく，例えば，訪問介護であれば，入浴介助，掃除，調理というサービスの道具的な援助のみが重視され，利用者の欲求のまま，あるいは，場当たり的にサービスが提供されることになれば，根本的な問題が把握できなかったり，利用者のもつ力を奪ったり，利用者の自立を阻むことになりかねない。

社会福祉基礎構造改革から始まる福祉サービスへの市場原理の導入は，新規産業の育成や社会保障費の抑制といった政策課題から実現されたものである（横山 2003)。本来，生活上に困難を抱えた利用者を援助することとはどういったことなのか。社会福祉における援助の理念，思想が明確にされ，その上で，それを実現させるための制度・政策，システム転換が検討されなければならなかったのではないだろうか。

なぜ「ケア」の概念を探究するのか

高齢者介護や看護の現場において，定義は定まってはいないが，日頃から「介護（看護）する」「介護（看護）方法」といった意味で「ケア（care)」という言葉が用いられている。広井良典（1997）が，この「ケア」という言葉は，介護技術やケア計画といった「臨床的・技術的レベル」，社会保障制度全般や組織運営システムなどを意味する「制度・政策的レベル」，そしてそもそも「ケア」とは何なのか，それは人間にとってどういう意味をもつのかという「哲学・思想的レベル」という３つの次元で捉えられ，これらは互いに結びついていると指摘している。介護技術が発達しても，利用者に対する人権意識や思想がなければ，介護自体が単なる道具としての援助，作業で終わってしまう。人権意識や思想に基づいた介護は，制度，政策の枠組みの中で行われることで全国の介護ニーズをもつ利用者に提供されるようになって初めて意味をなすものである。

この「ケア」の枠組みを昨今の高齢者福祉の動向に照らせば，社会福祉基礎構造改革からの社会保障システム転換の流れは「制度・政策的レベル」のケアであり，介護保険制度によって広く用いられるようになったケアマネジメントやケアプランの技法は「臨床的・技術的レベル」のケア，そして，これら２つのケアの根底にある社会福祉援助の理念，思想にあたるのが「哲学・思想的レベル」のケアである。つまり，利用者を取り巻く環境やもっている力に働きかけ，双方向の関係性の中で利用者が主体的に生活していくことを援助していくためには，まず，この「哲学・思想的レベル」のケアの概念を明確にし，その上で，「制度・政策レベル」の援助システムや具体的な援助方法を検討し，相談援助職員や介護労働者の教育を実施していく必要があったと考えられる。

しかし，社会福祉基礎構造改革から介護保険制度施行の一連の流れの中にあっては，その２つのケアの根底にある介護労働者と利用者において展開される「哲学・思想的レベル」のケアの概念についての議論は行われてこなかった。

そこで本章では，高齢者福祉サービスの営利化が介護現場に及ぼす影響を，先行研究の指摘と介護保険制度開始以前から現在までサービス事業所に従事している現管理クラスの職員を対象に行った制度施行後の援助関係やサービス事業所の運営の変化についてのインタビュー調査において語られた介護現場の現状(1)を交えて示す。そして，介護労働者を取り巻く労働環境や教育の問題を指摘し，「哲学・思想的レベル」のケア（以下，「ケア」）の明確化及び，教育の必要性を述べる。

2　介護現場における問題点

利用者満足度向上の目的化に対する懸念

高齢者福祉サービス事業に市場原理が導入されて以降，特に，居宅サービス事業所の数は増加し，各事業所は安定経営のために，利用者（顧客）を確保しなければならなくなった。

介護老人福祉施設のケアマネジャーであった筆者は，特に介護保険制度導入時，いずれの事業所も利用者に選ばれることを志向し，利用者の顧客満足の向上を求めるようになったことを実感した。当時の高齢者福祉サービス事業の変革期にあって，小室豊允（2000）は，サービス利用者をカスタマーとし，福祉施設もいずれはアメニティを提供する施設になるであろうとホテルのマーケティングを参考にすることを推奨し，措置制度時代には着目されていなかった顧客満足の重要性を指摘した。また，河野篤ら（2002）は，福祉施設はサービス業であるとし，顧客が望むサービスを提供して顧客に満足してもらうという，顧客を中心とした考え方をもって施設経営にあたる必要があるとした。そして，顧客に対するサービスの質を保証するものとしてISO認証取得(2)が推奨され，実際，高齢者福祉サービス事業所における介護職員の接遇改善やISO認証取得の取り組みも複数報告されるなど，顧客確保のための利用者満足度向上の風潮が高まりを示していた（辻中 2001；兵庫 2001；今井 2001；蓬莱 2004)。現在，事業所のホームページに，利用者の満足度調査の結果やISO認証取得情報を掲載しているところもあり（パナソニック 2014；社会福祉法人湯梨浜町社会福祉協議会 2014)，顧客確保の一手段として顧客満足度の向上が重視されていることがうかがえる。

介護保険制度が導入されて以降，利用者は措置制度の「恩恵」によるサービス利用から，契約制度となって「権利」としてサービスを利用できるようになった。苦情処理システムの整備によって利用者や家族が事業所側に意見を表明する機会やサービスを評価する立場が確立されたことは，評価されるべき点である。しかし，介護労働者が提供するサービスに対し，利用者が満足と評価すればそれでよいのであろうか。

佐橋克彦（2006）は，従来のパターナリスティックな指導や保護により，利用者がどう感じているのか顧みられてこなかったことからすれば，顧客の満足度への注目は前進であるとしている。また，主観的評価である満足度について，「過去の経験や価値観と密接に関係し，サービスの質のあり方と乖離する可能性がある。満足度は購入と消費の同時性を併せ持つサービスの特性もあり，長期的に見た場合の測定は困難である。したがって，短期的な意味での評価につながりやすく，人間の生活に全体的・長期的に関わる社会福祉援助の考え方との間に葛藤を生じさせる」（佐橋 2006：200）と指摘する。援助の過程では，利用者が自分の抱える問題を的確に認識していなかったり，痛みを伴うリハビリなど目標を達成するためには，時に介護労働者は利用者の意に沿わないことを促したり，人命や尊厳を守るために行動を制しなければならないこともある。そういった場合にあっては，利用者がその援助を満足と評価するとは考え難い。また，セン（Sen, A.）が，逆境に置かれた人について「実際に，個人の力では変えることのできない逆境に置かれると，その犠牲者は，達成できないことを虚しく切望するよりは，達成可能な限られたものごとに願望を限定してしまうであろう」（Sen =1999：77）と指摘するように，利用者が現在の生活環境や受けているサービスについて何らかの満足感を表明したとしても，それをもってその利用者の生活状況やサービスの内容が客観的に質の高い状況であると判断することはできない。福祉サービスの評価基準として，満足度のみを鵜呑みにしてはならないのである。

しかし，福祉サービスの価格は同地域で同条件であれば，いずれの事業所でも同じである。そこで事業所は他事業所との差別化を図るため，例えば，通所介護事業所は，パンフレットやニュースレターに足湯などの入浴設備やカラオケなどの娯楽設備をその事業所の目玉として掲載し，事業所のアメニティを強調し，利用者やケアマネジャーの関心を集めようとしている。確かに，利用者の生活の活性化や事業所に通う意欲を高めるためにそういった設備の充実は必要なことではあり，その効果を否定するわけではない。しかし，社会福祉における援助の意義はそういったところだけにあるわけではない。ところが，今後も安定経営のために顧客確保の事業所間競争が激しくなれば，利用者にとっても，介護労働者にとっても，見てわかる形で表せて，感覚的に判断しやすい事業所の設備や清潔さ，介護労働者の言動，楽しいなど，短期的で主観的なサービス評価が重視され，結果として，利用者の表面的な満足度の向上や集客自体が目的化し，利用者個々人の抱える生活ニーズや心理的ニーズに対する援助の必要性やその過程が軽視されていくことが考えられる（川本 2005）。

措置時代とはサービス量や事業所数などの条件の違いがあるとはいえ，管理クラスの職員の語りでは，新たに運動の機械を導入したり，事業所内でしか通用しない通貨を賭け合うといったデイサービスの取り組みをあげ，生活ニーズや心理的ニーズの援助ではなく，集客に腐心する今日のデイサービスの役割やあり方に疑義が示されており，福祉サービスの本来的意義は失われようとしている。

援助関係の変容に対する懸念

さらに，介護保険制度導入後，利用者の中には，消費者として保険料や利用料を支払っているということから，サービス利用のルールを逸脱する要求をするなど，行き過ぎた権利意識をもつ人もいるという（伊藤 2007）。例えば，ケアマネジャーの倫理的ジレンマに関する調査によれば，介護保険制度が導入され，利用契約としてサービスが提供されるようになり，措置制度時代とは異なる援助関係が展開されている。具体的に，ケアマネジャーは，利用者の必要性に応じてプランを立案しても，利用者がそのサービスはいらないと言えばそのままになったり，限度額いっぱいサービスを使いたいと言われるなど，利用者の選択や権利，コスト意識を前に踏み込めなさを感じながら，利用者や家族に言われるままに御用聞き役を請け負っていることが報告されている（沖田 2002）。

他にもケアマネジャーがケース対応に困難感を抱く要因として，利用者の認知症，独居，家族関係不良といった，対応の決定に関する問題と並んで，苦情・要求過多も回答者全体の70％を超える高い割合で経験されているとの報告があり（吉江ほか 2006），経済的な理由などで必要なサービスが受けられないといった問題もある一方，利用者側の要求過多や拒否によって，適切なサービス提供がなされていない現状が示されている。

筆者自身も，居宅介護支援事業所のケアマネジャーをしていた時に，家族が望むサービス利用が，その利用者の状況には時期尚早であると判断し，その旨を伝えると，保険料を支払っているのだから，ケアマネジャーにサービスの利用を制限されるいわれはないと言われた経験がある。

また，利用者の生活に密着したサービスを提供する訪問介護員は，介護保険制度以前から「お手伝い」「家政婦」という誤った認識があり，制度導入後のその認識の強化が懸念されていた（中野 2000）。日本労働研究機構（2003）が2002年に全国854事業所の訪問介護サービス事業所に所属する訪問介護員を対象に行った訪問介護員の就業実態と意識に関する調査によれば，訪問介護員の役割について，「利用者が自分でできることまで世話するべきではない」と認識する訪問介護員が80％であるのに対し，利用者・家族は19％であった。逆に，「できるかぎりの世話をすべき」と認識する利用者・家族は67％に上った。さらに，介護問題など，訪問介護員が日頃感じていることについての自由記述の結果によれば，「細かな注文・家政婦扱い」に関する記述が「少ない収入，収入アップ」といった収入の問題よりも件数としては多く記述されていた(3)。これらの結果からは，専門職として役割を遂行しようとする訪問介護員と，何でもしてもらおうとする利用者や家族の訪問介護員の役割に対する認識には大きな隔たりがあることがわかる。

篠﨑良勝が2005年に行った介護労働者（訪問介護員と施設「介護老人保健施設・特別養護老人ホーム・グループホーム」の介護職員）が経験したケア・ハラスメント[4]に関する調査でも同様で，本来介護業務ではない医療行為の依頼や「介護労働者を家政婦と混同している家族や利用者がいる」「自分ひとりで出来るだろうと思うようなことにもすぐ，介護労働者に頼む利用者や家族がいる」といった意識・態度，利用者宅の窓ふきや利用者家族の調理など業務範囲を超えた行為である不適切事例の経験率がいずれもおおむね80％を超えるという結果であった（篠﨑 2006a）。

これらの調査結果からは利用者や家族の訪問介護員の役割に対する理解不足に加え，利用料や保険料を支払っている分できる限り利用しなければ損だという意識，訪問介護員からの一方向的なサービスを求める姿がうかがえる。従来，利用者と介護労働者の対等性が求められながらも介護労働者の優位性が危惧されていたが，利用者の行き過ぎた権利意識は，単にその立場を逆転させたに過ぎない。本来こうした問題は，国や保険者など行政が利用者や家族に援助に対する理解を促し，啓発していくべきことである。しかし，そのような行政の動きは見られない。

管理クラス職員の語りによれば，デイサービスにおいて，自分で洗身が可能でありながら，職員に自身の洗身を依頼される利用者に対し，自立支援の観点からその要求をやんわり断ると，利用自体を止めてしまう。訪問介護事業所では，利用者から「やってちょうだい」と言われたら，「はい，やります」という姿勢で，制度範囲外のサービスを行う事業所もあるという。他事業所との競争関係の中で経営上，顧客確保に重点を置かざるを得なくなっているサービス事業者にとっては，利用者や家族に正論をぶつけたところでサービス事業所の変更につながる恐れがあり，その解決は容易ではない。

逆に，事業所の利益追求のために，ケアマネジャーも所属する事業所の同組織内のサービス利用や必要以上のサービスの提供を事業所側から要求されたり（沖田 2002；高良 2007），報酬の少ない訪問介護員の家事援助を敬遠するなど事業所側主導の援助も展開されているといった問題もある（小川 2002）。このように，経営安定のために顧客確保と利益の追求が進む中では，利用者が自立した生活を送ることができるよう対等な立場で，公正・公平性を保ち，利用者のもつ潜在能力や強みに働きかけながら，必要なサービスを調整，提供することで利用者の生活を援助すること自体やその過程が軽視されてしまうのである。顧客確保のために利用者の主張通りのサービスを提供したり，逆に客観的に必要と判断されるサービスを，利用者が拒否しているからといって行わなかったり，あるいは，利益が薄いためにサービスを提供しないなど，事業所の経営を優先して，サービスを誘導することは利用者の不利益につながることは明らかである。

いずれにしても，高齢者福祉サービス事業に市場原理が導入されて以降，供給主体の種類にかかわらず，いずれの事業所も経営を安定させるために，どうしても稼働や収益を上げることが一義となり，生活課題にともに向かうという援助関係が形成され難くなることが考えられる。また，相談援助職員や介護労働者にとっても，前節において指摘したような援助を強いられれば，コスト削減による厳しい労働条件の上に，職業的アイデンティティも脅かされることになり，働き続ける意欲の低下につながることが懸念される。

介護労働者を取り巻く労働環境と介護の質の問題

従来，介護老人福祉施設などの入所施設では，利用者を集団として捉えて管理と効率を重視した身体介護中心のサービスが提供されており，利用者の生活意欲にも影響を及ぼしていた（大森 2002；種橋 2008）。この問題に対する反省を踏まえ，介護現場では，介護保険制度施行前後より，「個別ケア」の提供が求められるようになった（高齢者介護研究会 2003）。「個別ケア」には，定まった定義はないが，先行研究によれば（Cox 1982；Brown 1992；Happ, et al. 1996；Suhonen, et al. 2000），「入居者が自分の個性や人間関係を維持し，生活上の問題解決やケア計画策定に参加，決定していくことができるように彼らの独自性を認め，個人のニーズや状況に合わせて援助すること」（種橋 2007）とまとめられ，介護を受ける高齢者の個別性と自律性を尊重した介護が目指されている。

しかし，近年，介護現場では，身体拘束や不適切なケアを含め，介護労働者による虐待の問題が顕在化している（厚生労働省 2013a）。虐待予防の研修が実施されたり，虐待防止マニュアルの作成等の取り組みが行われつつあるとはいえ（神奈川県保健福祉部高齢福祉課 2009；認知症介護研究・研修仙台センター 2008），虐待の報告数は年々増加しており（厚生労働省 2013a），個別ケアが目指す利用者の尊厳ある暮らしとは逆に，利用者の尊厳が脅かされている現実がある。不適切なケアや虐待の要因は，介護労働者の意識不足など倫理観の乏しさや，技量の問題など個人の資質に関わる問題だけではなく，効率優先の運営姿勢などの組織運営の問題や組織風土，職員間の連携や役割が明確でないなどの組織要因の仕事上の負荷の問題が複雑に絡まっているとされる（神奈川県保健福祉部高齢福祉課 2009；認知症介護研究・研修仙台センター 2008）。

とりわけ，近年，利用者の重度化が進む介護老人福祉施設では，食事・排泄・入浴のいわゆる三大介護に労働時間の半分を超える時間が割かれ（全国老人施設協議会 2008），介護職員は必要性を感じながらも，一人ひとりの利用者と関わる時間を十分とることが困難な状況にある（種橋 2007；全国老人施設協議会 2008）。さらに，介護職は他の産業と比較し，離職率が高く，離職者のうち，継続年数が３年未満の者が70％を超えるなど，職員の定着も難しく，人材確保が困難な状況であり[(5)]（厚生労働省 2013b；公益財団法人介護労働安定センター 2013a；種橋 2008），人員配置不足などによる仕事の忙しさや仕事量の多さの負荷は，多くの介護職員に認識されてきた（高橋ほか 2001；栗木ほか 2003；種橋 2005；種橋 2007）。

しかし，介護職員が強く認識している負荷ばかりが介護の質に影響を与えるわけではない。特に個別性の高い援助が必要となる認知症高齢者を介護する介護職員を対象とした「個別ケア」の阻害要因を明らかにした研究によれば，「仕事の忙しさ」や「仕事量の多さ」，「介護職の待遇」「仕事のコントロール」「家族の理解不足」「利用者対応の困難さ」「上司との葛藤」など９つの仕事上の負荷のうち，施設においてケア（介護）に対する全体的な方針がなかったり，活かされていない，あるいは，介護職員間で介護方針が統一されていないといった「介護方針の未徹底」，業務の内容や担当範囲が曖昧であったり，設備等の復旧や改善がスムーズに行われていないといった「運営責任の曖昧さ」の組織要因の負荷が，「個別ケア」の実践に影響を及ぼすとされる（種橋 2007）。

その一方で，利用者中心介護（利用者の身体状態や生活スタイルを考慮し，利用者自身の欲求や主体的行動を尊重し，充足させる介護のあり方）が，介護業務の負担を増す可能性はあるものの，介護職員の職務満足度を向上させ，情動的なストレス反応を低減する効果があることや（音山ほか 1997），行っている介護の必要性や正当性を理解できることが，介護職員の介護の原動力の一つとして報告されている（種橋 2008）。

これらの研究の知見から，介護職員の仕事上の負荷を軽減させ，不適切なケアや虐待を防ぎ，介護の質を高めるためには，まず，人員確保や介護体制の整備が必要なことはもちろんである。しかし，利用者に対する援助の目的や方針が明確であり，一人ひとりの介護労働者に浸透していること，すなわち，援助の価値や思想，「哲学・思想的レベル」のケアを介護労働者が理解し，内在化していることも重要となる。その上で，利用者の生活課題や思いを受け止め，その利用者にとっての良好な状況を志向するケアプランを立案し，具体的な介護や相談を実践していくことが求められる。

しかし，2009 年度から始まった介護福祉士国家資格の新カリキュラムは，介護福祉士に対し，医療保険の療養病床削減による重度要介護者対応としての，看護助手的機能やセラピストの助手的機能を期待していることがうかがえるという指摘（西村 2008）や，2010 年に財団法人介護労働安定センター（2010a）が報告した介護現場の職員研修に関する調査結果(6)（介護労働者が実際に受講した研修内容や参加を望む研修内容は日々の介護の技術やそのための知識に関するものであり，価値や倫理にあたる研修内容の受講割合は 10％以下と低率である）が示すように，介護職の養成，育成においては介護職の道具的な援助の側面が重視されている。このように介護労働者の道具的な援助のみを重視するような状況では，ますます援助関係は一方向的なサービス提供となり，利用者の尊厳を脅かす環境は改善できない。介護現場では，介護労働者に対する，援助の価値や思想，倫理に関する教育の乏しさも危惧される問題として存在している。

3 「ケア」の概念の明確化の必要性

介護労働者と利用者間で展開される「ケア」の概念を明らかにすること

本章の冒頭でも述べたように，利用者の援助過程には，介護労働者と利用者間の信頼関係と目標や課題の共有化が必要であり，その共同の過程で利用者自身が自分の抱える問題を理解し，どんなサービスや施策を用いて生活を支えるのか整理しながら自己決定をしていくというように，福祉サービス利用においては，介護労働者と利用者の共同関係が存在する（岡崎 2004）。介護職員や訪問介護員など介護労働者が行う身体介護ひとつでも，作業として一方的にその介護を行うだけではなく，その介護を通して利用者の潜在する力に働きかけ，生きる意欲，生活する意欲を引き出そうとするものである。そして，介護労働者も働きかけた利用者からの応答や承認を受けることによって，喜びや働く意欲が引き出されるといったように，介護労働者と利用者の関係は人格と人格の関わりである（井上 2000；石田 2002）。

現場ではセルフネグレクトの利用者の援助や家族調整の必要な利用者のマネジメントに苦慮しており（管理クラスの職員の語りより），利用者の実存的な痛みや利用者及び家族が自分たちの課題に向き合うことを援助するといったサービス調整だけでは対応できない，介護労働者の利用者の変化を信じる継続的な働きかけや，ともにいるというスタンスで見守りながら変化を待つ忍耐力が求められる実態がある。また，要支援や要介護 1 といった軽介護度の利用者であっても，役割喪失感や自己効力感の低下を感じており（津島ほか 2008），多彩なプログラムや道具的機能としてのサービス提供だけで援助できるものではない。

社会福祉における援助は，医療や教育と同様，相手の必要に応じた援助が必要であり，行為者の活動の採算を計量することは不可能で，行為者が相手を援助していることに対して利害をもつこと自体が否定される活動である（Gorz = 1997）。したがって，顧客確保のために利用者の望むままに援助したり，利用者も利便性や快適さを重視し，商品としてのサービスを享受するのであれば，その援助の方向は介護労働者から利用者へという一方向でしかなく，互いを認め合いながら，解決すべき課題を共有し，ともに対処するという援助関係は形成されない。

今後，福祉サービス事業所は生き残りをかけ，さらに顧客確保競争は激化し，採算と効率が重視されていくことは間違いない。そのような流れの中で介護労働者は，顧客確保のために必要以上のサービス提供をさせられたり，業務の効率化が迫られるが，一方で利用者とゆっくりと関われないなどのジレンマを抱えながら，利用者にとって本当に必要な援助ができないという現状がある。このような状況で，利用者のもつ可能性を引き出し，かつ，介護労働者にも自分たちの行っている援助の意義を理解し，一人ひとりの利用者に向き合えるように，今，改めて，社会福祉政策や援助関係の基盤となる「ケア」とは何か，その概念を明らかにする必要がある。

「ケア」の概念の先駆的論者である米国の哲学者メイヤロフ（Mayeroff, M.）は，「他の人格（another person）をケアすることとは，最も深い意味でその人が成長（grow）すること，自己実現（actualize himself）することを助けること」（Mayeroff 1971：1）であり，ケアする人もケアすることを通して成長すること，それが自身の生の真の意味を生きることと述べ，存在論としての「ケア」の概念を示した。以降，彼の「ケア」の概念は，とりわけ教育学や看護学といった対人援助に関わる領域のケアの論者に影響を与えている（Noddings =1997；Boykin, et al. =2005）。しかし，彼の示すケア論は抽象度が高く（川本 1995），ケアする人の立場からのケアの意味，すなわち，ケアすることによる自己認識の向上を示す一方で，自己認識が難しいとみなされる人のケアによる成長は望めないと言及しているのである（Mayeroff 1971）。ケアは，社会的存在であるわれわれの，あらゆる人間関係に存在し，双方向の関係性において展開されるものである。したがって，メイヤロフのケア論は「ケア」の概念を十分説明できているとは言い難い（詳細は第2章で述べる）。そこで，本書では，「ケア」の概念をメイヤロフのケア論を下敷きにしながらも，介護老人福祉施設の介護職員と利用者双方の関わりにおける認識から，両者間で展開される

「ケア」の概念を明らかにすることを一つ目の目的とする。

職業としてケアすること

ローチ（Roach, M. S. =1996）は，心身や社会的に何らかの問題を抱える人々を看護，援助することを職業とする看護師など健康関連の職業は，もともと人間として備えている「ケア」の欲求や能力を職業化したものとして捉えている。そこで，ケアリング（human caring）を職業化していくために，「ケアリング」を人間の存在様式として認め，相手に対して感じ取り応答する能力を高めていく必要があるとしている。

一方で鷲田清一は，ケアを「こういうひとだから，あるいはこういう目的や必要があって，といった条件付で世話をしてもらうのではなくて，条件なしに，あなたがいるからという，ただそれだけの理由で享ける世話」として捉え，ケアとは「看護とか介護といった職務（＝役割）においてではなく，職務を超えて誰かあるひとりの人間として現れることなしには職務そのものが遂行できないという矛盾を抱え込んだ営みなのである」（鷲田 1999：208）と述べる。そして，ケアがケアでありうるのはなんらかの目的や効果を勘定に入れない，つまりは意味を介しないで条件なしで「ともにいること」であり，何らかの条件を持って行われるケアはケアとは言えないという（鷲田 1999）。つまり，患者や利用者のあるがままの姿や気持ちを受け容れ，気遣い，患者や利用者の状況に合わせて最善の状況に導くためには，互いを同じ人間同士として捉え，専門職として決められた職務をこなすのではなく，役割を超えた本来の自分として関わることが求められるということである。

同様に，立山善康も教育学者ノディングズ（Noddings, N.）の「なによりもまず，ケアするひとであって，二次的に専門化した任務を果たしているにすぎない」（Noddings =1997：271）という指摘を下敷きに，ケアの出発点は人間と人間の出会いであって，例えば，看護師，介護労働者として患者や利用者と出会ったことはたまたまであるに過ぎず，その役割の固有の任務はケアの本分に比べれば副次的なものに過ぎないという（立山 2006）。

また，鷲田（1999）は，看護師は日々の業務の中で，通常，人がごくたまにしか経験しない患者の生死を多く経験し，感情のぶれを頻繁に経験したり，仕事上でのしんどさを個人生活に持ち越さずにはいられないこともある。そのために疲弊し，燃え尽きてしまうと，ケア関係においては必要ではありながらも，本来の自分として関わることの難しさを指摘している。そして，その燃え尽きを防ぐためには「切るところは切る」という距離感覚も必要であると述べ，人間の存在様式として誰もがもつ「ケア」の志向が職業化されている援助職の，援助関係上の公と私のバランスの難しさを示している（鷲田 1999）。

しかし，実際，看護や介護の現場においては，ケアされる人である一人ひとりの患者や利用者と関わる時間や資源は無制限ではなく，十全な関わりができるとは言えない（勝山 2004）。そして，現場では，患者や利用者の健康やセルフケア，自律した生活を目標としており，そのニーズをもった人々が患者・利用者として集まっている。しかも，当初から看護師や介護労働者はそのニーズを解決・援助することなど継続的に関わっていくことが期待され，患者・利用者との関係の中で，ケアする人の役割を担わされている。つまり，両者の出会いや援助関係自体は意図的なものである。その上，その期待されている役割や病気，社会資源などの専門知識や互いに対する情報量の非対称性が存在するがゆえに上下関係が生じやすいという関係でもある。このように，一定の目的や役割をもった職業という枠の中にある介護労働者は，実際に「ケア」をどう捉えるべきなのだろうか，利用者とどのような関係性をもち，どう「ケア」を実践していけばよいのであろうか。この問題については，「ケア」の概念を明らかにすることと併せて検討し，「ケア」を専門職として実践していくために，利用者との関係性についての考え方を提示したい。

4　では今，何が必要なのか

介護労働者に対する「ケア」の概念の教育の必要性

われわれ人間の意識や精神と身体は区別されるものでありながら，日常における見る，聞く，感じる，語るという体験は，意識や精神による体験ではなく，身体も含めた体験であり（足立 1994），身体の状態と無関係な心の状態は無く，また，その逆も同じであるとされる（福井 1994）。したがって，対人援助職の中でも特に身体的な関わりを中心に援助を行う介護労働者は，「ケア」を思想として内在化していることで，身体的な関わりを媒介に，利用者一人ひとりに自信や安心感を与え，人格の成長を促す志向を実現させることが可能であり，むしろそれを積極的に実現させていく必要がある。このためには，社会福祉専門職養成教育や現任者を対象とした研修において，「ケア」の概念，および，その関係性についての教育がなされる必要がある。既述したように，社会的存在であるわれわれにとって，「ケア」はあらゆる人間関係の中に存在しうるものである。したがって，改めてその意味，関係性を言葉で教示することによって，自分の経験と照らすことができ，理解は得やすいものと考えられる。

しかし，詳細は第2章で述べるが，わが国の介護福祉士養成においては，「ケア」の概念の理解や教育の必要性は指摘されながら（村田 1997；秋山 2005；鈴木 2011），介護福祉士養成テキストにも，「ケア」の概念については，メイヤロフのケア論のセンテンスが示されているものもあるが，学習されるべき項目としては扱われることはなく（種橋 2011），「ケア」の概念の教育はなされているとは言えない現状である（秋山 2005）。

その上，介護労働者における介護福祉士の割合は40％に満たず（厚生労働省 2014a），2013年度までの介護福祉士登録者のうち，養成校を卒業した者が25.6％に過ぎないことを鑑みれば（厚生労働省 2014b），たとえ，養成校において「ケア」の概念の教育が十分に行われていたとしても，介護現場において「ケア」の概念を理解している介護労働者は多くはないと推察される。したがって，介護労働者が「ケア」の概念を理解し，内在化していくには，もちろん，社会福祉専門職養成課程での教育の必要性は言うまでもないことではあるが，特に，介護現場における事業所内，あるいは事業所外研修という形で，現任者に教育を行う方法を検討する必要があると考える。

しかし，2013年に公益財団法人介護労働安定センターが報告した介護労働の実態調査の結果によれば，介護現場においては，勤務時間内に研修を実施するための時間や費用を負担する余裕がない等の課題が存在し，研修・教育計画を立てている事業所は57.8％にとどまり（公益財団法人介護労働安定センター 2013b），過去1年間で研修に一度も参加していない施設介護職員は，おおむね30％にも上る。研修に参加した70％程度の者でも，参加回数が1～2回である者が約半数（54.5％）を占める（公益財団法人介護労働安定センター 2013c）。これらの数値は，介護労働者の研修参加の困難さを示すものである（詳細は第7章で述べる）。このため，介護労働者に「ケア」の概念を理解してもらうための研修は，できるだけ介護労働者にとって負担がかからず，参加しやすい研修方法でなければ実現は難しいと考えられる。

そこで，本書の二つ目の目的として，今後，介護現場における介護労働者に対する「ケア」の概念についての教育の必要性が理解され，広く取り組まれるよう，介護老人福祉施設の介護職員に対し，介護職員と利用者の認識から明らかにした「ケア」の概念を用いた研修プログラムを実施し，その研修の感想や認識の変化から，介護職員が「ケア」の概念を理解する意義を考察する。

そして，三つ目の目的として介護職員にとって負担が少なく取り組みやすい「ケア」の概念の教育，研修方法及びその課題を考察する。

本書の目的

本章では，1990年代末に始まった社会福祉基礎構造改革から介護保険制度施行という社会保障のパラダイム変換によって，高齢者福祉サービスにもたらされた営利化や効率化による，福祉サービス事業所のあり方や援助関係の変容の懸念といった，「制度・政策的レベル」のケアに関わる課題と，介護労働者を取り巻く労働環境の問題や施設内での不適切なケアや虐待などの介護の質の問題，さらに，社会福祉専門職養成課程や現任者に対する援助の価値や思想に関する教育の乏しさ，および，現任者に対する研修の課題といった，「臨床的・技術的レベル」のケアに関わる課題を示した。

今後もますます進んでいく福祉サービス事業の営利化と効率化の中で，自分の置かれた状況を十分に理解し，生活のビジョンを明確にもてる人にとっては，サービスを商品として自ら選択し利用していくことは可能であろう。しかし，生活上に問題を抱える多くの人は，自信を失っていたり，不安を抱え，自分の置かれた状況や抱える問題とその影響を把握することさえ難しい場合もある。そのような人たちには，情報提供や関係調整，日常生活動作の援助といった道具的な援助のみならず，課題を抱えた人の存在を受け容れ，その上での精神的な支えや励ましも必要である。そのような関わりによってこそ自信を取り戻し，自分の生活に向かっていけるのである。

援助者と被援助者の関係性を通した本来の援助が介護現場において遂行されなければならない。そのために，本書では，介護老人福祉施設の介護職員と利用者の互いの関わりにおける認識から，両者の間で展開される「ケア」の概念を明らかにする（第3章，第4章，第5章，第6章）。さらに，その結果を用いた研修プログラムを受けた介護職員の感想や認識の変化から，介護職員が「ケア」の概念を理解する意義（第7章）と介護職員にとって負担が少なく取り組みやすい「ケア」の概念の教育，研修方法及びその課題を考察する（第8章）という3つの目的を示した。

次章では，社会福祉援助の理念や思想にあたる「ケア」とは何か，まず，哲学・倫理学領域の先行文献の知見から検討を行う。

注

(1) 管理クラス職員の語りは，介護保険制度施行前より高齢者福祉サービス事業に従事し，制度施行後14年が経過した現在までの介護現場の変遷を経験してきた，現在，各事業所の管理的立場にある4名の職員に対して実施した，介護保険制度施行後の援助関係やサービス事業所の運営の変化についてのインタビュー調査（実施期間：2013年9月13日～10月9日）によるものである。調査対象者は男性が2名，女性が2名で，年齢は40代が2名，50代が2名である。経験年数は，20年が3名，20年以上が1名であった。調査対象者は全員が社会福祉法人の職員（3市）で，複数の居宅サービス事業所の統括や居宅介護支援事業所の管理的立場にある職員である。倫理的配慮は，調査対象者に対し，調査結果は学会報告や論文の形で公表するが，話した内容や基本属性については個人を特定できないようにすること，研究以外の目的に使用しないこと，インタビューは途中でやめることができること，ICレコーダーで録音した内容は研究終了後に破棄することを説明し，調査に対する同意を得た上で同意書に署名してもらった。本調査に関する個人情報の取り扱いなど倫理的に配慮すべき事柄は同志社大学倫理委員会の示す内容に従った。

(2) ISO認証とは，ISO9001（品質マネジメント規格）やISO14001（環境マネジメント）といった国際規格の要求事項に対する当該組織のマネジメントシステムの適合性を第三者機関（審査登録機関）によって審査認証をうけるシステム制度である（一般財団法人日本品質保証機構ホームページ https://www.jqa.jp/service_list/management/management_system/ 2014/12/14)。

社会福祉施設では1999年に山口県の特別養護老人ホームなどが認証第一号となっており，介護保険制度施行後には社会福祉施設の主体的な経営を促し，サービス水準の向上を導くものとしてISO9001の認証制度の活用が期待された（高岡2009)。しかし，ISO9001認証はもともと製造業を想定した規格であり，あくまでも品質を保証するためのプロセスの管理や維持が主眼となったシステム自体の評価であって，提供されるサービスの質を保証したものではない（狭間2003)。

(3) 自由記述結果は14カテゴリー78項目に集約されており，もっとも件数の多かったのは，「その他」の「意欲・心情・雑感」で411件，次いで「利用者・家族との関係」の「細かい注文，家政婦扱い」が258件，「収入・賃金」の「少ない収入・収入アップ」223件，「身体介護と家事援助の賃金格差」222件，「専門性の確立」の「低い社会的評価，その向上」が201件とこれらの項目が他項目に比較し群を抜いて高いと記されている。

(4) ケア・ハラスメントの定義「介護労働者の意志に反して心理的ストレスを与える，言動や環境。あるいは，介護労働者の人権や職域を侵害する言動や環境」（篠﨑2006b)。

(5) 平成24年度雇用動向調査（厚生労働省2013b）の結果によれば，全産業の離職率は14.8%である。その中で訪問介護員・介護職員の離職率は17.0%であり，退職者のうち入職から3年未満の者が74.1%を占める（公益財団法人介護労働安定センター2013a)。

(6) 公益財団法人介護労働安定センター（2010a)『介護労働者の研修ニーズ調査結果〈介護労働者アンケート調査〉』によれば，41種類の研修内容のうち実際に受講した職場内研修の内容上位5つ（複数回答）は，「感染症」「認知症」「事故防止・安全対策・リスクマネジメント」「介護技術」「接遇・マナー」といった日々の介護に必要な技術に関するものであった。また，今後受講したい内容の上位5つは，「薬の知識」「記録・報告（計画策定)」「介護における医行為」「個別ケア」「認知症」であった。41種類の研修内容には，価値や倫理に関する内容と思われるものに「ノーマライゼーション」「尊厳のケア」「個別ケア」「自立支援」があるが，受講した内容としてはいずれも10%未満であった（1位の「感染症」は51.5%）。

第Ⅰ部

「ケア」とは何か

第1章
哲学・倫理学領域の「ケア」の概念

序章では，高齢者福祉サービス事業の準市場化・営利化によって，介護労働者（介護施設の介護職員と訪問介護員を含む介護職者を指す）の行う援助が一方向的な商品としての道具的な行為とみなされ，援助関係も利用者を主，介護労働者を従とした関係に変容し，利用者のもつ力を奪っていくことが懸念されることや，介護労働者を取り巻く労働環境の問題とともに利用者に提供される介護の質が影響を受けるという問題を示した。

さらに，そのような状況の中で，利用者にとっての良好な状況に向かうよう，利用者と介護労働者との双方向の関係性の中で，利用者のもつ力や可能性を引き出していくといった援助を遂行していくために，福祉政策や援助関係の基盤となる「ケア」の概念について，介護老人福祉施設の介護職員と利用者の関わりにおける認識から明らかにすることと，「ケア」の概念の教育，研修の必要性が理解され，その方法の検討や実践がなされるよう介護職員が「ケア」の概念を理解する意義，および，介護職員にとって負担が少なく取り組みやすい「ケア」の概念の教育，研修方法及びその課題を考察するという3つの目的を示した。

そこで，本章ではまず，「ケア」とは何か，その言葉の意味や哲学・倫理学領域の文献を参考に検討し，本書において「ケア」の概念を明らかにしていく際の課題を示す。

1 「ケア」とは何か

人間の存在様式としての「ケア」の意味

「ケア」という言葉は，介護現場において昨今ではユニットケアやモーニング・ケアといった介護の様式や，介護労働者が利用者に対して行う援助自体を指すときなどに用いられている。しかし，その定義はいまだ曖昧なままである。そこで，本節では「ケア」とは何か，その言葉の意味と哲学・倫理学領域の文献から検討してみたい。

「ケア（care）」という言葉は，英和辞典リーダーズ（松田 1999）に拠れば，①心配，心配事，煩労，心労，気苦労，気がかり，悩みの種，②関心，配慮，注意，世話，保護，介護，責任という２つの意味をもつ。この２つの意味が示すように，人間は日々生活の中で不安や悩みを抱えながら生きる存在であると同時に，自分と同様にその不安や悩みを抱える人に配慮し世話をする存在でもある（池辺 2004；高橋 2001）。そこで人間はまず，自分の心配や不安に対して自らが向き合い，手立てを講じたり，他者からの慰めや手当てを経験することで，同様に苦しむ他者に対し自然な応答として同情や共感するようになる（池辺 2004；高橋 2001）。さらに，他者から世話された経験から，行動として世話や様々な配慮や気遣いとなり，相手の状況に応じたあり方で現れてくるようになるとされる（高橋 2001）。つまり，「ケア」とは，その言葉の意味から考えれば，まず，人間が抱える「ケア」の一つ目の意味である心配や気がかりに対し，自らが対処する，あるいは，主に他者から，「ケア」の二つ目の意味である世話，配慮を受け，助けられる。そして，心配や気がかりを経験した自分が，今度は，他者における心配や気がかりに共感し，世話や配慮を行い助けることである。すなわち，「ケア」とは，その言葉がもつ意味のまま，一方の意味である心配事や気がかりを抱えることと，それに対するもう一方の意味である世話や配慮が，自他の間で循環している事態として捉えられる。したがって，「ケアする」「ケアされる」という表現は，「他者の苦しみや悩みに共感し，他者を気遣い，助ける」こと，「自分の苦しみや悩みを他者に共感され，気遣われ，助けられる」ことだと言うことができる。

具体的に「ケア」は，ケアする人が「ケア」を求める人を看ること，相手の求めることに関心をもつところから始まるとされる（清水哲 2005；水野 1991）。ケアする人は，「ケア」を求める人の抱える心配事や気がかりという「弱さ」に引きよせられ，関わりが始まるということであって，「ケア」は人間誰しもがもつ脆弱性や（水野 1991；松田 2005），受苦性を前提としている（高橋 2001）。そして，ケアする人がケアされる人の苦しみや悩みを解釈し行動として応じること，さらにケアされる相手もケアする側の対応に応答するといった具合に，「ケア」は，循環（相互作用）の中で事態を変化させながら展開していくものであるという（清水哲郎 2005；堀江ほか 2005；水野 1991）。

このように自分が抱える苦しみをケアされ，苦しみを抱える人をケアするという営為をなぜ人間は行うのであろうか。広井は，「ケア」が，大脳辺縁系が司る，愛・憎・好・悪・安らぎ・寂しさなどといった「他者との関係」に関する感覚である「情動」と重なり合うものであること。さらに，高等動物は親から子へ伝達する情報が多く，遺伝子のみでは伝達できないため，「脳」を発達させ，個体間のコミュニケーションを行うことにより，他の個体との相互のケアの関係である社会性が発達した。特に，人間はこの部分が高度に進化していることをあげ，人間がケアする動物であり，誰しもがもっているケアしたい，されたいという志向性は，生物としての原初から組み込まれており，生物学的に人間はケアしケアされる存在であることを指摘している（広井 1997；広井 2000）。

しかし，遺伝子レベルですでに組み込まれているというこの指摘ではケアしケアされたいという欲求の源泉として，われわれには実感しがたいものがある。それは，ケアすることが生得的なものであれば，誰もがケアすることに困難さを感じることはないからである。そこで，ハイデガー（Heidegger, M.）が共同存在と呼ぶように（池辺 2007），そもそも，人間は他者とともにあり，関わりの中で生きる存在であることを考えれば理解しやすいだろう。つまり，人間は誰しも，生まれ落ちたときから，すでに社会に存在する他者（多くは親）によって護られ，世話を受けて成長する。他者の関わりなくしては生きられない存在である。だからこそ，自らの不安や苦しみに対して他者の助けを求め，助けられ，また，目の前にいる他者の不安や苦しみに手を差し伸べるというように助け合いながら生きるものと考えられる。

また，人間の人格は，関わりの中で，他者に人格として認められ，働きかけられることによって初めて成立すると言われるように（村松 2001），人間は他者と関わることで，自分と他者との間にある違いが認められ，個性が明瞭化し，アイデンティティを獲得していくことができる（Moustakas =1984）。そして，他者との受容的な関係を通して現実的に自己が捉えられるようになると，自己に対する信頼度が増し，自己決定ができるようになったり，他者を受け容れられるようになるなど自律的な発達に向かうという（Rogers =1995；梶田 1988）。確かに，人間は，時として他者との関わりの中で自分のことが他者に受け容れられなかったり，不当に傷つけられたりすることもある。そのような他者との関わりの中で受けた傷も，また，他者との関わりによって癒されたり，自分に対する気づきを得られたりするものである。つまり，この他者から人格を認められ，働きかけられることこそが「ケアされる」ことを意味しており，人間は，他者から「ケアされる」ことによって不安や苦しみから助けられ，自分に対する認識や信頼を高めることによって，その過程で困難に立ち向かえるようになったり，他者を思いやれるようになったり，自律的に生きていくことができるということである。

ここまでみてきた「ケア」の言葉の意味や哲学・倫理学領域における「ケア」についての先行文献を検討すると，他者との関わりを通して初めて自分の存在を獲得していく社会的存在であるわれわれにとって（鷲田 1999），「ケア」は生きる営為そのものということができる。そして，誰しもがケアし，ケアされる「ケア」の関係性を経験し，また，必要としている。

「ケア」における成長の意味

「ケア」の概念については，ハイデガーが人間特有の存在性格として示す「関心，気遣い（sorge）」の英訳がcareとなることから，彼の知見がケア論として着目されている（中山 2001；広井 1997；Roach =1996）。しかし，ハイデガーの示す「関心，気遣い」は特に相手の成長や幸福に寄与する意味に限ったものではない（池辺 2007）。ハイデガー（ =1994）は著書『存在と時間』（*Sein und Zeit*）において，存在の意味を明らかにするために，存在了解が可能なわれわれ人間を述語的に現存在と表し，現存在の実存論的分析を行っている。その過程で現存在の根源的な構造全体性（存在規定の統一態）として示されているのが「関心（sorge）」である。「関心」の特定のあり方として（新井 1970），道具的存在者との関わり方である配慮（besorgen）と，共同存在である他者との関わり方である「待遇，顧慮（fürsorge）」が示されている。つまり，われわれは，この社会の中で生活していくにあたり，例えば文房具であったり，衣類など道具や事物，あるいは，共同存在である他者と関わりをもち，何らかの関心を向けているということである。

ハイデガーは，具体的に，「待遇」の積極的な様態として，両極端な二つの例を示している。ひとつは，率先して相手を解放する待遇である。「苦労」している相手に対し，「相手の『苦労』を取り除いてやるためではなくて，むしろそれを本当の意味で『配慮』すべきこととして，あらためて彼に返還してやるためである。この待遇は，本質上，相手の本来的な関心事，すなわち彼の実存にかかわるものであって，相手が配慮するものごとにかかわるわけではないから，彼がその関心において透視的になり，それへむかって自由になるのを助ける」（Heidegger =1994：267）と述べており，確かに，相手が抱える課題に自ら向き合えるようにするための「ケア」としての働きかけを示している。

しかし，もう一つ，相手を支配する待遇として，「相手からいわば『苦労』を取り除いてやるもので，配慮において飛び入りをして，相手の身替りをつとめてやる」（Heidegger =1994：267）という，相手が課題と向き合う機会を奪う関わり方を示している。そして，こういった待遇により，その相手は依存的になり，暗黙のうちに支配を受けることになりやすいと指摘する。このように，ハイデガーはあくまでも，現存在の他者と関わりの様態を示しているのであって，「関心」や「待遇」に対し，倫理的な価値を問うものではない（池辺 2007；兵庫県ヒューマンケア研究機構 2002）。

一方，「ケア」を，人は「ケアすること（caring）」によって成長，発達するという価値をもつ概念として示すのは，米国の哲学者メイヤロフである。メイヤロフのケア論は，看護学や教育学など対人援助領域に影響を与え，多くの論者が「ケア」を論じる際に彼のケア論に言及し（Roach =1996；中野 2006），彼の著書である『ケアの本質』（*On Caring*）はケア論の基本文献となっている。1980 年代前半に心理学者ギリガン（Gilligan, C.）が『もうひとつの声』（*In a Different Voice*）を，ノディングズが『ケアリング――倫理と道徳の教育』（*Caring: A Feminine Approach to Ethics & Moral Education*）を上梓して以降，「ケア」は，「ケアの倫理」として「正義の倫理」と並んで議論され，ジェンダーと結び付けて語られたり，看護学では看護の本質とされたりしてきた（Reich 1995a；1995b；Jecker, et al. 1995）。しかし，メイヤロフは，「他の人格（another person）をケアするとは，もっとも深い意味でその人が成長（grow）し，自己実現すること（actualize himself）を助けることである」（Mayeroff 1971：1）と述べ，さらに，ケアする人も他者をケアすることを通して成長すること，それが自身の生の真の意味を生きているということであると，ケアする人の立場から，特定の性や職業にとらわれない存在論としての「ケア」の意味や価値を示している。

しかし，メイヤロフのケア論は，抽象度が高すぎ，様々なケアによって織り成される問題構成が見えてこないといった指摘もある（川本 1995）。そこで，さらに「ケア」を理解するために，「ケアする」こと，「ケアされる」ことによって促される「成長」とはどういったことなのか，メイヤロフのケア論を中心に検討してみたい。

自己に対する認識を高めていくこと

メイヤロフはケアされる人の「成長」について，ケアされる人がその人以外の誰かをケアできるようになり，さらに，自分自身をケアするようになること，その人が学びうる力をもつところまで学ぶことであるとしている。そして，その学ぶこととは，知識や技術を単に増やすことよりもむしろ，新しい経験や考えを統合的に受け止めていくことを通し，その人格が再創造（re-creation）されることであるという。すなわち，「ケア」とは，ケアする人，ケアされる人との関係の中で，時間の経過とともに質的な変化を伴いながら展開するもので，ケアされる人にとっては，自分の「成長」のために気遣われ，助けられることで，自己に対する認識を高め，その過程を通して得られた新しい経験や考えを自分のものとし，人格を成長させていくことである。

さらに，メイヤロフは，ケアする人にとっても，「ケアすることで，今まで以上に明確に自己決定し，自分自身の経験に基づいた自身の価値や理想を選択することによって成長する。そして，さらに自身の決定がしっかりとできるようになり，その決定に喜んで責任をもつことができるようになる」（Mayeroff 1971：13＝2003：29）としている。ケアする人にとっては，相手にとっての「成長」のために，相手を気遣い，助けることによって，その経験から，自分の価値観や志向が定まり，自ら下した決定に責任がもてるようになるなど，ケアする人の人格の成長も図られるということである。

つまり，メイヤロフのいう「成長」は，人格の「成長」であって，結果として，自分の価値観を明確にもったり，自律的な判断やその判断に責任をもてるようになり，自発的な活動ができるようになることや，自分自身の能力とその限界を理解した上で，他者に必要で適切な気遣いや助けができるようになることである。

さらにメイヤロフは，「ケアすること（caring）」とともに人間であることに実りの多い考え方を提示する概念として，「場の中にいること（in-place）」をあげている。この「場」は，実体化されるべきものではなく，物でもなく，固定した状態ではない。しかし，「場」にいることによって，人生に十分没頭していると同時に，社会に広く存在する成長を妨げるような生き方から自由でいられるとする（Mayeroff 1971：99＝2003：169）。また，メイヤロフは，十分包括的にケアしている対象を「相応しい対象（appropriate others）」としている。そして，その「相応しい対象」を見出し，その対象の成長を助けていくことを通し，自己の生の意味を発見し創造していくことこそが「場の中にいること」であり，自分の生の中での安定性や了解性が増すという。

ここでいう安定性は，統一的な目的や目標をもっていることや実際はそうではないのにその振りをしたいという欲求に打ち克つこと，自身の価値についての適切な感覚をもっていることなどから生じる自分たちの根本になるもの，ゆるぎないものに似ているという。そして，その安定性について，「相応しい対象」から必要とされることによる「帰属感」と「場の中にいる」時に存在する，自分が認識している自分の価値観や考え方に沿った生き方や行動と他者からのそれらに対する認識の収斂点，すなわち「内面と外面との統合」という２つの要素があげられている。

また，了解性は「自分の生活に関連しているものは何か，私が何のために生きているのか，いったい私は何者なのか，何をしようとしているのか，これらを抽象的な形ではなく，毎日の実生活の中で理解していくこと」（Mayeroff 1971：99＝2003：154）であり，「了解性が，この世界の中で心を安んじている状態（being at home）を示すという意味において，私たちは物事を支配したり，説明したり，評価することによってではなく，まさにケアすることとケアされることを通して，はじめて究極的に心を安んじる（at home）ことができるのである」（Mayeroff =2003：156）と述べる。さらに，この了解性は，自分を自分自身や世界に対して開いてくれるものであり，森羅万象がここに存在しているという壮大な神秘，脅威も含め，他者や自分自身の独自性，および，自分自身の存在の取るに足らなさと同時に，自分のかけがえのない価値，決して繰り返すことのできない存在としての限りない貴重さなど，存在のもつはかり知れない性格をより深く理解できるようになるとしている。

これらのことから，この「場の中にいること」とは，例えば，ケアする人が，ケアされる人から自分の行った援助が認められ，自分を必要とされることによって自己有用感や自己に対する信頼を得て，自分自身に対する理解を深め，自分の役割や進むべき道を確信することができるようになること。さらに，ケアする人の自己認識とケアされる人のケアする人に対する認識が一致しており，自分のことを肯定できること。つまり，ケアし，ケアされる相手との，今，ここにおける双方向の関係性の中で，自分自身や置かれた状況に対し「これでよい（good enough）」，今のままでよいと感得し，心安らかにいられることであって，その絶対的な安心感によって，ケアする人はさらに前向きに物事に取り組めるようになると解釈される。

新茂之は，ノディングズのケア論を下敷きに，ケアする人とされる人の非対称的な「助け合い（reciprocity）」関係の中で，ケアされる人は，ケアする人の「受け容れ」に促され，つまり，ケアする人に自分の存在が認められることによって心にゆとりが生まれ，自分自身に目を向けられるようになる。そして，自己の内的な発露としての自己表出を主体的に展開していくと述べている。さらに，ケアにおける成長については，「さまざまな経験を積み，それらを調整しながら，これまでの経験を包括できるような視座を，将来に対する指針として構築する営為」（新 2001：58），「『個性』の力動的構築の拡充で果たされる自己変革」（新 2001：59）であると指摘する。この「個性」については，これまでに形成してきた考え方に基づく実際的な行為からの反作用的な効果に関する理解と当の考え方との個人的な調整において成立するもので，「『個性』の力動的構築には，主体の実際的な行為とそれのもたらす反作用的な効果とを媒介にしたほかの存在との関わりが求められる」（新 2001：57）としている。

つまり，「個性」の力動的構築とは，自分とは異なる他者との関わりによって得られた経験を自分なりに意味づけ，従来の自らの価値判断や指針と統合し，新たにしたそれらをもつ自己としての認識を高めていくことである。したがって，新の指摘するケアにおける成長は，「他者から存在を認められたり，他者との関わりの中で得られた経験を自分なりに統合し，将来の生活に対する指針を確立したり，自律的に自己を表出できる，あるいは，そのようにしていこうと自己変革や自己実現していく自分自身を認識できること」だと解釈できる。

また，メイヤロフが示す，ケアする人がケアすることによって促されるケアされる人の自己実現について，加藤直克（2005）は，目標の実現，資格や能力の獲得といった外から検証でき，自己の行為やその結果による self-realization ではなく，そのものの活動が活発かつ十全なものになるという意味を含み，他者やものに関心と興味をもち，関わりをもとうとする姿勢である self-actualization を示していることに着目する。そして，「ケアする」ことの目標の一つは，ケアされる人がケアする人になることであるが，その時には，ケアされる人がケアする人の生き方や考え方を踏襲するということではなく，ケアする人から独立性を保つものであり，それゆえに，ケアする人はケアされる人に無化されると指摘している。

メイヤロフや新，加藤の指摘から，人間が他者とケアしケアされる関係性の中で成長していくこと，すなわち，自律的な決断や活動を行ったり，他者へ関心を向け，他者に応じた気遣いや働きかけが行えるようになるには，ケアを通して得た経験や考えを自分なりのやり方，あり方として統合し，そういった価値観や指針をもつ自己としての認識を高めていくことが必要であると考えられる。

絶対的な安心を得てこだわりや不安から解放されること

しかし，その自己に対する意識，認識を高めることによる人格の成長という意味だけでは，ケアにおける成長を説明するには十分ではない。というのも，ケアされる人の中には自己に対する認識をもつことや維持することが困難とみなされる人もいるからである。高齢者福祉サービス利用者の中では，認知症高齢者がそれに該当する。認知症は，脳の器質性病変によって起こる記憶障害や見当識障害などの中核症状と，それらに随伴する不安や焦燥感，意欲低下などの精神症状，徘徊や暴言・暴力などの行動障害などの周辺症状をもつ（繁田 2001）。このため，認知症高齢者の多くが生活上の困難を抱えている。この物盗られ妄想や暴言などの周辺症状こそが，認知症高齢者にとっては，すでに保持が困難になった自己同一性へのこだわりであり，それを保持するための必死の闘いである。そして，その自己同一性を保持しようという行動自体が，逆に自己同一性を危うくする悪循環の輪に巻き込むのだという（小澤 2005）。

しかし，周辺症状は，周りの人の関わり方や適切な環境によって軽減することが知られている（小澤 2005）。つまり，そのような周辺症状として現れる自己に対するこだわりや不安は，物事や時間を忘れてしまっても，今までできていたことができなくなっても大丈夫，あなたはあなたなのだということ，あるがままの，今の自分の存在を他者から肯定され受け容れられることによって，安心感を得てそれらの苦しみから解放されていくのである（小澤 2005）。

実際に，筆者が介護老人福祉施設のケアマネジャーとして関わった利用者で，自分の身体的な機能低下が受け容れられず精神的に不安定になっていた時に，体調も崩し入院した利用者がいた。1か月の入院の間に，認知症も進み，退院後は昼夜問わず，5分も経たないうちにナースコールを押し続け，排泄していないにもかかわらず，おむつ交換を何度も依頼したりという，現実的ではない訴えが続いていた。特に，明け方は職員配置も手薄な上，業務自体も忙しかったことから，介護職員の負担は深刻なものであった。しかし，本人の不安を軽減させるため，「障害が重くなったとしても，あなたには変わりない」ということをわかってもらえるように，その方の訴えを受け容れ，他の利用者の介護のために駆けつけられない時には正直に伝え，後から行くなどの約束は必ず守るという方針を立て，介護を続けた。結局，紆余曲折はありながらも，一年が経過する頃には，コールの回数も減り，精神的な落ち着きを取り戻していったのである（種橋 2003）。

介護現場では，このケースのように相手に対する全面的な受け容れといっても，現実には，一人の利用者に関わる時間が十分に取れなかったり，チームケアが上手くいっていなかったり，利用者の不安を理解できないまま状況が悪化してしまうこともある。しかし，関わりを通した安心感の獲得は，不安や苛立ちによって追い詰められている認知症高齢者の気持ちを解放し，今，ここの場において，心穏やかに暮らし，自身の不安や苛立ちのみに向けていた関心を，自分以外の人にも向けることができる気持ちの余裕を提供することにつながると考えられる。

また，時折，帰宅願望を激しく訴え，なだめる介護職員や他の利用者に暴力を振るうことがあった認知症をもつある利用者は，フロアで得意の裁縫をしている時や，他の利用者と談笑している時は穏やかで，他の利用者に対して声をかけたり，気遣いするなど，不穏時とのギャップが大きかった。しかし，帰宅願望の起こる原因を検討してみると，ちょうど訴えの起こる時間帯は夕方で，訴えの始まる前には居室のベッドに一人で座っていることがわかってきた。それは，夕方で物寂しくなる時間であって，家庭の主婦であったその利用者にとっては，夕食を作らなければならない時間帯でもあった。そんな時に，一人でいると，自分をケアしてくれる人，また，自分がケアすべき人や物もない。そして，今，ここにいるという現実や，なぜここにいるのかという理由もわからなくなり，記憶の中のケアしケアされる場である家へと戻るのだ，という意識になっていたと推察される。

そんな利用者がフロアで安心し精神的に穏やかでいられる時というのは，梶田叡一（1988）が脱アイデンティティとして指摘する何かに没頭したり，好きな相手と一緒に過ごしていたり，感動を伴う体験をしている時のように自分という意識から離れ充足感を得ているという感覚と同様に，介護職員や他の利用者という，自分をケアしてくれる人や自分がケアすべき人とともにいる，今，ここが，自分が安心して生きていける拠り所として実感できる時である。このことも，メイヤロフのいう「場の中にいること（in-place）」であると解釈できる。

しかし，メイヤロフは，著書 *On Caring* において，ケアする人のケアすることによる成長を主題としており，ケアされる人にとってのケアされることの意味については言及していない。しかも，彼は，「もし，ある人が脳に深刻な障害を負っていて，あらゆる意味において成長することができない場合，私は彼を慰めたり，彼の幸福に関わることはできるが，彼の成長を助けるという意味では彼をケアすることはできない」（Mayeroff 1971：43）としている。つまり，脳に障害をもつなどし，自己を明確に認識し，維持することが困難な人は，「ケア」による「成長」は望めないということになりかねない。メイヤロフは，「ケア」の対象に例外を認めているのである。『生命倫理百科事典』（丸善）においてライヒ（Reich, W. T.）は，メイヤロフについて，「ケア概念の歴史からいくつかの主要なテーマを引き出したが，新たに人格主義者（personalist）の視点からケアの見解を示した」（Reich 1995a：326）と紹介している。*On Caring* が上梓されたのが1971年であることを鑑みると，米国の哲学者である彼の示す人格は，70年代から80年代に英米など英語圏の国々の生命倫理学の領域で検討された人格の基準を自己意識の有無におく「パーソン論」と同様，その思想の基盤となったロック（Locke, J.）やカント（Kant, I.）の示す自律的で理性をもつという意味の人格であり（蔵田1998），そのような人格をもつ人を「ケア」の対象者とみなしていると考えられる。

しかし，ケアする人，される人の関係性の中で展開される「ケア」によって自己意識や認識を高めていくことだけが，「ケア」による「成長」であろうか。確かに，何らかの脳障害をもつ人は，自分や事態の変化を明確に認識できないかもしれない。しかし，すべてのことがわからなくなっているわけではない。嗅覚や視覚など人によって異なる好む（得意な）感覚があり（Feil =2001），実際，介護現場では，重度の認知症で意思の疎通も困難な高齢者に対して五感に働きかける介護が実施されている（種橋2008）。返事がなくても相手に配慮した声かけやタッチング（touching）を行うことで，表情が穏やかになったりすることもあり，言葉では表出されないものの，他者からの働きかけられることによって充足感や安心感を得ていると推察される。つまり，彼らもケアされることによって積極的な意味で内的に変化する可能性をもっているのである。ただ，認知症高齢者の何度もコールを押すなど激しい周辺症状は介護職員の負荷を高めたり（加藤ほか1998；谷口ほか2000），意思疎通が図れないがゆえに介護職員の不安を高めたりすることが指摘されており（松山ほか2004），彼らに対する介護職員の関わりが疎遠になる可能性も否定できない。

人間に対して「成長」という言葉を用いる場合，多くが子どもや青年期の人に用いられ，できなかったことができるようになる，育つといった印象が強い。したがって，高齢者の，しかも認知症など脳に障害があり，自己意識を明確にもつことが困難とされる人に対する述語としては違和感があるかもしれない。

しかし，人間は誰しも人生の最期まで他者との関わりによって積極的な意味での内的変化を続ける可能性をもっている。重度の認知症で意思疎通が困難な高齢者も例外ではない。そのことを強調するために，本研究では，メイヤロフが指摘していない，自己意識を明確にもつことが困難とみなされがちな人々のケアされることによる積極的な意味での内的変化も，あえて「成長」という言葉を用いて示したい。そして，自分を理解してくれている他者との関わりの中における絶対的な安心感の中で，自分のこだわりや不安から離れ，自分の居場所を見つけたり，心穏やかにいられることなど，ケアされることで「場の中にいること（in-place）」を実感できることも，「ケア」を通した「成長」として捉えることとしたい。

「ケア」の特性

ケアすること，ケアされることによって自他がともに自律的な発達，成長に向かう過程である「ケア」には，いくつかの特性が見られる。ここでは，メイヤロフと教育学者のノディングズのケア論を中心に整理したい。

一つ目の特性は，「ケア」の相互補完性である。「ケア」は，ケアする人のケアされる人に対する一方向的な気遣いや援助ではなく，ケアする人もケアすることで何らかの学びを得たり，ケアされる人の応答や成長に励まされたりというように双方向的なものである。

ノディングズは，「ケア」の本質的な諸要素を，ケアする人とされる人との関係であると述べ（Noddings =1997：14），ケアする人には，相手に対する専心没頭（engrossment）と動機の移転（motivational shift），自分自身の実相（reality）から他の人の実相への関心の移転が必要であり，相手に真摯に向き合い，相手を受け容れ，相手の感じるままを感じ取ろうという姿勢が必要であるとしている。その一方で，ケアされる人の役割にも触れ，ケアされる人には，必ずしもケアする人と同じように相手を受け容れる必要はないが，ケアする人に対する応答や相互利害ではない助け合い（reciprocity）を求めている（Noddings =1997：113）。それは，そのケアされる人の応答が，ケアする人にさらなるケアの意欲を喚起し，ケアリングの関係性の維持に貢献するからである。またノディングズは，「ケアされ，応答する人は十分なケアリング関係のうちで自由を認識し，その幅のある支持のもとで成長するのである」（Noddings =1997：114）と述べ，ケアする人に受け容れられ，また，ケアする人を信頼するがゆえに，ケアされる人は不安や恐れを抱くことなく，自分自身として自由に応答し，創造し，自分の興味に従うなど，関係の中で自律性が高められるという相互補完性を示している。

さらに，「ケア」は，ケアされる人の脆弱性（ケアの必要性）から始まるもので，ケアする人とされる人の関係は非対称的な関係ではある。しかし，実際の看護や介護の現場では，一般的にケアする人とされる看護師や介護労働者が，ケアされる人である患者や利用者に気遣われたり，癒され，助けられるということは日常的に経験されている。このように，ケアする人，ケアされる人の関係は，双方がそれぞれの立場で，それぞれの示し方によって，相手を気遣い，助けたり，相手に気遣われ，助けられるという主客逆転する関係性でもある。

二つ目は，「ケア」の対象と対応の個別性と文脈依存性である。メイヤロフは，ケアされる人に対し，「尊重されるべき諸要求を持ち，それ自身の存在の権利において独立しているものとして遇するのである」（Mayeroff =2003：186）と述べ，ケア関係において，ケアされる人を，一人の独立した存在として認め，尊重することが前提であることを示している。ノディングズも，ケアする人の援助として，ケアされる人の幸福を保護し，増進するために，「具体的な状況の中で個々の人に対して，特別な敬意を払って援助すること」（Noddings =1997：39）であると述べ，ケアされる人の個別性とその人の置かれた状況に応じて援助をするという「ケア」の個別性と文脈依存性について示している。

繰り返しになるが，そもそも，「ケア」は，ケアする人がケアされる人の苦しみや悩みを解釈し行動として応じることから始まる。したがって，ケアされる人の状況に応じた気遣いや援助がなされるものであり，もちろん抱える苦しみや悩みは，それぞれの人によって異なるものであるため，「ケア」自体が個別的になるのも当然である。しかし，昨今の医療，介護の現場では，制度によってその患者や利用者にとって必要な援助が受けられないこともある。あるいは，業務の効率化が求められ，マニュアル化したり，また，人手不足で忙しい現場などで，一人ひとりの患者や利用者に関わる余裕がなく，業務が流れ作業的に行われる状況では，相手の独自性を見失いがちで，「ケア」の存在自体が危うくなりかねない。相手の独自性を認め，尊重することがなければ，それも，単なる意識レベルではなく，相手の存在のかけがえのなさが実感として認識されていなければ，相互補完的な関係は生まれない。したがって，特に，相手の存在の独自性を認めること，すなわち，相手を自分とは異なる存在であることを認めることが「ケア」が成立するための必要条件となる。

三つ目は「ケア」における時間である。メイヤロフが，「他者が成長し，自己を実現することを助けることとしてのケアは，一つのプロセスであり，ある人に展開を伴って関わっていく一つの方法であり，それはちょうど友情と同じように，互いの信頼と，深まり，質的に変化していく関係を通してついに現れるものである」(Mayeroff 1971：2）とするように，双方が互いを理解し，関係が深まっていくにはある程度の時間が必要である。このことは，誰しも日常の様々な人間関係において経験し，理解できることであると思われる。

また，ケアする人ケアされる人の関係も，時間を共有し，互いを知り合っていく中で質的に変化していくものである。このような「ケア」における関係性の変化やケアする人，される人の内的変化など事態の変化（変化の可能性）も，「ケア」の四つ目の特性としてあげることができる。

先行文献や現場経験から得た「哲学・思想的レベル」のケアの概念

ここまで，哲学・倫理学領域を中心とした文献や筆者の現場での経験も踏まえ，他者からの配慮や世話によって，自らも他者を配慮，世話ができるようになるという，人間誰しもがもつ脆弱性を起点とする共同存在として他者との関わりの中で生きるわれわれにとっての「ケア」や「ケア」による「成長」の意味，「ケア」のもつ特性について検討してきた。

その結果，「ケア」とは，「相手にとっての良好な状況に向かうよう，相手の状況に応じた気遣い，援助をすること（ケアすること），また，相手から自分にとっての良好な状況に向かうよう，自分の状況に応じた気遣いや援助を受けること（ケアされること）を通して，互いが内的充実感を得て，成長していく過程」のことであり，「ケア」における「成長」とは，積極的な意味での内的変化という意味であって，「相手を気遣い助けたり，相手から気遣われ助けられる過程で得た経験や考えを自分なりに統合し，自己に対する認識を高めること」。さらに，「他者による全人的な受容などによって絶対的な安心感を得て，こだわりや不安から解放されること」である。そして，結果として自身の価値観や志向に支えられた自律的な決断や活動，他者に対する気遣いや働きかけができるようになったり，自分の居場所が得られるようになっていくことである，とまとめられる。

また，「ケア」は，他者を独自の価値をもつ人間として，自分と同様に対等の一人格であるが自分とは異なる存在であることを認め，その他者の状況に合わせた援助や気遣いを行うこと（個別性，文脈依存性），そして，ケアする人も相手を気遣い助ける（ケアする）ことや，ケアされる人から気遣い，助けられる（ケアされる）ことで自己の成長が促されるということ（相互補完性），そして，その過程における両者の関係性の変化やそれぞれの内的な変化（変化の可能性）と，それらの変化が起こってくるまでには，一定以上の時間が必要（時間の必要性）という特性をもっている。

しかし，例えば，交通事故など突発的な事態において助けを求める人を助けるとき，その人は，助けを求める人の自己実現を援助し，自分の自己実現を達成させるわけではなく，損得抜きに，今ここで助けを求める人に関わろうとするもので，自他の自己実現と他者への配慮とは無関係であるという指摘がある（田中 2004）。確かに，人は突発的な事故に出会った時には，相手の苦しみや痛みを自分のものとして捉えると同時に何らかの手立てを講じようと身体が相手に向かうが，その時点で相手の自己実現を促そうとは思っていない。ましてや，自分の自己実現や功名を目的に他者を助けようとすることは「ケア」ではない。

この事故を例にとった指摘は，まさに今という非常に短い時間における援助行為の一場面を切り取った上での指摘であり，「ケア」における関係性が継続する時間や内的変化が起こる時間のような一定以上の時間という概念を考慮していない。例えば，その事故の後，助けられた人と助けた人の間で，看護などの何らかの関係性が継続していけば，両者の間で相互補完的な変化は見られるだろう。また，関係性の継続がなくても，事故で助けられた人は，後に他者に助けられた事実を振り返り，また，助けた人も見知らぬ他者を助けたことで，他者とともにある自分の存在を認識するなどの内的な変化が得られ，人格的な成長につながる可能性もある。つまり，指摘にある事故という突発的な事態の直後に損得抜きに行われた援助は，相手の苦しみに引き寄せられるところから始まる「ケア」の端緒の一場面であって，そのような援助も「時間」という「ケア」の特性を考慮に入れれば，自他の成長，自己実現とは関係ないとは言い切れないのである。

また，もちろん，「ケア」は，順調に進展するばかりではない。両者の関係や置かれた状況の中で，感情的な行き違いや葛藤もあるだろうし，事態の悪化も考えられる。しかし，進展と後退を繰り返しながら，時間の経過とともに，互いが互いの助けとなり，「成長」に向かうものと考えている。したがって，ケアする人が主体となってケアされる人に対して一方向的に行う気遣いや援助は「ケア」とは言えない。

「ケア」には関係性が継続したり，変化を実感するまでに一定以上の時間が必要であることは繰り返し述べてきた。このため，「ケア」の評価は相手から気遣われたり，具体的な援助を受けた直後に，その行為のみを取り上げて下せるものではない。例えば，親子関係のように親からケアされたことによる「成長」を，自分が親になってケアする立場になってやっと実感することもある。したがって，「ケア」の評価は，ケアする人の時々の援助行為や態度に対するケアされる人の満足度といった表面的で一時的なものではない。ケアされる人，ケアする人にとっても，その関わりの中で相手から自分の存在が認められたり，必要とされることによって，自分に対する信頼や認識が高まったり，自分の居場所を見つけ，こだわりから離れて安心していられるなど，内的な充実感が得られているのかが重要となる。そして何よりも，他者とともにいる人間存在として，自分が他者をケアし，また，ケアされる存在であることが重要なのである。

2　ケアの倫理と「ケア」の考え方

1982年に心理学者ギリガンが *In a Different Voice*（『もうひとつの声』）を発表して以降，「ケアの倫理（ethics of care）」が，倫理学，教育学，看護学領域など幅広い領域で注目され，議論が行われている（朝倉 2005；Kuhse =2000；Noddings =1997；品川 2002）。本書は，相互作用を通じた互いの成長，発達といった「哲学・思想的レベル」のケアを，実践の場で活かしていくために，「ケア」とは何か，その概念を明らかにすることを目的としており，「ケア」を倫理的規範として論じるつもりはない。しかし，後述するが，「ケアの倫理」で言われるケアも，本書における「ケア」と同様，人間のもつ脆弱性を基盤としたケアである。そこで，ここでは，人間関係における倫理として「ケアの倫理」を主眼におく論者，および，その批判者の議論に対する筆者の見解を示し，本書における「ケア」の考え方を示したい。

ケアの倫理とは何か

ケアの倫理とは，人と人との具体的な関係を引き受け，人が置かれた具体的な状況や前後の関係の中で他者の必要性に応答する責任を果たすという文脈相対的な倫理の事を指す。一方，人々を公正に扱うために関連する要素だけを考慮し，他の要素を考慮に入れないという考え方の倫理が正義の倫理としてケアの倫理と対置される（伊藤 2005）。

ギリガンが著書を発表するまで，主要な道徳的発達理論研究は，フロイト（Freud, S.）やピアジェ（Piaget, J.），コールバーグ（Kohlberg, L.）など男性研究者によって，男性を研究対象に行われたものであった。そして，それらの道徳的発達理論は，ロールズ（Rawls, J. B.）やカントに依拠した，公平さや，普遍化可能性といった正義や権利に関わる概念を道徳性発達の最高段階と設定し，そこに至る社会化過程を発達段階としていた。その上で，女性の道徳性発達段階は，男性と比較して下位にとどまるとされていた（品川 2002；Gilligan =1986）。

ギリガンは，そのような指摘に対し，11歳の男女にコールバーグの示した「ハインツのジレンマ」についてたずねたインタビューや，大学生を対象にした青年期のアイデンティティの形成，および道徳性の発達に関する研究，人工妊娠中絶を経験した女性に対するインタビューを通して，女性は，自分だけではなく，周囲の利益にも配慮して意思決定を行うという実態を明らかにした（Gilligan =1986）。そして，女性は人間関係における思いやりと責任の問題として道徳問題を捉えており，男性が志向する権利や公平さを重視する正義とは異なる「ケアの倫理」という道徳観が存在し，女性は男性とは異なる道徳観の発達経路をもつ。しかし，それが道徳的発達の遅れを意味するものではないと指摘し，このケアの倫理を正義の倫理とは異なる声（different voice）と称した（Gilligan =1986）。そして，その道徳的志向性は，性の違いによるものではなく主題の違いから来るものであって，両者が人間の発達において相互に作用しあっていると指摘したのである（Gilligan =1986）。

ギリガンが著書を発表した2年後，ノディングズは，著書 *Caring：A Feminine Approach to Ethics & Moral Education*（『ケアリング——倫理と道徳の教育』）を発表した。そして，「ケアの倫理」は女性の経験の中から生じるものとし，女性の観点から倫理学を打ち立てることを試みるとしている。彼女の主張するケアリングでは，ケアする人，ケアされる人の人間関係を倫理的な基礎として捉え，非対称である両者間の助け合い（reciprocity）を重視し，ケアする人の相手に対する受け容れとケアされる人の応答を求めている（Noddings =1997）。

さらに，彼女は道徳性や倫理の根源を，愛や自然の傾向から，ケアする人として応答する関係，すなわち，目の前の他人のために援助したいという生得的な衝動による「自然なケアリング（natural caring）」にあるとする。一方，自然なケアリングを思い起こすことに反応して生じる，「わたしはしなければならない」という道徳的な衝動からのケアリングを「倫理的ケアリング（ethical caring）」と呼び，ケアリング関係において嫌いな相手に対しても道徳的にふるまう場合の理由に，「ケアする関係を善いものとして，他の形式の関係よりも善く，それよりも優れているものとして評価すること」（Noddings =1997：131）と示し，ケアリング関係を「善」として規定している。

さらに，ケアは，ケアする人，される人の独自な状況を総括して行われるため，手の届く範囲を超えた人に対し十分なケアリングが行えないという意味で，普遍的なケアリング，すなわち，万人に対するケアリングという考え方やケアリングの普遍化可能性（universalizability）を否定し，ケアリングを諸々の原理や規則を倫理行動の一番重要な指針であると主張している（Noddings =1997；立山 1990）。

「ケアの倫理」を倫理の主眼におく論理に対する批判

ギリガンは，道徳的発達段階理論において，正義や権利に関する「正義の倫理」とは異なる，他者に気遣い，誰をも傷つけない「ケアの倫理」という，もう一つの倫理を提示し，その道徳的志向性の違いは生得的な性別に起因するものではないことを指摘した。しかし，彼女の示す「ケアの倫理」の発達理論は，女性の道徳的発達として示されている（Gilligan =1986）。ノディングズも，ケアリングによる倫理が男性に共有されないとはいえないとしながらも，ケアリングの倫理を女性固有のものと認識しており，いずれも「ケアの倫理」を女性の倫理的な特質として提示している（立山 1990）。このため，「ケアの倫理」によってその能力が女性の有徳な性質として強調されれば，女性を力関係の弱い位置に固定する，あるいは，ケアリングのみに注意が向けられると「女性に対する女性のケア不足」を見過ごすことになるといった懸念が，フェミニズム論者らによって指摘された（兵庫県ヒューマンケア研究機構 2002）。

ギリガンの主張は，女性が「正義の倫理」とは異なる「ケアの倫理」という道徳的発達過程をもつことを示すものであった。しかしノディングズは，従来，特に医療分野において省みられてこなかったケアする人，される人の個別性や状況の文脈的な把握を重視する「ケアの倫理」を示したことは評価される一方，「ケアの倫理」を一義的なものとし，彼女の普遍化可能性や他の原理，原則を拒否するなどの主張に複数の異論が唱えられている（永田 2003）。

その異論を唱える代表的な論者は倫理学者のクーゼ（Kuhse, H.）である。クーゼは功利主義の立場から，道徳問題が生じる状況の個別性，関係する人々とその人間関係のもつ個別性に注目すべきであるとするケアの主張を評価しながら，基本的にできる限り「正義の倫理」と結合させるという姿勢をとる（Kuhse =2000）。ノディングズが普遍化可能性（universalizability）や他の原理・原則を拒否することに関して，クーゼは，「ケアの立場であっても，道徳的に判断したり，援助する際に，ある状況の無数の要素の中で当面関係のないもの（例：末期患者の治療を決める上での「髪の色」や「背の高さ」など）を切り捨てており，必ず『抽象化』が行われる」（Kuhse =2000：148），「そもそも倫理的思考は具体的な事実や個別の状況と切り離しては決して進めることができない」（Kuhse =2000：151）と，「ケアの倫理」と「正義の倫理」の両者を排他的に捉えるべきではないことを主張する。加えて，「ケアリングという人間関係だけに価値がおかれると，自分が気遣いケアする相手の思想や行動が間違ったものでも，そのまま受け容れることになる」（Kuhse =2000：193），さらに，「もしも，私たちが普遍的な倫理原則や規則をすべて拒絶して一貫性を失うならば，そのとき私たちに残されるのは，ただの恣意性と気まぐれだけである」（Kuhse =2000：198）と述べ，「ケアの倫理」を唯一の原理として捉えるノディングズの主張の危険性を指摘している。

また，クーゼはノディングズの「倫理的理想像」の源泉が「自然なケアリング」にあるとすることに対し，人々が「自然である」と考えるものは，たいていそれぞれの時代と場所の文化的信念や価値観に影響されている。したがって，倫理は自然に生じるものではない，という観点から，人間関係における自然な反応が「善」であると言おうとしても，自然の反応にも嫉妬や憎しみなどさまざまなものがあり，その反応の中から「ケア」だけを取り出して倫理的なアプローチの基本要素とみなすべきだということにはならない，というのである。つまり，「全てのケアリングが本質的に『善』であると私たちは確信できるのか」（Kuhse =2000：193）という指摘である。

「ケアの倫理」の批判に対する見解と本書における「ケア」の考え方

上記の「ケアの倫理」に関するギリガンやノディングズの主張に対する批判，すなわち，「『ケアの倫理』は女性特有の倫理なのか」「『ケアの倫理』と『正義の倫理』は排他的な倫理なのか」「すべてのケアは『善』なのか」の３点の議論ついて筆者自身の見解および本書における「ケア」についての考え方を示したい。

一つ目の「『ケアの倫理』は女性特有の倫理なのか」という問題について，筆者は，クーゼが著書の中で指摘しているように，女性が周囲に気遣い他人に奉仕する能力は女性が社会の中で従属的地位に置かれていたことの結果であり，道徳的問題に対する反応が性別によって決定されているわけではないという見解を支持したい（Kuhse =2000）。実際に，わが国の介護の場面を考えた場合，家族介護者にも介護労働者にも女性が多数を占めている。しかし，それは，伝統的な性別役割分業の影響が大きいと考えられる。男性介護者でも，被介護者に配慮し，行き届いた介護を行う人は存在するし，男性介護労働者の数も増加してきている（澤田 2007）。一方で，在宅における高齢者虐待の加害者の割合として，男性介護者の割合が高くなっている現実がある（厚生労働省 2007a）。しかし，それをもって男性には介護は向かないと言い切れるだろうか。今後，従来の性別役割分業や家父長的な価値観が社会的にも希薄になり，男女問わず家事能力を身につけたり，介護による身体的，精神的，経済的負担などに対するサポートシステムが充実することで，そういった問題も性別による有意差は見られなくなる可能性はある。

また，そもそも，「ケア」はケアされる人の状況に依存的なもので，個別性が高く，相手に対する配慮や気遣いが求められるものである。したがって，特に，人間がもつ特性としてのケアを職業化している看護師や介護労働者にとっては，そのような個別の状況を理解し，相手に配慮しながら関わっていくことは，性別の違いや個人の性格に還元されるものではなく，仕事の特性として捉えられるものである。したがって，本書において「ケア」を検討する際には，ケアする人の性別による違いを前提条件として扱わないこととしたい。

二つ目の「『ケアの倫理』と『正義の倫理』は排他的な倫理なのか」について，この問題についても，クーゼの「基本的に出来る限り『正義の倫理』と結合させるという姿勢をとる」という姿勢を支持したい。「ケアの倫理」のみを重視することによって，ケアする相手の思想や行動が間違ったものでも，そのまま受け容れることになるというクーゼの指摘は，序章で記した利用者の言うがままにサービスを行う介護労働者の話に通じることで，結局は，利用者に不利益を及ぼすことになる。また，社会の中で他者とともにあるわれわれ人間にとっては，現実的に限られた資源やサービスを分配する際には，何らかの公平さに基づいた基準が必要になってくる。したがって，福祉サービスの場合，その利用者にとって最善の状況に導くために，公平さに基づいた基準を踏まえながら，個別の状況を勘案して援助方法を検討したり，その基準が特定の利用者のみならず，必要な人にとって不利益をもたらすような基準であれば，その基準に異議を唱えていく姿勢が介護労働者をはじめ福祉援助に携わる者には求められるのである。

三つ目の「すべてのケアは本質的に『善』なのか」については，クーゼが「拷問を行う人でさえ，拷問する対象について気にかけている」というオールマーク（Allmark, P.）の指摘を引用しながら，「何について気遣う（ケアする）のか」を示すべきであり，それを示さなければ拷問を行う人の「善さ」と人権活動家の「善さ」は区別できないとしている（Kuhse =2000：94）。この問題の背景には，「ケア」の言葉のもつ意味の多義性によるものがあると考えられる。ハイデガーの示す「関心，気遣い（sorge）」の解釈も同じである。繰り返しになるが，sorgeが英語のcareにあたるとしてハイデガーの哲学は，相手を良くするためにするという「善」の意味でのケア論として捉えられている（中山2001；広井1997；Roach =1996）。しかし，ハイデガーの示す「関心（sorge）」は，現存在が常に何かを気遣っているという事実をその語に集約したものであって，「関心（sorge）」自体に倫理的に高い価値を与えているわけではない（池辺2007；兵庫県ヒューマンケア研究機構2002）。つまり，相手が最善の状況になるように気遣うことも，相手を貶めようと気遣うことも同じsorge（care）なのである。したがって，誰に対し，何についてどう気遣う（ケアする）のか示さなければ，それが「善」の意味をもつ気遣い（ケアすること）なのか判断できないという指摘である。

このような指摘を受ける理由に，ノディングズや他の「ケア」を「善」の意味で捉える論者たちの「立場」が影響していると考えられる。永田まなみは，「ケア」に道徳的な意味を込めて使う場合に，ケアの対象と方法が明示されるべきというオールマークの指摘を受け入れながらも，看護や教育などの文脈で語られるケアは，日常用語で用いられているケア一般とは異なり，特に，看護領域においては，対象と方向性が明確で，ある種の是認される価値，望ましい看護の意味が込められていると反論している（永田2003）。このように，看護師や教師，母親といった立場は，ケアする人という役割とそれぞれのケア対象である生徒や患者，子どもを「善」の状況に向かわせるという目的が想定されるために，「ケア」を「善」の意味としてのみ捉えることになったのではないかと推察される。

この三つ目の問題に対するクーゼらの指摘を踏まえて，本書における「ケア」について，その対象と目的を確認しておく。本書の一つ目の目的は，介護労働者が，利用者の自律性を高めるため，利用者の可能性を引き出し必要な支援を行っていくという本来の福祉援助やその援助関係，すなわち「制度・政策的レベル」「臨床的・技術的レベル」のケアの基盤となる「哲学・思想的レベル」のケアである「ケア」の概念を明らかにすることである。したがって，「ケア」の関係は相互補完的ではあるが，本書では，形式的に介護労働者をケアする人，利用者をケアされる人と位置づけている。そして，「ケア」の目的を，ケアする人，ケアされる人が相手を気遣い，助けたり，相手から気遣われたり，助けられる過程を経て，互いが自己認識を向上させたり，自分の居場所を実感することができるようになることを「成長」していくこととしている。実際，「ケア」の過程はスムーズに展開されることばかりではなく，相手を十分に理解できずに不安を増強させてしまうこともあるかもしれない。しかし，利用者の個別的な状況とケア提供の公正さについて配慮しながら，絶えず相手の最善の状況に向かって働きかけていく過程として，「ケア」を相手の「成長」すなわち，相手にとっての良好な状況に向かわせるための気遣いや援助として考えている。

行為，役割としての「ケアの倫理」の議論と本書における「ケア」の考え方

ここまでは，「ケアの倫理」についてギリガン，ノディングズの主張やクーゼの批判，さらに，本書の「ケア」の概念の考え方を示してきた。ここからは，昨今の，また別の「ケアの倫理」と「正義の倫理」の議論をみてみたい。

まず，ノディングズに対する批判で指摘されていた２つの倫理が性別に起因するのか否かといった議論である。この件については，現在では，大勢が否定的な見解である（高橋 2001；Kittay =2010；葛生 2011）。それでも，クーゼと同様に，同時に複数の対象者の世話をしなければならない場合には，個別の配慮を前提としながらも，ある一定のルールに基づく世話の配分も必要であるとして，２つの倫理は相互補完の関係にあるといった議論（中村 2001；葛生 2011），あるいは，「正義」の共同体の生成と存続には，構成員の相互依存の関係，すなわち，「ケア」が機能する必要があるため，「ケアの倫理」が「正義の倫理」を基礎づけているといった議論など（品川 2013），２つの倫理の関係にはいまだ一定の結論が導出されているわけではない。

とりわけ，昨今では，「ケアの倫理」が女性特有の倫理ではないにしても，ロールズの正義論に代表される理性や権力をもった者の思考である「正義の倫理」では，子どもや障害をもつ人など他者からの助けがなければ生活できない人だけではなく，伝統的な家父長制度の枠組みの中でそういった人たちを世話するものとして当然視され，従事することを余儀なくさせられてきた女性たちを包摂できないとして，誰しもが世話を受ける時期はあるという相互依存の不可避性による平等を示し，世話を担う人に対する世話の保障やケアし，ケアされる権利の確立を目指すといった（Kittay =2010；有賀 2011），「ケアの倫理」と「正義の倫理」を両者は根本的に異なる原理に基づくという視点で（野崎 2013），「ケアの倫理」から「正義の倫理」を捉えなおす議論が展開されている（Kittay =2010；有賀 2011）。そして，それらの議論は性別や能力にこだわらない，人々が互いの弱さを認め合うことから始まる共生社会を目指しており，そのためには，道徳感情や近親者といった狭い範囲の「ケア」の議論では限界があるという指摘がある（広井 2013；Brugère =2014）。

確かに，公領域の，社会政策としてのケアを検討するのであれば，本書が焦点をあてている一対一で展開されるところでの「ケア」（「哲学・思想的レベル」のケア）の議論だけでは限界がある。しかし，ここで議論されているキテイ（Kittay, E. F.）や有賀が示すケアは，子どもや高齢者といった他者からの世話を必要とする依存者に行う世話として，その行為や役割を意味している。その上，私領域において展開される世話としてのケアの関係において，依存せざるを得ないという依存者の特性や関係性の非対称性から，依存者と依存労働者との関係が排他的，暴力的になりうると危惧されている（Kittay =2010；有賀 2011）。

したがって，そうであるならば，なおさら，それを防ぐために社会政策と並行して，社会政策としてのケア，そして，行為，役割としてのケアの根幹となる「ケア」の概念の価値の継続した探求と実態把握が必要である。そして，依存者と依存労働者の間に，双方にとって良好な状況への変化をもたらす「ケア」の関係性の醸成を促進する社会政策，システムの設計がなされなければならない。このため，現在，ケアの議論の潮流が，公領域である社会政策としてのケアにシフトしているとしても，本書では，度重なる制度の改定によって，その度に福祉事業所経営の先行きが不透明となり，ますます激化する顧客確保競争の影響によって，援助関係の変容が懸念される高齢者福祉領域をフィールドとして，利用者や介護労働者がともにいる場を護るために，「ケア」の概念やその実態を明らかにしていくこととする。

本書における「ケア」の考え方

本章では，援助関係の基盤となる「ケア」の概念について，その言葉の意味やメイヤロフを中心に哲学・倫理学領域の先行文献の知見の検討から，「相手にとっての良好な状況に向かうよう，相手の状況に応じた気遣い，援助をする（ケアする）こと，また，相手からも，自分にとっての良好な状況に向かうよう，自分の状況に応じた気遣いや援助を受ける（ケアされる）ことを通して，互いが内的充実感を得て，成長していく過程」とした。

その上で，「ケア」における「成長」を，積極的な意味での内的変化という意味であって，「ケアすること，されることによって得た経験や考えを統合し，自己に対する認識を高めること」，さらに，メイヤロフが示していないケアされる人の「成長」という意味で，筆者の現場経験も踏まえ，「他者による全人的な受容などによって絶対的な安心感を得て，こだわりや不安から解放されること」とした。そして，結果として自身の価値観や志向が明確になり，それに支えられた自律的な決断や活動，他者に対する気遣いや働きかけができるようになったり，自分の居場所が得られるようになっていくことと捉えた。

しかし，ここで示した概念だけでは，どの介護労働者にも理解してもらえる程には具体的ではなく，即座に実践には結びつけることは困難である。そこで，今後，介護労働者と利用者の間で展開される「ケア」の概念を明らかにしていく際の課題として，「ケア」における「成長」に向けてどういったことを目標に支援していけばよいのか，どういった援助や志向がケアされる人の「成長」につながるのかを介護労働者に理解してもらうために，実際，相手にとっての良好な状況を志向する双方向の関係性の中で，双方にどういったことが起こっているのか，介護労働者と利用者にインタビュー調査を行い，「ケア」の実態を明らかにし，具体的な「ケア」の概念を示すこととする。そして，その際には，メイヤロフが言及していない，例えば，認知症であったりし，自己意識を明確にもつことが困難とみなされがちな人々にとっての「ケア」における「成長」や他者から「ケアされる」ことによる「成長」にも着目して，「ケア」の実態を調査，分析を行う。

また本章の最後に，昨今，幅広い領域で議論されている「ケアの倫理」と本書で探究する「ケア」の概念の射程の違いについて示した。本書では，「ケア」の概念を「〜でなくてはならない，〜すべき」といったケアする人の規範を提示し，行為としての「ケア」を限定させるのではなく，むしろ，利用者を一人の人として尊重し，人として生きることを援助するために，忘れてはならない価値としての概念を提示したい。

第2章
看護・介護福祉領域の「ケア」の概念

前章では,「ケア」という言葉の意味と先行文献におけるケアの概念についての検討を行った。そして,より具体的な「ケア」の概念を示すために,介護労働者と利用者に対するインタビュー調査を実施し,「ケア」の実態を明らかにすること,さらに,メイヤロフが言及していない自己意識を明確にもつことが困難な人々にとっての「ケア」における「成長」や,ケアされることによる「成長」にも着目してケアの実態を調査,分析していくことを示した。

本章では,社会福祉の近接領域である看護領域における先行のケア/ケアリング概念に関する研究と社会福祉の一領域であり(相澤 1994;加納 2000),介護や家事を主な援助手段とする介護福祉領域で言及されている介護,ケア概念を俯瞰する。そして,それらの知見から,介護福祉領域において「ケア」の概念を明らかにするための調査に向けての課題を示すことを目的とする。

なお,看護研究では,「ケア」という言葉について,論者によって,「ケア」「ケアリング」「ケア/ケアリング」と表記し,使い方に区別を示していない場合が多い。そこで本書では,先行研究で用いられている通りに記述し,それ以外は基本的に「ケア」と記述する。

1 看護領域における「ケア」の概念の研究

看護理論家のケア/ケアリング概念

① ナイチンゲール

看護領域では,1970年代からケア/ケアリングの概念研究が行われてきた。その背景には,高度化した医療,管理的医療の下で,医療関係者が患者を一人の人としてではなく疾患に焦点をあて，患者を細分化して診る傾向にあったことによる弊害や（操ほか 1996），疾病構造の変化，高齢者人口の増加などにより治療効果が期待できない患者や慢性期の患者に対するケアの必要性が高まってきたことなど複数の要因がある（城ヶ端 2007）。

欧米においては1950年代より複数の看護理論が発表されてきたが，看護学の系譜の中で，最初に人間中心，患者中心の看護の重要性を明文化したのは，ナイチンゲール（Nightingale, F.）だとされる（操 1996）。彼女は著書『看護覚え書』（1860）において，「看護」を「care」と置き換えて表現しているわけではないものの，看護を具現するための行為において大切になるものが，「配慮」「気配り」など「care」であるとしている（操 1996；金井 2004）。また，「ケアリング（caring）」という言葉が用いられ，その内容が問われるようになったのは，既出のメイヤロフ（Mayeroff, M.）が1965年に論文 On Caring を発表した頃からであった。特に1978年にレイニンガー（Leininger, M. M.）によって全米ケア研究会議（National Caring Research Conference）が開催されるなど，1970年代から1980年代にかけたこの時代にケア／ケアリング概念の研究は盛んに行われ（操 1996），多くの看護理論家がケアリングに関する理論を発表している。その中でもとりわけ，ケア／ケアリング研究のパイオニア的存在として注目されるのが，レイニンガーとワトソン（Watson, J.）である。

②　レイニンガー・ワトソン

レイニンガーは，1960年代半ばに民族看護学という人類学に基づく看護の開発を行い，ケアは文化によって異なるとして，文化を考慮した看護概念を発表している（城ヶ端 2007）。また，彼女は看護の本質はケアにあるとし，ケアを「一般的な意味で，人の条件や生活様式を向上および改善する確証的ニーズあるいは予測されるニーズをもつ個人やグループに対する援助，支持，促進的な行動である」（Leininger 1984：4）と定義している。

ワトソン（Watson =1992）は，人間主義の立場をとり，看護を，全人的に人間を捉える人間科学（human science）としている。彼女は，ヒューマン・ケアリング（human caring）を「健康と不健康，環境と人との交互作用，看護師のケアリングプロセスの知識，人のもつ力や交互作用の限界など，間主観的な人間の応答に関連しており，価値や意思，ケアに対する献身，知識，ケア行動，結果を含むもので，最終的には人間の尊厳を護り，高め，維持するという看護の道徳的理想となるものである」と定義している（Cohen 1991）。また，ワトソンは，看護師と患者の関係性について「トランスパーソナルなケア（transpersonal care）」という概念を提示している。この「トランスパーソナルなケア」という関係においては，「二人の人間の間で，精神が一つになる事態が起き，そこにおいて看護婦と患者は『自分というもの』，時間，空間，互いの生活史を超越できる能力を手にする」（Watson＝1992：96）とされる。そして，両者は，ケアの過程の中でともに自らの存在のありようを生成していくとし，看護師と患者の相互作用性を指摘している。

③ ローチ・ボイキン

既出のローチは（Roach =1996），神学や哲学を基盤とし，「人は自らが人間存在であるが故にケアをするのである」（Roach =1996：21）と述べ，ケアリングを人間の存在様式とする。そして，「人間の発達と成熟は，ケアをするという人間的な能力の展開を通じて，他者のために自己を生かすことを通じて，そして問題となっている何事かに関与することを通じて達成される」（Roach＝1996：23）。さらに，ケアする能力は養成されうるもので，他者によって呼び起こされる。呼び起こされていないとしても，人間は時とともに変化するという無限の潜在的可能性と広範な対応の可能性を有しているとし，他者との関わりによる人の成長の可能性を示している。また，ローチの著書『アクト・オブ・ケアリング』（*The Human Act of Caring*）では，人間として誰しもがもっているケアの能力を職業化させていくことに重点を置き，職業的ケアリングの諸属性として，「思いやり（compassion）」「能力（competence）」「信頼（confidence）」「良心（conscience）」「コミットメント（commitment）」の５つをあげる。しかし，ケアが人間の存在様式だとしても，人は全くの習慣としてケアするわけではない。そのため，職業としてのケアリングを教授，学習する際には，他者に対し感じ取り，応答する能力を高め，生命の尊厳や人間存在のかけがえのなさなど存在論的価値や質的な価値について確認することが必要としている。

メイヤロフやローチの影響を受けたボイキン（Boykin, A.）らは，1993年に『ケアリングとしての看護』（*Nursing as caring*）を発表した（Boykin, et al. 1993＝2005）。彼女らは，ケアリングとしての看護理論の前提に，「人々は，人としての特性によってケアリングを行っている」「人々は，その瞬間瞬間においていつもケアリングを行っている」「人々は，常に全人的あるいは完全な存在である」「人間性は，ケアリングを根底に持ちながら生きてきた過程である」「人間性は，ケアリングをする他者との関係を作ろうとすることによって高められる」「看護は，一つの学問領域でありかつ一つの専門職でもある」の6点を掲げ，人間はケアする存在であり，他者との関係の中で人間性が高められるという人間観をもつとしている（Boykin, et al. ＝2005：1）。ケアリングについては，「ケアリングを行いながら生き，ケアリングの中で成長する人として理解される他者と共にいる看護師の志向的，本来的な態度である」（Boykin, et al. 1993：25）として捉え，「看護としてのケアリングは，ケアリングを実践し，且つ，ケアリングの中で成長しながら看護される人を大切に育むことを伴っている」（Boykin, et al. 1993：21）と述べる（McCance, et al. 1999）。つまり，看護師は，看護される人である他者をケアし，他者からもケアされて成長する存在として認め，ケアによって彼らの成長を促すという役目を負っていることを示している。そして，看護師に対し，独自の存在である看護される人を見出すための関わり（commitment），知識，技能の必要性を指摘している（Boykin, et al. ＝2005）。

このように，看護理論家のケア／ケアリングに対する概念や理論は，いずれも患者である相手の独自性を認め，尊重し，相手の状況や気持ちを察し，良き方向へと向かわせる志向をもった気遣い，および，その志向によって実践される看護行為といった意味で記述されている。そして，看護師と患者との関係性の中における両者の人格の成長や関係性自体の変化の可能性が示されている。しかし，あくまでも看護師はケアする人であるという視点で「哲学・思想的レベル」のケアを基盤に看護を実践し，患者の心身の健康や自律性の向上の促進，そして，その役割の確立を目指そうとしていることが理解できる。

ケア／ケアリング概念に関する質的調査による研究の知見

欧米のケア／ケアリング概念研究をレビューした操華子ら（1996）によれば，1970年代から1980年代にかけての欧米の初期のケア／ケアリング概念研究は，「ケアリングとは何か」ということについて，1980年代後半には，ケアリングの特性，構成要素，相互作用やプロセスに焦点が当てられていた。以下では，それらの研究の知見について確認し，本研究の調査に対する示唆を得たい。なお，本章で取り上げる欧米の研究は，操ら（1996）やカイル（Kyle, T. V. 1995）の文献レビューを参考に選択した。

質的研究では，主に患者，看護師それぞれにインタビュー調査を実施し，それぞれの立場で認識されている看護師のケアリング行動やケア概念を明らかにすることを目的とした研究が行われている。

ブラウン（Brown, L. J. 1986）は，50名の入院患者が看護師からケアされた体験から，ケアリングの概念，プロセスを明らかにしようとした。その結果，患者の個別ニーズに合わせて看護師の通常の仕事の仕方を変えるといった「患者個人の質やニーズの理解（recognition of individual qualities and needs）」，患者を快適にすること，サポートすること，安心させることといった「安心させる存在（reassuring presence）」「情報の提供（provision of information）」「専門的な知識や技術の行使（demonstration of professional knowledge and skill）」「痛みの援助（assistance with pain）」，必要以上に患者のために時間を費やすといった「費やした時間の量（amount of time）」，ケアプロセスにおける決定参加を促すといった「自律の促進（promotion of autonomy）」，見守りなどの「監視（surveillance）」という8つの概念を抽出している。

シャーウッド（Sherwood, G. D. 1988）は，術後患者10名に対し，看護師のケアリング行動についてどのように認識しているか，どう感じているのか，といったインタビュー調査を実施し，現象学的分析を行っている。その結果，患者の認識する看護師のケアリング行動として明らかになった概念は，「ニーズのアセスメント（assessing needs）」，ケアマネジメントの準備や知識など「看護計画（planning care）」，ニーズに応答することなど「介入すること

(intervention)」，看護行動や関係者の状況を評価したりする「確認すること(validating)」，積極的に相互作用を促進するといった「相互作用的な態度(interactional attitude)」である。

日本人を対象とした調査では，岩本テルヨ（1997）が慢性難治性疾患の入院患者を対象に，彼らが認識する看護師のケアリング行動とそれに対する反応を明らかにしようとした研究がある。その結果，ケアリング行動として「代行する，補う」「体を楽にする」「気遣う」「共感する」「添う」「コーピングを促進する」「関心を示す」「触れる」「対処能力を高める」の9カテゴリー，患者の反応として「楽になる」「安心と保証を得る」「信頼感をもつ」「感謝する」「心の平穏を得る」「価値づけられる」の6カテゴリーを抽出している。そして，看護師の「ケアリング」については，患者に安定をもたらし，置かれている状況に前向きに取り組むことを可能にさせるものであるとしている。

看護師の認識から，ケア／ケアリング概念を明らかにしようとした研究として，フォレスト（Forrest, D. 1989）が，17名の看護師に対し，「看護師としてのケアリングとは何か」をインタビューし，現象学的分析を行っている。その結果，看護師の認識する「ケアリング」は，そばにいることや相手に対する尊重といった「かかわり（involvement)」，触れる，支えること，相手をよく知ることなどの「相互作用（interacting)」の2カテゴリーにまとめている。さらに，ケアの結果に影響を与えるものとして，自分の経験や自己評価，仕事に対する好感情など「自分自身（oneself)」，患者に対するケアの困難さなど「患者（the patient)」，他に，時間がないなど仕事上の「フラストレーション（frustration)」，そのような負荷に対する「コーピング（coping)」，職場における「安楽とサポート（comfort and support)」の5つの概念をあげる。そして，看護師にとっての「ケアリング」は，第一義的に患者の経験に対する深い感情から導き出される精神的，情動的な態度であり，自身の背景や感情，患者からの応答や仕事上の不満がケア内容や行動に影響するとしている。

グレッグ（Gregg, M. F.）ら（2004）は，日本人看護師7名に対し，どういった「ケアリング」が存在していると認識し，どんな価値を基盤としているのかインタビューと参与観察を実施し，概念を抽出している。結果として，自分自身を患者の立場に置くなど「患者の感情を熟考する（considering a patient's feeling）」，患者を一人の人として包括的に理解するために「看護の知識・技術をもつこと（having nursing knowledge and skill）」「患者の代弁すること（advocating for their patients）」，患者の体験や悲しみを共有するために「患者と人間としての人間関係を形成する（having a relationship as a human being）」「患者のそばにいる（being with a patient）」「患者に触れる（touching a patient）」「患者の話を傾聴する（listening to patient）」，患者の生活や健康に「変化をもたらすこと（making a difference）」，看護師同士の支えあいなど「看護師としてお互いを助けること（helping each other as nurses）」，さらに，ケアの結果としての意味をもつ，時間の共有によって関係が深まるなどの「患者と親密になること（being connected to a patient）」，仕事を通した達成感や意義を見出すなど「生きがい（denoting the "meaning of one's life"）」，自身の必要性を認識するなど「自己実現としての看護の実現（realizing nursing as a means of self-actualization）」といった多様な次元における12の概念を抽出している。

このように明らかになった「ケア」の概念は，患者が認識した概念であっても，いずれも看護師が行うこと，促すことといった看護師がケアする人という視点で命名されている。そしてそれらは，例えば「ニーズの理解」や「情報の提供」のように看護師の機能的なレベルの概念であったり，「患者に触れる」「体を楽にする」といった看護行為レベルの概念であったり，「共感する」「関心をもつ」といった看護師の患者に対する志向を示す概念であったり，概念の次元は多様である。

相互作用の観点からケアリングを捉えた質的研究の知見

「ケア」の特性の一つに相互補完性があげられる。そこで，1980年代後半から増加した，ケアリングを相互作用の観点から捉えた研究として操ら（1996）があげる，リーメン（Riemen, D. J.），ノウルデン（Knowlden, V.），エリクソン（Eriksson, K.），ミラー（Miller, B. K.）ら，ボトロフ（Bottoroff, J. L.）らの研究の知見をみてみたい。

ノウルデン（Knowlden 1986）ボトロフら（Bottoroff, et al. 1994）の研究は，看護師と患者のやりとりの録画ビデオから，ケアリングの概念を分析したものである。ボトロフら（Bottoroff, et al. 1994）は，タッチング（touching）に着目してケア行動を概念化し，患者のことを理解し「要求された以上のことを行う（doing more）」「頼まれたことを行う（doing for）」，患者を気遣いながら仕事もこなすという「何かを行いながら（doing with）」，作業としての看護行為を行うという意味での「仕事を行う（doing task）」の４つの概念を明らかにしている。

リーメン（Riemen 1986）は，ケアリングにおける相互作用（caring interaction）と相互作用ではない（non caring interaction）経験とその時の感情について患者にインタビューし，ケアリングの現象を明らかにしようとした。その結果，ケアリングにおける相互作用を，看護師が役立つ存在だとする「看護師の実存的存在（nurse's existential presence）」，患者を一人の価値ある人として対応してくれるといった「患者の独自性（client's uniqueness）」，個別的な関わりによって，快適さや安心感がもたらされるといったケアの「結果（consequence）」の３つに分類している。また，ケアリングにおける相互作用について，男性は快適にしてくれるなど看護師の道具的な看護行為を，女性は精神的に深く，情緒的なレベルの援助をあげている。

エリクソン（Eriksson 1992a；1992b），ミラーら（Miller, et al. 1992）の研究は，患者・看護師双方に対しケアの相互作用に対する認識についてインタビューを行ったものである。エリクソン（Eriksson 1992a；1992b）は，ケアリングの基本構造は両者の人間関係であるとし，ケアリングを「ケアリングを通した交流（caring communion）」と呼び，その意味と本質を分析している。その結果，「ケアリングを通した交流」の意味を，「他者にとって良いことを行うことのできる能力」，本質を「特別ではない何かを特別な何かにする技術（art）」であるとしている。また，「ケアリングを通した交流」についての患者の認識は，「何か特別な対象となる経験」「誰かの責任でいる経験」「誰かが喜んで良いことをしてくれる経験」，看護師の認識は「患者のための存在でいる経験」「奉仕する経験」「特別な方法で誰かをケアする経験」とまとめられた。そして，「ケアリングを通した交流」は患者と看護師の双方に楽しみと満足をもたらすものと指摘している。

上記の研究は既述したように，看護師と患者の相互作用に着目したものである。それでも，抽出された概念は，看護師の，ケアする立場での認識や行為，患者のケアされる立場での認識としてしかまとめられていない。また，それぞれの研究は分析の視点が異なるため，やはり抽出された概念は多様である。

量的調査による研究の知見

量的研究では，患者，看護師それぞれが認識しているケアリング行動や概念を明らかにすることやケアの評価などを目的として行われている（Watson 2001）。しかし，調査票の質問項目は，患者の認識するケアや看護師のケア行動，看護理論家やメイヤロフ，ノディングズらのケア理論から作成されており，質的研究のようにケア／ケアリング概念を帰納的に探索する研究ではない（Kyle 1995；Watson 2001）。それでも，それらの調査項目のカテゴリー名や因子名から，開発者が意図するケア／ケアリング概念を理解することができる。

主な評価尺度には，まずラーソン（Larson, P. J. 1984）が，がん患者の認識する看護師の重要なケア行動から開発した，看護研究の中ではもっとも古い評価尺度である Caring Assessment Instrument（Care-Q），そしてウルフ（Wolf, Z. R. 1986）が，心理学や哲学といった多領域におけるケア概念に関する文献とワトソンのトランスパーソナル・ケアリング理論を基盤に作成した看護研究の中で２番目に古い Caring Behavior Inventory（CBI），さらにクローニン（Cronin, S. N.）ら（1988）がワトソンの「ケアの10因子」を基に開発した Caring Behaving Assessment Tool（CBA）などがある。これらの評価尺度は後続研究者によって幅広く使用されており，日本でも，操ら（1997）が，CBA を用いた研究成果を報告している。そこで，これら３つの調査票における調査項目のカテゴリー名を見てみよう。

Care-Qは50項目で構成されており，それらは，患者のコールに迅速に対応するなどの「近づきやすさ（accessible）」，患者の治療や病気に関して，患者の理解できる言葉で情報を提供するなど「説明と促進（explains and facilitates include）」，患者の病状や治療について積極的な要素によって励ますなど「快適さ（comforts）」，患者にとって十分と思ったり，状況に応じた活動を知ることなど「予測（anticipates）」，患者の家族や重要な他者に対して心地よく，フレンドリーであることなど「信頼関係（trusting relationship）」，患者に対し良好な身体ケアを提供することなど「監視とフォロー（monitors and follows through）」の6カテゴリーに分類されている（Larson 1984）。

改訂CBIは42項目からなり，因子分析によってまとめられた5つのカテゴリーは，患者を一人の人間として処遇することなど相手に対する思いやりを意味する「相手に対する尊敬（respectful deference to other）」，患者に関心を示すことなど，相手のニーズや安心のために援助することを意味する「人間存在の保証（assurance of human presence）」，患者を信頼することなど「積極的な関わり（positive connectedness）」，専門的な知識と技術を活用することなどの「専門的知識と技術（professional knowledge and skill）」，相手の認識や経験に対し，正しく評価し，専心することを意味する「相手の経験に対する気配り（attentive to other's experience）」である（Wolf, et al. 1994）。

CBAは，ワトソンのケアリング理論の「ケア因子（care factor）」を用いて，カテゴリーを「ヒューマニズム・信頼，希望・感受性（humanism/faith-hope/sensitivity）」「助けること・信頼（helping/trust）」「ポジティブ／ネガティブな気持ちの表現（expression of positive ／ negative feeling）」「教えること・学ぶこと（teaching/learning）」「支持的・保護的・救済的環境（supportive ／ protective ／ corrective feeling）」「人間としてのニーズに対する援助（human needs assistance）」「実存的・現象学的・スピリチュアルな力（existential ／ phenomenological ／ spiritual force）」の7つとしている（Cronin, et al. 1988）。

これらの調査票で尺度開発者が意図しているケア概念も，看護師の行為や態度，技術的側面や実存など哲学的な側面など，多様な次元で構成されていることが理解できる。

また，上記の調査票を用いた調査の結果によれば，患者が重要と認識するケアリング行動は，看護師の専門的知識や技術の適切さ，能力に関する事柄が上位を占める。一方，看護師が重要と認識するケアリング行動は，患者の精神面に対するケアリングや情緒的側面の関わりに関する事柄が上位を占め，両者の認識には隔たりがあることが報告されている（Kyle 1995；Komorita, et al. 1991；Huggins, et al. 1993）。

看護領域におけるケア／ケアリング概念研究の必要性

ここまで，看護理論家の示すケア／ケアリング概念と看護師，患者それぞれの認識からケア／ケアリング概念を明らかにしようとした質的，量的研究の知見を俯瞰してきた。

看護領域では，医療の高度化による「キュア（cure）」中心の医療に対するアンチテーゼとして患者を全人的に捉える「ケア（care）」の概念が注目され，1970年代から欧米を中心に実証的な「ケア」の概念研究が進められてきた（操 1996；操ほか 1996）。昨今では，我が国の看護教育においてもケア／ケアリングに対する認識は高まってきている（中柳 2000）。しかし，今回確認した知見でも，「ケア」が人間の存在様式であるといった哲学的な側面から，看護の目標や結果，看護師の態度や患者に対する視点など価値的側面，あるいは，精神的，身体的看護技術などの技術的な側面や専門的知識など異なる多様な次元の概念が抽出されているように，ケア／ケアリング概念研究が始まって40年以上が経過するが，いまだ，その概念，定義は一定ではない。ケア／ケアリングの概念の捉えどころのなさや曖昧さが指摘され，論者によって強調する点も異なっており，今後も継続した概念研究の必要性が指摘されているところである（Kyle 1995；城ヶ端ほか 2008）。

しかし，研究によって導出されたケア／ケアリング概念の多様さや曖昧さの問題のひとつには研究方法の問題がある。特に質的研究の多くは，調査対象者である患者，看護師に対し，ケア／ケアリングの定義を提示せず，各自が認識しているケア／ケアリングがどういったものか尋ね，現象学的分析など語られたデータを基に概念を帰納的に生成する分析を行っている。このため，リー（Lea, A.）ら（1996）が，現象学や人類学の調査アプローチでは，単純にケア行動の一覧を増やす可能性があると指摘するように，抽出された概念やその次元が多様になるのは当然であろう。また，相互作用に焦点をあてた研究では，ケアの場面を限定しているため，ケア／ケアリングとは何かといった探索的な研究よりも，抽出される概念数は抑えられている。しかし，場面を限定した研究でも，何をどの次元で分析するかによって抽出される概念は異なっており，それらの研究間でも抽出された概念に一致した見解は得られていない。

一方，量的研究の評価尺度のカテゴリー名も，相手を人として尊重する態度や人間関係に関する支援，看護師自身の人となり，専門的知識や技能といったようにやはり調査票開発者が意図する「ケア」の概念も多様な次元で構成されていた。

これらの結果から，「ケア」の概念は，「ケア（care）」という言葉がもつ多義性を反映するように，医療現場の看護師や患者には特定の次元の概念とは意識されておらず，看護研究者もはじめから複数の次元で構成される概念として捉えていることが理解できる。

さらに，ケア／ケアリング概念の多様さや曖昧さの問題として，質的・量的研究ともに同様の内容を示しているにもかかわらず，研究者によって概念名が異なっていることがあげられる。例えば，量的調査では，「患者と話をすること」という項目は，Care-Q では「快適さ」に，CBI では「人間存在の保証」に分類されており，同じ内容の項目が開発者によって異なる概念に解釈され，カテゴリー化されている場合がある。この項目の場合，看護師と話をすることで不安だった患者が安心すると解釈すれば「快適さ」に，あるいは，看護師と話をすることで，その患者は看護師から自分という存在を認めてもらっていると実感できると解釈すれば「人間存在の保証」に分類が可能である。これは，概念生成にあたり，研究者間に共通の理論基盤が存在しない，カテゴリー化や概念の命名に際してそれぞれの概念や構成要素（質問項目）の次元や解釈の基準が定まっていないことなどが原因として考えられる（種橋 2011）。

モールスのケア／ケアリングの概念

このようにケア／ケアリング概念に関する知見が多数存在する現状において，リーら（Lea, A., et al. 1996）は，ケアリングの構造をよりよく理解するために。ケアリングの概念を根本的な次元に絞る必要性を指摘している。そこで，看護領域のケア／ケアリング概念研究の知見を分類したモールスら（Morse, J. M., et al. 1990）の研究をみてみたい。

モールスらは，35名の看護理論家や調査研究によって得られたケア／ケアリングの概念について概念分析を行い，①人によって異なるが，人間は誰もがケアの能力をもっているなどの「人間の特性としてのケアリング（human trait）」，②看護の本質的な価値基盤は患者の尊厳を護ることといった「道徳倫理規範，理想としてのケアリング（moral imperative or ideal）」，③患者の経験した感情に対する共感など「感情としてのケアリング（affect）」，④看護師と患者間の人間関係がケアリングの本質であるとする「看護師と患者間の人間関係としてのケアリング（the nurse-patient interpersonal relationship）」，⑤傾聴や技術的能力など「治療的介入としてのケアリング（therapeutic intervention）」の５つのカテゴリーに分類している。そして，ケアリングの結果として「患者の主観的経験（patient's subjective experience）」「患者の身体的反応（patient's physical response）」をあげ，５つのカテゴリーとの相互関係を示している。

このモールスらの知見によって，複数存在する概念研究の知見が整理され，ケア／ケアリングの概念がどのように認識されているのか理解することが可能となった。そこで，さらに，５つのカテゴリーがどういった次元でまとめられているのかみてみると，「人間の特性としてのケアリング」は存在論的な視点，「道徳的規範，理想としてのケアリング」がケアの価値や目的，「感情としてのケアリング」が関わりの過程における内的変化，「看護師と患者間の人間関係としてのケアリング」はケアの特質，「治療的介入としてのケアリング」は具体的な行為と解釈することができる。

確かに「ケア」概念の曖昧さや数の多さを防ぐには，リーら（1996）の指摘のように「ケア」の次元を絞り，その次元における概念を明らかにすることが現実的な方法なのかもしれない。しかし，看護師や介護労働者が心身や社会的に問題を抱える患者や利用者の問題を共に解決したり，失った自信や希望を回復し，生活に活力を取り戻したり，自律性を高めていくことを援助するためには，「ケア」の価値や目的を基盤に，患者や利用者の状況や気持ちに配慮しながら，その患者や利用者に適した援助行為を行っていく必要がある。筆者の介護労働者としての経験からではあるが，現場においては，その一連の志向から行為のプロセス，志向を体現した援助行為や働きかけそのもの，および，価値基盤，配慮，行為のそれぞれを「ケア」と呼んで実践されている。つまり，このモールスらの５つのカテゴリーが示す内容は「ケア」という言葉に内包され，現場ではそれらは特定の概念として意識されないまま区別されずその時の状況に応じて使われ，行為として行われている。

しかも，その場を共有し，理解している看護師や介護労働者同士にはその場面における「ケア」の意味，概念が暗黙のうちに了解されているのである。それならば，現場の看護師や介護職労働者が理解しやすく，実践に活かせるように，「ケア」とはどういったことなのか，その概念を示すには，蓄積された知見を再検討し，概念の次元を構造的に捉えることで，「ケア」の価値から行為に至る一連のつながりを把握でき，現場の看護師や介護労働者にとって有益な知見を導くことができるのではないかと考えられる（種橋 2011）。

モールスらの知見は，ケアリング概念の５つのカテゴリーとケアリングの結果の相互作用を示しており，カテゴリー間の関連性やケアリングの全体像を理解する手がかりを得ることができる。その反面，５つのカテゴリーの次元だけでなく，具体的にどのような目的や方向性で援助を行えばよいのか，「ケア」の概念を実践に活かす手がかりは示してはいない。

しかし，モールスらの示した５つのカテゴリーを構造的に捉え直すと，「道徳的規範，理想としてのケアリング」が「ケア」の価値や目的，結果に相当する上位概念，関わりの過程における内的変化を示す「感情としてのケアリング」や「看護師と患者間の人間関係としてのケアリング」が患者に対する志向や関わりの中で得られる認識といった中位概念，さらに，「治療的介入としてのケアリング」が具体的な看護行為を示しており，それらを下位概念と考えることができる。存在論的な内容を示す「人間の特性としてのケアリング」は，「哲学・思想的レベル」のケアに含まれるものと考えられる。

メイヤロフのケア論で言えば，人格の発達，成長や自己実現といったことが上位概念である「ケア」の目的，結果，さらに，その「ケア」の目的や結果につながる，実際になされる介護行為や配慮が下位概念である。しかし，メイヤロフは相手の成長に対する信頼については言及しているものの，中位概念である介護行為や配慮がなされている時に得られる認識，および，相手に対する志向については明確に説明しているわけではない。そういった部分が，メイヤロフのケア論は抽象度が高いと言われる所以であり，介護労働者に援助の価値，思想としての「ケア」の理解を難しくさせていると考えられる。

このため，介護労働者と利用者の互いの関わりにおける認識から「ケア」の概念を明らかにするためには，中位概念である介護行為や配慮がなされている時に得られる認識，相手に対する志向や関わりを通した認識や志向の変化を調査，分析することによって，具体的な行為や配慮（下位概念）の根底にある価値や考え方，および，関わりの結果としての双方にとっての良好な内的変化である「成長」（上位概念）を含めて明らかにし，互いに相手のために気遣い合い，助け合う関係性によって，両者にどういったことが起こっているのか，互いにどういった影響を及ぼしているのかを具体的に示す必要がある。

また，看護師，患者の認識からまとめられたケア／ケアリング概念は，あくまでも看護師が「ケアする」という立場，患者が「ケアされる」という立場での概念である。しかし，看護理論家のボイキンが看護師もケアされる存在であることを認めるように，「ケア」のプロセスにおいては，看護師も患者から励まされたり，気遣われたり「ケアされる」経験をもっているはずである。ところが，患者が「ケアする」，看護師が「ケアされる」という視点を含めて「ケア」の概念を抽出した研究は少なく[(1)]，既述した相互作用に着目した研究においてもその視点はみられない。確かに看護師が役割上「ケアする」人であり，看護の質の向上の一助として，患者の「ケアされる」経験や「ケアされていない」経験を重視し，彼らのニーズを理解する必要はある。しかし，ケアすること，ケアされることによって互いが成長していくといった「ケア」の概念を理解するためには，患者の看護師を「ケアする」経験，看護師の患者から「ケアされる」という視点を含めて検討していく必要がある。そして，患者に対し，「ケアされる」人という視点だけでなく，「ケアする」人という視点も含めることが，患者を全人的に理解することにつながると考えられる。

2　介護福祉領域における「ケア」の概念の研究

「介護福祉」の概念

介護福祉領域において，「ケア」という言葉は，研究者によって，あるいは介護現場において，ユニットケアなど援助方法の名称であったり，「介護」や「処遇」の同義語として使用されたり（岡本多喜子 2001；鈴木聖子 2011），哲学・倫理領域で示されているような「気遣い」や「配慮」という意味で使用されたりしており，定義も概念も定まったものはみられない。

本項では，介護福祉における「ケア」の概念を検討する前に，社会福祉領域の一領域であり，調査対象となる介護労働者に対する教育の基盤となる介護福祉学と「介護」「介護福祉」概念について確認しておきたい。

わが国において介護福祉が学問として専門性や固有性が追求されるようになったのは，1987 年に制定された「社会福祉士及び介護福祉士法」により，寮母職（介護職）が社会福祉専門職である「介護福祉士」として専門職化されたことが契機となっている（井上 2000）。

寮母職は，生活保護法における養老施設時代にはすでに存在し，利用者の身のまわりの世話を中心に行っていた（清水英夫 1987）。1950 年代には長野県や大阪市でホームヘルプサービス（長野県では，家庭養護婦，大阪市では家庭奉仕員の名称）が発足している。しかし，当時の寮母職やヘルパーの資格要件は，老人福祉に対する理解と熱意，仕事に耐えうる身体的・精神的な健全さがあげられている程度であった（大塚 2000）。さらに，1963 年に成立した老人福祉法によって特別養護老人ホームが制定され，寮母職が要介護高齢者の介護に従事する職員として配置することが定められたが，この時にも寮母職の資格要件などはなく，専門性も必要視されていなかった（小笠原 1995）。しかし，1970 年代に入り，人口の高齢化や家庭における介護力の低下など高齢者の介護問題が社会問題化する中で，福祉に関する相談や寮母職の専門性向上が社会的に要請されるに至り，「社会福祉士及び介護福祉士法」が制定され，介護職（寮母職）の専門職化が図られたのである。

この介護職の専門職化を背景に 1980 年代から介護概念や介護職の専門性に関する研究が増加し（船曳 1982；岡本千秋 1987；相澤 1984；1989；古瀬 1987；中島 1989），「社会福祉士及び介護福祉士法」が制定された 1987 年以降は介護福祉士，社会福祉士養成テキストが複数発行されるにようになった。この頃の研究や文献について保良昌徳（1988）は，介護業務の実務的な技術・技法に重点を置いたものが多く，介護の概念規定も介護業務の内容など羅列的説明にとどまることが多いと指摘している。

また，介護福祉は，既述のように人口の高齢化に伴う介護問題の顕在化とその問題に対する社会的要請を背景とした介護職の専門職化という外在的な要因によって発展した領域である上に（笠原 1999a），ソーシャルワークとは異なり諸外国から導入された理論基盤もない，現場で展開されてきた援助実践である（須加 2004）。さらに，専門職としての歴史も浅く学問的な知見の蓄積も十分ではなく（井上 2000），「ケア」のみならず，「介護」「介護福祉」「ケアワーク」という言葉も日常的に用いられているが，これらの言葉についてもいまだ定まった概念，定義は存在していないのである（奥田 1989；笠原 1999b；須加 2004）。

「介護」の概念

「介護」という言葉が一般に広まったのは，1963 年に成立した「老人福祉法」において，特別養護老人ホームの入所用件として定められた「六十五歳以上の者であって，身体上又は精神上著しい障害があるために常時の介護を必要とし，かつ，居宅においてこれを受けることが困難なものを当該地方公共団体の設置する特別養護老人ホームに入所させ，又は当該地方公共団体以外の者の設置する特別養護老人ホームに入所を委託すること（第11条）」という箇所に用いられたことが契機とされる（岡本多喜子 2001）。ここで言う「介護」は，身体的な介助・介抱を指している。なお，社会福祉領域の辞典に初めて「介助」「介護」が登場したのは1974年に誠信書房から発行された『社会福祉辞典』においてである（保良 1988）。そこで記されている「介護」の概念は，「疾病や障害などで日常生活に支障がある場合，介助や身の回りの世話をすること」であり，老人福祉法での入所要件にある「介護」と同様の概念である。他に，その概念の実益性に疑問が投げかけられているが（根本 2000），岡本民夫（1999）が「介護」の最広義の概念として，「介護」「支援」を含めた給付から，医療的管理や住宅改修，施設入所利用に至る広範囲な直接・間接の諸サービスとして「介護サービス」全般を包括した概念を示している。

さらに，単に利用者の身体的な介護（狭義の「介護」）のみを指すのではなく，その実践を通して生活問題の解決を図るといった社会福祉の視点を含んだ「介護福祉」「ケアワーク」という言葉が「介護」の上位概念として用いられる場合がある（中村裕子 2003；根本 2000；佐藤豊道 1989；成清 2003）。岡本民夫（1989）は，介護職の専門職化によって「介護福祉士」として「福祉」という用語が加えられていることから，「介護福祉」を「これまでの専門分化した介護や介助ではなく，その人間の生活全体を視野に入れ，その人の社会的機能と社会関係とのかかわりの中で，可能なかぎりでの自立の達成をめざす一連の身体的，心理的，社会的世話であり，介護努力」（岡本民夫 1989：ii）とし，社会福祉の知識・技能・価値の実践を踏まえた介護を展開するところに特徴を見出している。

ほかにも，「介護」の概念や介護福祉士の専門性については，「介護」が「看護」から分化したものとして，看護職との比較や同じ社会福祉領域のソーシャルワークとの関連性から言及した知見が報告されている。成清美治（1992）は，患者の治療・回復的視点からの看護実践と生活者（生活問題）の視点から利用者の介護業務を行うという看護と介護の目的の相違点を指摘しながら，両者は概念的・業務上相互補完的な関係であるとしている。根本博司（2000）も，看護と介護の業務には重なる部分の多さはあるものの，生命の安全確保・健康の維持・回復という看護の目的と社会生活機能の援助に重点を置く介護との違いや対象者の医療依存度の相違について指摘し，介護職が独自性を主張するために，さらなる社会生活援助上の知識・技術の習得の必要性を述べている。これらの指摘から介護職を看護職とは目的や対象が異なる対人援助の専門職とし，対等な立場で連携ができる職種としての確立を目指していることがうかがえる。

狭義の「介護」概念の上位概念とされる「ケアワーク」と「ソーシャルワーク」との関係では，「ケアワーク」を広義の「ソーシャルワーク」に含むといった見解（相澤 1984；佐藤 1989；成清 1992）や，両者は社会福祉の目標や価値，倫理，原理に集約された援助技術を共有し，基盤としながら相補関係にあるという見解（大和田 2004）。あるいは，共通基盤をもちながらも，「ケアワーク」と「ソーシャルワーク」が，本来別個の職務や機能をもっていること（奥田 1989），あるいは，「ケアワーク」の存在の場は日常生活の場にとどまるもので，「ソーシャルワーク」とは相違点があるなど（加納 1989），両者を別物とするといった見解があり，一致した見解は得られていない。

しかし，介護職の専門職化の流れや社会福祉士と介護福祉士資格をもち，相談職と介護職の両方に従事した筆者の経験を踏まえて考えれば，介護福祉士（介護職）は社会福祉士（相談職）と同様の社会福祉の目標や価値やもちながら，身体的介護や家事行為を主な援助手段として用い，その援助を通して対象者の自律的な生活や意欲を支える福祉専門職である。その援助の特質から，看護学や家政学など他領域の学問との関連が深く，介護福祉学としての確立や固有性の追求が目指されている（西村 2008）。しかし，介護福祉はあくまでも社会福祉の一領域であり，社会福祉の価値や理念を基盤とした実践である。したがって，現在も一定の定義はないものの，「介護」は不自由となった生活動作を補完したり，不安定な精神状態を支えるといった援助手段として，「介護福祉」

「ケアワーク」は，岡本民夫（1989）が示すように，その対象者の生活全体を視野に入れた，その人の社会的機能と社会関係との関わりの中で，可能な限りでの自立や自律の達成を目指す活動として捉えることが妥当であろう。

介護福祉領域における「ケア」の概念

では，本書で明らかにしようとしている「哲学・思想的レベル」のケア概念について，介護福祉領域ではどのように認識され，あるいは検討されているのだろうか。

「哲学・思想的レベル」のケア概念について明確に言及しているのは村田久行（1997；1998）である。村田は，ケアの基点を「老い・病い・死をも含んだ生」とし，そのような人として避けられない現実に直面する人との関わりにおいて，「援助者自身が，ともに死すべき者，ともに老いるべき者，ともに病むべき者として，有限な存在である自己を受容し，苦しみの中にある人の想い・願い・価値観が成長し，変わることを支えるのである」（村田 1998：15）としている。ここでいう苦しみの構造とは，その人の客観的状況と主観的な想い・願い・価値観がズレていることである。そして，ケアによる主観的な想い・願い・価値観の成長，変化とは，例えば病を抱え苦しむ人が，もはや治療や服薬などによる回復が見込めない，その人の客観的状況を好転させることが不可能となった場合に，その客観的な状況を受け容れ，今までの主観的な想い・願い・価値観を変化させ，新しい生命の質を獲得していくことである。

さらに彼は，ハイデガーを引用し，人間存在そのものが「ケア（気懸り）」であるとして，従来の「保護」「世話」という生活支援的「介護」イメージの基礎となる，より根源的な意味を示し（村田 1998），「介護」を単なる身辺援助や生活支援と限るのではなく，ケア概念として捉えるべきとしている（村田 1997）。

成清（2003）は，そのケアの概念を医療・看護・介護・福祉・養護等の上位概念にあたるとし，介護を下位概念のひとつとして規定している。

ほかに，石田一紀（2000）は，介護は人格と人格が向き合い，その相互作用を通じて互いの発達を追求していく。だからこそ，人と人との共同性のあり方が問われ，経験的に信頼関係の重要性が指摘されると述べている。井上千津子も，「介護は，介護を受ける人と介護をする人双方が，介護を通して成長しあう働きかけを視点とする。ただ単に介護を提供する，介護を受けるという関係だけではなく，人格と人格との関わり，命と生活を共有するという相互作用の中に成長が存在していなければ介護の価値は高まらない」（井上 2000：8）としている。石田と井上は「ケア」という言葉は用いていない。しかし，援助者と対象者の人格と人格の関わりを通しての互いが成長，発達するといった「ケア」の概念を，介護を実践していく上での基盤として捉えている。つまり，介護を対象者の生活援助の単なる手段とするのではなく，援助者が対象者を自分と対等な存在，人格として認識し，介護を通してその対象者の人格に働きかけることによって自律性を高めていくということである。

このように，わが国の介護福祉領域においても「介護」の基盤となる思想として介護労働者が「哲学・思想的レベル」のケアの概念を理解する必要性は認識されている。しかし，現在の介護福祉教育においては「ケア」について教育が十分なされていないという（秋山 2005；馬場 2000）。

介護福祉士・社会福祉士養成テキスト（旧カリキュラム）に見る「ケア」「介護」の概念

そこで，介護福祉士・社会福祉士養成テキスト（旧カリキュラム(2)）のうち，「介護概論」に相当するテキストを概観し，「介護」の概念と「哲学・思想的レベル」のケアの概念がどのように教示されているのか確認することとした。テキストは毎年発行されるもの，そうでないものとある。しかし，「介護」の概念は制度政策とは異なり，毎年更新されるわけではない。したがって，用いたテキストについては必ずしも最新刊ではないが，できるだけ発行年月日の新しいものを確認するようにした。各論者の「介護」「ケア」の定義・概念は表2－1に示した。

確認の結果，介護の定義にケアの特性である両者の相互補完性といった「哲学・思想的レベル」のケアの概念を直接含んでいるのは，坪山孝の「介護は，介護するものと受けるものとの相互の人格的関与である」（坪山 1989：23）という定義のみであった。

新谷奈苗は，メイヤロフの示すケアや村田のケア概念，日本社会事業学校連盟・全国社会福祉協議会施設協議会連合会の社会福祉実習のあり方研究会の「介護」の定義[(3)]，さらに，自身が解釈した「介護」の言葉のもつ意味「人間の相互関係の中で助けを必要とする人を守り，支援することや（中略），社会を共に生きる存在としてもてる力を提供すること」（新谷 2006：35）を参考に，相手の自己実現を助けることを目的とした「介護」の定義をしている。新谷は，この「介護」の定義よりも，「介護」の言葉のもつ意味において，「哲学・思想的レベル」のケアの概念を示している。

同様にメイヤロフと村田のケア概念を引用して示す西村洋子は，介護の理念のひとつに「自己実現への援助」をあげ，「ケアは，利用者の人権の尊重に基づいたところの人格の再創造に働きかけるものであると理解することができる。自己実現への援助（ケア）は，究極的（高次元）には自己の人格完成を目標とするものであるので，メイヤロフのケアの本質につながるものと考えられる」（西村 2005：107）としている。そして，「介護」の定義には，介護を受ける人の「自己実現」が目的として示されている（西村 2005；2007）。

中村裕子は，「ケア」のもつ「心配事を取り除く行為」「心配する行為」という２つの意味に触れ，特にケアは「セルフ」を付加すると「セルフケア」となり，「ケア」は自分自身のみで成り立つ行為であるとして，「介護」とは全く同義ではないとする。そして，「介護」については，「何らかの理由で生じた生活障害により，日常生活に支障をきたすもの（利用者）に対して身辺の支援や世話を行うことである」（中村 2007：18）と狭義の介護としての定義を行っている。

中島紀恵子は，「本来的に care は固有の学問領域によって確立された専門用語ではないが，単に『介抱』や『世話』などではないといった価値が働いていると思われる」（中島 2003：29）とし，ケア概念を「介護」の上位概念として捉え，他者の求めに自己の身体的共感性に重ねて感得し，ケアを行うといったケ

表2－1 福祉士養成テキスト（旧カリキュ

	『介護概論』	『介護概論第2版』 （新版 社会福祉士養成講座）	『新版 介護概論』	『介護概論』 （改訂新セミナー介護福祉）
	川島書店 1989	中央法規出版 2003	みらい 2003	ミネルヴァ書房 2005
	坪山孝（介護） 奥田いさよ（ケア）	中島紀恵子	井上千津子	鎌田ケイ子
「介護」の定義・概念	「介護は，介護する者と受ける者との相互の人格的関与である。心理的配慮はいうに及ばず，精神的援助も含まれるきわめて重要な福祉援助の一形態と考えるのが妥当である。たんなる身体的な世話を意味するものではないのである」(p.23)	「介護とは，介護という『関係』の上に成り立つ援助の行為表現をいう。健康や障害の程度を問わず，衣食住の便宜さに関心を向け，その人が普通に獲得してきた生活の技法に注目し，もし身の回りを整える上で支障があれば，『介護する』という独自の方法でそれを補うという形式を持って支援する活動である」(p.30) 『2006年発行　第3版』 「介護とは，身体的，精神，心理的，社会的活動の総和として表現されている個人の生活力に着目し，その人自身が人間として人生になそうとしていることを，病気や障害あるいは単に老いのために無に帰すことのないように補い助け，並びに社会参加を直接的，間接的に助けることが出来るようにしていく活動である」(p.33)	「介護とは，生活システム的枠組みとしてとらえ，介護の対象になる人の個別性，歴史性，地域性を生活関与の根幹に据え，重複するが生活行為を成立させる援助を通して，生理的欲求，精神的欲求，社会的欲求，文化的欲求を満たすことにより，『命を守り，生きる意欲を引き出していくこと』ということになる」(p.21)	「介護は身体上や精神上の障害をもつ者に対して，日常生活援助を行い，かつ介護指導を行うこと」(p.20) ＃鎌田は独自の「介護」の定義を示していない。ここで挙げた概念は，鎌田が「社会福祉士及び介護福祉士法」第2条を簡略化して示したものである。
「ケア」の定義・概念	「社会福祉でいうところの『ケア』は，社会的存在としての生活充足のための具体的，直接的な対人援助をその内容としている。また，ケアの目的は，個人が社会関係の中で人としての尊厳を保持しつつ，さらにできるかぎりの自助と自己実現を可能ならしめることにある」(p.3)	「本来的にcareは固有の学問領域によって確立された専門用語ではないが，単に『介抱』や『世話』などではないといった価値が働いていると思われる」(p.29) 「Careの意味する内容の中にはおよそ三つの性質がある。第一は気がかりなこと，心配なことに真剣な注意と関心をむけること，第二は細心の保護と監視，守護などを意図する行為でそれを示すこと，第三はこの行為を自発的，主体的に実行することである。ケアの本質は，『他者』が求めていることを『自己』の身体的共感性に重ねて感得し，『～したがってする』ことといえる。つまりケアの本質は，常に『介護したがってする』ことである」(p.29) 『第3版』も同じ。	記述なし	記述なし

注：＃は著者による補足説明。

ラム）にみる「介護」「ケア」の定義，概念

『介護福祉論』（社会福祉専門職ライブラリー・介護福祉士編）	『介護概論』	『臨床に必要な介護概論』	『介護概論』（新・社会福祉士養成テキストブック）
誠信書房　2005	黎明書房　2006	弘文堂　2007	ミネルヴァ書房　2007
西村洋子	新谷奈苗	中村裕子	西村洋子
介護福祉（ケアワーク）の定義「高齢者および障害児・者等で，日常生活を営むのに支障がある人びとが，自立した生活を営み，自己実現が図れるように，対人援助，身体的・社会的・文化的生活援助・生活環境の整備等を専門的知識と技術を用いて行うところの包括的（総合的）日常生活援助のことである」（p.110）	「さまざまな障害により，日常生活を営む上で困難な状況にある人に対し，満足できるQOLを保障しながら ・身体的・精神的・社会的にその人なりの自立と成長を援助し ・その人の自己実現を助けることを目的とし，またそのプロセスにおいては， ・常に対象者の残存能力を生かすことを考え ・専門的な知識と技術を用い援助すること」（p.36）	「介護とは，何らかの理由で生じた生活障害により，日常生活に支障をきたすもの（利用者）に対して身辺の支援や世話を行うことである」（p.18）	介護福祉（ケアワーク）の定義「高齢者および障害者（児）等で，日常生活を営むのに支障がある人びとが，自立した生活を営み，自己実現が図れるように，対人援助，身体的・社会的・文化的生活援助・生活環境の整備等を専門的知識と技術を用いて行うところの包括的（総合的）日常生活援助のことである」（p.62）
#介護の理念として，メイヤロフの文献を引用した後，「ケアは，利用者の人権の尊重に基づいたところの人格の再創造に働きかけるものであると理解することができる。自己実現への援助（ケア）は，究極的（高次元）には自己の人格完成を目標とするものであるので，メイヤロフのケアの本質につながるものと考えられる」（p.107）「『ケア』は英語の『care』に基づくものであり，その意味するものは，複雑な要素を持っており，適切な日本語に訳すには難しさがある（略）『ケア』は『利用者のことを気遣った世話』『思いやりのある世話』と理解することができる」（p.111）#以下に，村田の「ケアの概念」の説明が引用されている。	#介護（ケア）と表記しており，上記の「介護」の定義は，メイヤロフの「ケアの本質」や村田の「ケアの概念」，日本社会事業学校連盟・全国社会福祉協議会施設協議会連合会の社会福祉実習のあり方研究会の介護の定義，さらに新谷が解釈した「介護」という言葉のもつ意味「人間の相互関係の中で，助ける力のある者は助けを必要としているものを守り支援することや，人と人の間にはさまり，仲介・なかだちをし，かばったり，ひきあわせたりと，社会を共に生きる存在としてもてる力を提供することなのであろう」（p.35）を踏まえたものである。	「英米語そして日本語の辞書によれば，『ケア』は大別して二つの意味をもつ。一つは，『心配事を取り除く行為（世話などが含まれる）』，もう一つは『心配する行為（気遣うことなどが含まれる）』である。これらの二つの意味は「介護」という語の意味と重なる。しかし，『ケア』と『介護』は全く同義というわけではなく，『世話や気遣い』を誰に対して行うのかという視点から比較すると，『ケア』と『介護』の意味は，相違を認める。（略）『ケア』については『セルフ（自分自身）』を付加すると『セルフケア』という用語が存在し（略）『ケア』は自分自身のみでも成立する行為であることが指摘される」（pp.18-19）	「『ケア（care）』の概念について村田久行は，（略）ケアワークは人間の『生・老・病・死』全体に対して，利用者の尊厳・基本的人権を尊重して，それぞれの個別性のある生き方を専門的な対人援助の技術を用いて援助していく『気遣いのある世話』ととらえられる」（p.62）#介護理念として，メイヤロフの文献を引用した後，「ケアは，利用者の人権の尊重に基づいたところの人格の再創造に働きかけるものであると理解することができる。自己実現への援助（ケア）は，究極的（高次元）には自己の人格完成を目標とするものであるので，メイヤロフのケアの本質につながるものと考えられる」（p.56）

アの特性について述べている。その上で，介護の定義を「介護という『関係』のうえに成り立つ援助の行為表現をいう。健康や障害の程度を問わず，衣食住の便宜さに関心を向け，その人が普通に獲得してきた生活の技法に注目し，もし身の回りを整える上で支障があれば，『介護する』という独自の方法でそれを補うという形式を持って支援する活動である」（中島 2003：30）とし，身体的介護を主眼に「介護」を定義づけしている。さらに2006年度発行の第3版のテキストでは，身体的な介護だけではなく，社会参加に関する援助も概念に含め，「介護」の概念の範囲に広がりを見せている（中島 2006）。

以上のように「介護概論」のテキストをみると，「介護」の定義・概念については，ケアされる人の「自己実現」を図ることを「介護」の目標として示す定義もみられる（西村 2005；2007；新谷 2006）。しかし，おおむね「介護」の定義は，身体介護中心の狭義の介護の概念を示し，生活問題，環境の調整といったソーシャルワークの視点をも含んだ概念として，介護福祉士の業務内容や機能を強調する形となっている。

「ケア」の概念については，その言葉のもつ意味や，坪山孝の「介護」の定義を含め，人格的な関わりであり，単なる身体介護とは異なる意味合いをもち，「介護」と「ケア」は同義ではないことが指摘されている（坪山 1989；中島 2003；中村裕子 2007）。しかし，いずれも十分な定義や概念が示されているとは言い難い。

新谷は，「介護（ケア）」と表記しており，「ケア」の概念を「介護」の言葉の意味として示し，「介護」の定義にはその概念が十分反映されていない。西村は「自己実現への援助（ケア）は，究極的（高次元）には自己の人格完成を目標とするものであるので，メイヤロフのケアの本質につながるものと考える」（西村 2005：107）と述べている。しかし，メイヤロフ（1971）は *On Caring* において，他の人格をケアすることとは，相手が自己を実現することを助けることだとしていることから，この西村の指摘は，メイヤロフのケアの本質につながるものではなく，メイヤロフの示すケアそのものである。さらに，中島の「ケアの本質は，『他者』が求めていることを『自己』の身体的共感性に重ねて感得し，『〜したがってする』ことといえる。つまりケアの本質は，常に『介護したがってする』ことである」についても，「ケア」がもつ，「相手の脆弱性に引き寄せられて始まる」という特性から示されたものと考えられるが，ケアの本質として「常に『介護したがってする』」とするのは，「介護」の言葉が，身体的な援助（狭義の「介護」）という意味をもつため，強引すぎて納得し難い。また，中村（2007）は，ケアには，「心配事を取り除く行為」「心配する行為」の２つの意味があり，これらは「介護」に重なるとする。しかし，「ケア」と「介護」は全く同義というわけではなく，「世話や気遣い」を誰に対して行うのかという視点から比較すると，「ケア」と「介護」の意味は相違を認めるとしており，両者の関係性が明示されていない。

さらに，一番ケ瀬康子ら（2005）の『介護概論』，井上千津子ら（2003）の『新版介護概論——生活の視点から導く介護の本質』では，「哲学・思想的レベル」のケアについては触れられていない。これらの結果から，現在の介護福祉教育において「ケア」「ケアリング」の思想が十分教育されていないという秋山の指摘を裏づけることができる（秋山 2005）。

介護福祉士・社会福祉士養成テキスト（新カリキュラム）にみる「ケア」「介護」の概念

少子高齢化の進行など社会構造の変化に伴い福祉ニーズが多様化する中で，社会福祉士と介護福祉士の人材確保及び，資質の向上を目指し，2007 年に社会福祉士及び介護福祉士法が改正され，両福祉士の定義や教育内容（カリキュラム）が見直された。そこで，2009 年以降に実施された新カリキュラムにおいて，旧カリキュラムの科目である「社会福祉概論」の社会福祉の思想や「介護概論」の教育内容を含む『介護の基本』（介護福祉士）（堅田 2012），『高齢者に対する支援と介護保険制度』（社会福祉士）のテキストにおける「ケア」「介護」の概念を表２-２にまとめ，概観した。

「介護」の概念については，身体的介護のみを指すのではなく，身体上，精神上の障害によって支障ある生活行為や環境の整備など，社会的，文化的な要

表2－2 福祉士養成テキスト（新カリキュ

	『介護の基本Ⅰ』（介護福祉士養成テキスト5）	『介護の基本 第2版』（介護福祉士養成テキストブック）	『介護の基本／介護過程』（介護福祉士養成テキスト2）
	建帛社 2009	ミネルヴァ書房 2013	法律文化社 2014
	西村洋子	井上千津子	「介護」川井太加子 「ケア」野中ますみ
「介護」の定義・概念	介護福祉（ケアワーク）「高齢者および障害児・者等で，日常生活を営み，自己実現が図れるように，対人支援，身体的・社会的・文化的生活支援，生活環境の整備等を専門的知識と技術を用いて行うところの包括的（総合的）日常生活支援のことである」（p.86）	「介護とは『生活行為を成立させる援助を通して，命を護り，生きる意欲を引き出し，生活を維持する』こと」（p.5）	「つまり，介護は，その人らしさの実現のために介護を必要とする人が自分の能力を活用しながら尊厳を持って生きられるように支援することといえます」（p.4）
「ケア」の定義・概念	#「ケア」の定義，概念の記述はない。 日常生活の理念の一つに「自己実現」が挙げられ，メイヤロフの文章「一人の人格をケアすることは，最も深い意味で，その人が成長すること，自己実現を助けることである」「成長することとは，その人が新しいことを学び得る力をもつところまで学ぶことを意味する。……学ぶとは，知識や技術を単に増やすことではなく，根本的に新しい経験や考えを全人的に受け止めていくことをとおして，その人格が再創造されること……」等を引用した上で，「ケアは，利用者の人権の尊重に基づいたところの人格の再創造に働きかけるものであると理解することができる。自己実現への支援（ケア）は，究極的（高次元）には自己の人格完成を目標とするものであるので，メイヤロフのケアの本質につながるものと考えられる」（p.90）とある。	「介護とケアを同意語とすると，『介護』を援助するという一方向的な行為だけではなく，介護を通して『共に学び合う行為』と位置付けることができる」（p.10） #介護という行為の特徴の一つとして「介護は，介護を受ける人と介護を提供する人の双方が，介護を通して成長する働きかけである。ただ単に介護を提供する，介護を受けるという関係だけではなく，人格と人格とのかかわり，命と生活を共有する相互作用のなかに成長が存在しなければ，介護の価値は高まらない」（p.31）	「careという用語を辞書で引いてみると『注意を払い，気をつかうこと』が本義であり，名詞として次のように説明されています。1. 心配，気苦労，気がかり，不安，懸念，悲しみ 2.（細心の）注意，用心（深さ），努力 3. 世話，介護，保護，管理，監督 4. 関心事，注意すべき事（人），責任を持つ事（人） また，動詞として気づかう，心配する等の『～する』という使い方があります。さらにcare/full『注意深い，用心深い，慎重な』等やcare/less『不注意な，軽率な』等の形容詞での使い方があります。このように多くの意を含んでいることがわかります」（p.12）

注：#は著者による補足説明。

ラム）にみる「介護」「ケア」の定義，概念

『介護の基本 第４版』(最新介護福祉全書第3巻)	『介護の基本Ⅰ 第３版』(新・介護福祉士養成講座 3)	『高齢者に対する支援と介護保険制度』(MINERVA 社会福祉士養成テキストブック)	『高齢者に対する支援と介護保険制度 第５版』(新・社会福祉士養成講座 13)
メヂカルフレンド社　2015	中央法規出版　2016	ミネルヴァ書房　2015	中央法規出版　2016
西村洋子	是枝祥子	峯尾武己	嶌末憲子
介護福祉（ケアワーク）「高齢者・障害者・児等で，日常生活を営むのに支障がある人びとが自立した生活を営み，自己実現が図れるように，対人援助，身体的・社会的・文化的生活援助，生活環境の整備等を専門的知識と技術を用いて行うところの包括的（総合的）日常生活援助のことである」(p.81)	「端的に言うと『介護』とは加齢や障害のため，自分らしい生活に不都合が生じた人に対し，社会で自立したその人らしい生活が継続できるように支援することといえます」(p.14)	介護は『身体上又は精神上の障害があることにより日常生活を営むのに支障がある者』に対して行う具体的な支援行為の総体である。介護は人間が生活していくうえで，その人が今まで普通にできていた食事，入浴，排せつ等の身の回りの生活動作や意思決定等が，病気や老い，障害等から困難になるつらさや悩みにかかわり，その人の生活が今までと同じように継続されるよう，その人の家族やその他の関係する人々とともに考え，その人の身体や家庭生活，社会生活に直接かかわり支援する活動である」(p.94)	「介護とは日常生活に支障があり，またはそのおそれのある高齢者や障害者・児の尊厳や自立，自己実現などを支えるために，本人のニーズと心身の状況に応じた身体的・精神的・社会的・文化的・予防的援助により，その人らしい生活を支援することである」(p.303)
「英和辞典によると，名詞の場合は『心配』『世話』『注意』『用心』，動詞の場合は『心配する』『懸念する』『世話する』と訳されています。実際によく使用されている用語には『プライマリ・ヘルスケア（一次保健）』『セルフケア（自助）』『メディカルケア（医療）』『チャイルドケア（児童養護）』『ターミナルケア（終末期の看取り）』などです。日本語の用い方は，それぞれの領域によって異なってきます。一般に『ケア』は個人および家族に対する『世話』『援助』の意味をもっており，保健・医療の領域において比較的よく用いられています」(p.68)	記述なし	#「ケア」の定義，概念の記述はない。介護の理念の一つに「自己実現への支援」が挙げられており，その中で「メイヤロフ（Mayeroff, M.）はその著書『ケアの本質』の中で，『一人の人格をケアすることは，最も深い意味で，その人が成長すること，自己実現を助けることである』といっている。介護は単なる家事代行や生活行為の手助けにとどまらず，対象者のこころに働きかけ，その人の人格を認め，その人の自己実現への支援を目的としている」(p.98) とある。	#「ケア」の定義，概念の記述はない。介護の理念の一つに「自立支援としての自己実現」が挙げられ，「ケアの定義等に引用されるメイヤロフ（Mayeroff, M.）は，利用者の自己実現に向けたケアを通じて，ケアワーカー自身も成長できることを示している」(p.316) とある。

素を含む日常生活における具体的な援助のことを指している（西村 2009；2015；井上 2013a；2013b；川井 2014；峯尾 2015；是枝 2016；嶌末 2016a）。「介護」「介護福祉」の概念は，旧カリキュラム時と比較し大きな変化はみられないが，嶌末憲子（2016a）の示す概念において援助の一つに予防的側面が加えられており，今後も社会の変化に応じて概念の変化が予測されている（川井 2014）。

「ケア」の概念については，井上が「介護」を「ケア」と同意語ととらえ，「介護」として介護の与え手と受け手の相互作用としての成長を介護の価値として示している（井上 2013）。ほかに，メイヤロフを引用し介護の理念の一つとして利用者の自己実現を示すものや「ケア」の語源について示すものもある（西村 2009；2015；野中 2014；峯尾 2015；是枝 2016；嶌末 2016b）。しかし，旧カリキュラムの『介護概論』のテキストと同様，『介護の基本』『高齢者に対する支援と介護保険制度』も「ケア」の概念の説明は十分ではない。

「ケア」の概念について明確に説明しているテキストは，法律文化社の『人間の尊厳と自立／社会の理解』（2014 年）である。「人間の多面的な理解」として哲学・倫理領域の著者により，ケアとしての介護，介護の土台となる関わり合いについて示されている（立山 2014；林 2014；新 2014）。『介護の基本』と併せ，介護の価値，倫理に関する『人間の尊厳と自立』（黒澤 2009；白澤ほか 2013；橋本ほか 2013）『人間の理解』（介護福祉士養成講座編集委員会 2016）といった科目のテキストも含めて概観してみても，「ケア」の概念，考え方について数ページを割いて示すテキストは初めてである。

今後，介護福祉士養成教育における「ケア」の概念の理解の必要性の認識が高まっていくのかどうかは判断できない。ただ，新カリキュラムにおいても「ケア」の概念が介護福祉士及び社会福祉士養成教育において必須の教育内容としてあげられているわけではなく，各出版社発行のテキストにも記述が十分になされていない状況を鑑みれば，現時点において介護現場で働く介護職員には「ケア」「ケアリング」についての教育は未だ十分になされていないと言える。

未熟な概念研究

そもそも，介護福祉領域においては，「介護」の基盤となる「哲学・思想的レベル」のケアについて理解する必要性が指摘されているが，テキストの「ケア」についての記述をみる限り，研究者の間でも「ケア」の概念についての理解や検討が十分とは言えない。

さらに，「ケア」の概念に関する先行研究も，メイヤロフをはじめ，ノディングズ，看護学のレイニンガー，ワトソンらのケア論を紹介し，それらをまとめて「ケア」の意味を示している。しかし，そこで示された「変化」，「成長」，「自己実現」といった言葉の吟味もないまま，先行のケア論者の示す「ケア」の概念の表層的な理解，解釈にとどまっている（秋山 2005；村西 2007；木立 2000）。このように，「ケア」を介護労働者が理解していくために，「ケア」とは何か探求し，具体的に示そうとする研究が取り組まれていないことが問題であろう。

また，介護福祉領域では，「介護」「介護福祉」概念に関する研究は，ほとんどが研究者自身の現場経験や文献研究に拠るものである（八木 2012；杉山 2013）。この領域では介護福祉士の専門職化とともに，専門性に関する研究や介護過程，実習教育に関する研究は多いが，概念に関する研究は，その必要性が指摘されながらも数は少ない[(4)]。「介護」概念の研究における実証研究は，松山郁夫(2005) の行った，介護職員の介護業務と調査者が設定する介護福祉概念に対する必要性の認識についての研究や，保良（1988）の行った介護職員のあげる介護業務の分析から「介護」概念を明らかにしようとした研究などがある。しかし，その数もわずかである。特に「介護」「ケア」の対象者である被介護者の認識から概念を形成するといった実証研究は見当たらない。これらの点は看護領域のケア／ケアリング概念の研究とは大きく異なり，介護福祉領域における概念研究の未熟さを示すものである。

介護保険制度が施行され，他の保健，医療，福祉専門職と肩を並べ仕事をしていくために介護労働者である介護福祉士の介護技術の向上を目指し，介護過程や業務内容を明確にし，専門性を確立させることは重要なことではある。しかし，そのような技術や専門性の確立のためにも，それらの基盤となる「ケア」の概念の検討こそ早急に取り組まれるべき課題である。思想や価値に依拠しない技術や専門性は，介護を単なる手段に，介護労働者を作業者に位置づけるものであるにもかかわらず，未だその取り組みがなされているとは言えない。

3 「ケア」の実態調査に向けて

ここまで，看護領域におけるケア／ケアリングの概念研究と介護福祉領域における「介護」「ケア」の概念についての先行研究を俯瞰してきた。ここでは，得られた知見と本書の目的である，「ケア」の概念を明らかにするための調査に向けて得られた示唆を示したい。

わが国の介護福祉領域の知見からは，「介護」は看護から分化したものであり，その概念は，身体的援助を中心とした狭義の「介護」概念から社会参加や生活環境の整備や調整などの間接的な援助を含め，次第に概念の範囲に広がりをみせてきている。また，介護福祉士・社会福祉士養成テキストをみる限りにおいては，「介護」と「ケア」は同義ではなく，「ケア」の概念は，介護の理念や目標として位置づけられる傾向にある。しかし，テキストで示されている「ケア」の概念はメイヤロフや村田の知見が引用されているのみで，十分な概念は示されていない。その上，「ケア」は他者との関係性において展開されるものとされながら（Mayeroff 1971），その概念について実証的な手法を用いて分析するといった研究は見当たらず，本書における調査に対する示唆を得ることはできなかった。

一方，看護理論家の示すケアリング理論では，看護師の行うケアリングは，相手の独自性を認め，尊重し，気遣うという意識，およびその意識をもって実践される看護行為といった意味で記述されており，看護師と患者との関係性の中における両者の変化，成長の可能性が示されていた。また，看護領域でのケア／ケアリング概念研究では，抽出された概念の多様さや曖昧さが問題となっており，いまだ一致したコンセンサスを得た概念はみられない（操ほか 1996）。

しかし，先行研究から得られたケア／ケアリング概念は，多様な次元の意味を包括しているものの，構造的に捉えることが可能であり，ケア／ケアリングについて価値から行為に至る一連のつながりを示すことも可能であると考えられた。

さらに，看護領域では，ケア／ケアリング概念に関する実証研究の知見は豊富ではあるが，特に，患者は看護師の技術的な側面としてケアリングを認識する傾向があり，看護師と患者のそれぞれのケアリングに対する認識に隔たりがあることが報告されている。このことは，調査の場が医療の場であり，病気を治療することが一義的な目的の場であることや，欧米では日本に比較し入院日数が短いという場の影響があると考えられる(5)（OECD＝2010）。本章であげたブラウン（1986）の調査対象者の入院期間でも２日から５日と短いことから，患者は看護師との関係を築くことができない，あるいはその必要性がないと考えており，看護師からの情緒的な働きかけに気づかないのではないかと推察される。したがって，「ケア」の概念を検討するには，特に治療の必要のない生活の場であって，しかも，「ケア」のプロセスが展開されるある程度の期間，継続的に関係が形成される場を対象とする必要があると考えられた。

そこで，本書においては，要介護高齢者の生活の場であり，介護保険施設の中でも入所期間が最も長く，終末期を過ごす利用者も多いことから（厚生労働省 2007b），利用者と介護職員が一定期間以上の関わりをもち，両者間で互いに影響しあう関係性も築かれやすいと考えられる介護老人福祉施設（特別養護老人ホーム）の利用者と介護職員を調査対象とする。そして，相互補完性という特性をもつ「ケア」の概念を明らかにするために，従来の「ケア／ケアリング」の概念研究では着目されてこなかった，一般的にケアする役割を担う介護職員が「ケアされる」こと，ケアされる人とみなされがちである利用者が「ケアする」ことも含めて「ケア」の実態を明らかにする。併せて，抽出する概念の多様化を防ぐために，インタビューや分析の視点を介護職員と利用者双方の関わりにおいて得られる認識や志向，さらに，関わりによる内的な変化，および，互いの関係性についての認識（中位概念）に置くこととする。

本書では,「哲学・思想的レベル」のケアについて,他者からの配慮や世話によって,自らも他者を配慮,世話ができるようになるという,人間誰しもがもつ脆弱性を起点とする思想,価値として捉えている。したがって,いかなる人間関係にも「ケア」は存在する。職域で考えれば,看護でも介護福祉でも,対人援助に関わる領域すべてに通底する思想,価値であると考えている。しかし,高齢者福祉サービス事業に市場原理が導入され,選ばれる事業所を目的に利用者の求めるままサービスを行ったり,逆に必要なサービスが提供できないなど,社会福祉援助の本来の目的の遂行が難しくなりつつある。そこで,社会福祉援助を形骸化させないために,「介護」の上位にある「ケア」の概念,すなわち,「哲学・思想的レベル」のケアの概念について探求し,教育や実践に活かしていくことは喫緊の課題である。「ケア」の概念に関する研究が十分に行われていない介護福祉領域の現状において,本書によって,介護職員と利用者の関わりに関する認識から「ケア」の概念を具体的に示すことができれば,今後の介護福祉の専門職教育や実践,さらには,制度・政策の検討にも貢献できると考えられる。そこに本書の意義の一つがあると考えている。

注

(1) ハッチソン(Hutchison, C. P.)ら(1991)が,ナーシングホームの入居者を対象に観察とインタビュー調査を行い,他の入居者や職員に対する「ケアする」経験から,「保護(protect)」「支援(support)」「承認(confirming)」「超越(transcending)」の概念を抽出している。さらに,入居者にとって他者をケアすることは,自尊心やアイデンティティを維持することなど重要な意味をもつことを指摘している。

(2) 旧カリキュラムとは,社会福祉士及び介護福祉士法施行後から,2009年3月までの教育カリキュラムのことである。

(3) 「老齢や心身の障害による,日常生活を営む上で困難な状態にある個人を対象とし,専門的な知人援助を基盤に,身体的,精神的,社会的に健康な生活の確保と成長,発達を目指し,利用者が満足できる生活の自立を図ることを目的としている」。

(4) 2012年3月31日の段階で文献検索サイトCiNiiを用いて「介護」「概念」をキーワードに検索した結果,220件の文献が得られた。そのうち,福祉領域の文献であって「介護」「介護福祉」「介護過程」の概念に関する研究は,21件であった。同様に,「ケア」「概念」をキーワードに検索した494件の文献のうち,福祉領域の文献であって「ケア」の概念に関する研究は６件であった。これらの文献のうち，１件は題名に，「介護」「ケア」「介護福祉」のワードが入った文献である。また，「ケアワーク」「ケアワーカー」の概念に関する研究は６件であった。

(5) OECDの2009年（または至近年）のデータによれば，日本の平均在院日数（患者が急性期医療入院施設で過ごす平均日数）は，18.5日でOECD加盟国の中で最も長い。加盟国平均は7.2日，アメリカでは4.9日，イギリスで7.7日である。

第Ⅱ部

介護老人福祉施設にみる「ケア」の捉え方

第3章
介護職員からみた利用者との間で展開される「ケア」

前章では，介護労働者（介護施設の介護職員と訪問介護員を含む介護職者を指す）と利用者との間で展開されている「ケア」の概念を明らかにするための調査について示唆を得るために，社会福祉の近接領域である看護領域のケア／ケアリングの概念，社会福祉の一領域である介護福祉領域の「ケア」「介護」概念の研究方法や知見のレビューを行った。その結果，本書では，看護領域のケア／ケアリングの概念研究の方法や知見を踏まえ，要介護高齢者の生活施設である介護老人福祉施設（特別養護老人ホーム）の介護職員と利用者を調査対象者とし，「ケア」の概念の次元の多様化を防ぐために，介護職員と利用者双方の，関わりにおいて得られる認識やその変化，および，互いの関係性についての認識（中位概念）に焦点をあてる。とりわけ，「相手にとって良好な状況に向かうよう気遣い，助けたり，与える」認識や事柄，「相手から，自分が良好な状況に向かうよう気遣われたり，助けられたり，与えられる」認識や事柄について調査，分析を行うこととする。

さらに，従来の「ケア」の概念研究では見過ごされてきた，一般的にケアする人とされる介護職員が利用者に気遣われ，助けられる（ケアされる）こと，逆に，ケアされる人とされる利用者が介護職員を気遣い，助ける（ケアする）ことにも着目し，「ケア」の実態を明らかにすることとした。

本章では，介護職員の利用者との関わりにおける認識から得られた「ケア」の実態についての分析結果を報告する。続いて，利用者の認識から得られた「ケア」の実態についての分析結果は第4章，両者の関係性の実態に関する分析結果を第5章，「ケア」の概念についての総合考察を第6章で記す。

1　調査方法

調査対象者と調査方法

調査対象者はA市内にある介護老人福祉施設5施設の15名の介護職員である。調査対象施設のうち，3施設は介護保険制度施行前の開設，2施設は施行後の開設である。調査対象者には，24時間の利用者の生活に継続的に関わっている介護職員が適任と考え，常勤職員で，かつ，夜勤業務を行っている介護職員を各施設に3名ずつ依頼した。調査対象者は，施設が任意に選定した以下の介護職員である。

調査対象者の属性は男性が3名，女性が12名。年齢は，20代が8名，30代が3名，40代が3名，50代が1名。経験年数は，3年未満が2名，3年以上6年未満が4名，6年以上が9名。資格保持者（複数回答）は，介護福祉士12名，ホームヘルパー2級1名，介護支援専門員2名，社会福祉士1名，無資格が2名。経験年数の幅は，1年から10年であった。

調査時間は一人当たり28分から60分で半構造化面接を行った。調査場所は，調査対象者によって異なるが，会議室や廊下などいずれも施設内であった。内容はICレコーダーで録音し，逐語録を作成した。インタビューと逐語録作成は筆者自身で実施した。3名のみ録音が認められなかったため，筆者が内容を記録した。後の分析に差し支えないように，できるだけ話された言葉を忠実に記録することに心がけた。調査時期は2007年12月28日～2008年4月13日であった。

ケアする人という役割を担う介護職員として，利用者との関わりを通して得られたことや気遣われている，助けられているという経験，自身や利用者の変化ついて尋ねるためのインタビューガイドは，1）対応が難しかった利用者のケースを振り返って，「利用者に対してどう思っていたのか」「利用者の様子で変わったこと」「自分の気持ちや関わり方で変わったこと」「教えられたことや学んだこと」2）仕事のやりがいやしんどさを振り返って，「仕事のやりがいや楽しさ」，「しんどくても仕事が続けられる理由」「利用者との関わりを通して得られたこと」「自分にとって利用者はどういった存在か」3）意思疎通の困難な寝たきりの利用者との関わりを振り返って，「利用者に変化があったと感じた経験」「利用者との関わりから学んだこと」などである。

対応困難な利用者との関わりについて尋ねたのは，利用者と援助関係を築いていく際に困難や葛藤を抱えることになるため，そういった状況下での「ケア」の実態を明らかにするためである。また，意思疎通の困難な寝たきりの利用者との関わりについて尋ねたのは，彼，彼女らが，メイヤロフが「ケア」による成長が困難とする，脳に障がいをもつなどし，自己認識をもつことが難しく，応答性の乏しい人々とみなされがちであり，そういった利用者との間で展開される「ケア」の実態について明らかにするためである。

質的内容分析法

本調査の目的は，介護職員と介護老人福祉施設の利用者双方の，互いの関わりにおける認識から，「ケア」の概念や双方の関係性を明らかにすることである。そこで，特定の理論的背景に限定されず，調査対象者の主観的な見方を分析するのに適しているとされる，質的内容分析を参考に分析を行った（Flick＝2002）。

そもそも，内容分析は，コミュニケーション内容を実証的に探求するものとして，17世紀末の神学論争に端を発するといわれており，1920～30年代に新聞の大量印刷化が進んだ米国において発達した。当時，新聞のテキストデータに対する量的分析が中心に行われていたが，ラジオやテレビなどマス・メディアの普及につれ，その応用範囲も広がりをみせるようになった。特に，第二次世界大戦期には，敵国の国内向け放送など，軍事や政治に関する情報の解析に内容分析が行われていた（Krippendolff＝1989）。戦後，1952年にベレルソン（Berelson, B.）が初めて内容分析の体系的なテキストを発行するに至り，メディア分野だけではなく社会学や心理学，歴史や芸術など幅広い研究分野にこの分析法が広まった（Mayring 2000）。内容分析は，ベレルソンが「内容分析は表明されたコミュニケーション内容の客観的・體系的・數量的記述のための調査技術である」(Berelson =1957：5) と定義するように，コミュニケーション内容の諸特性を整理，分類，解釈，推論，評価するために行われる（鈴木裕久 2006)。分析は，基本的にデータの量の削減を目的とし，あらかじめ定義したカテゴリーや理論的なモデルに由来したカテゴリーにデータを分類し，数量的に処理される（Flick =2002)。また，分析対象となる資料は，言語的なメッセージに限らず，映像データや絵画など，人々の間で伝達されるもののほとんどに対して適用可能である（Leininger =1997)。しかし，20 世紀の半ばには，量的な内容分析は表面的で，テキストの隠れた意味を無視しているなどの批判がなされ，そのオルタナティブとして発展したのが質的内容分析である（Mayring 2000)。

質的内容分析法はおおむね 2 種類に分けられる。定義されたデータから核となる内容を保存しながら同じ意味のデータをまとめ，より高次元の抽象レベルへと帰納的にカテゴリー生成を行う帰納的（inductive）分析とあらかじめ定義した基準に照らして厳密にデータを分類し，演繹的にカテゴリーを生成する演繹的（deductive）分析である（Mayring 2000；Elo, et al. 2007)。帰納的分析は，いまだ明らかになっていない現象の分析に，演繹的分析は先行研究の知見の検証に適するとされる（Elo, et al. 2007)。

本調査の目的は，いまだその概念や定義が定まっていない「ケア」という事態について，その概念や意味を介護職員と利用者の，互いの関わりにおける認識から明らかにすることである。このため，分析方法として帰納的分析が適切であると考え，スウェーデンのウメオ大学医学部看護学科の教員であるグラネハイム（Graneheim, U. H.）ら（2004）の示す Quality content analysis を参考に分析を行った。この帰納的な質的内容分析法は，例えば，健康な高齢者が将来どういった介護を受けたいと認識しているのかといった研究や（Harrefors, et al. 2008)，脳卒中発症後長期間痛みを抱える患者の看護を受ける経験はどういったものかという研究（Widar, et al. 2007)，看護師のスーパーバイザーの認識からスーパービジョンにおけるケアリングの価値について探索的に究明した研究など（Johansson, et al. 2006)，主に，看護領域で援助者や被援助者の認識や経験を分析することを目的とした研究に採用され，その数も年々増加していることから[(1)]，一定の評価を得た分析法と考えられる。

分析手順

分析手順は以下の通りである。①分析単位（unit of analysis）を介護職員に行ったインタビューの逐語録とする。②内容領域（content area）を「ケアすること，されること，関わりを通した変化」「対応困難な利用者との関わり」「意思疎通の困難な寝たきりの利用者との関わり」に関する語りとする。③調査対象者ごとに作成した逐語録を繰り返し精読し，意味上まとまりのある部分を取り出し（「意味単位（meaning unit）」），一行程度でその内容を要約した「要約意味単位（condensed meaning unit）」を作成。そして，それらを「内容領域」の各領域に分類した。④次に，各領域において「要約意味単位」の内容が類似しているものをまとめ，「コード」を作成。⑤さらに，「コード」をまとめ，「サブカテゴリー」を作成する。⑥「サブカテゴリー」の意味を解釈し，類似の意味をもつ「サブカテゴリー」をまとめ，抽象度の高い命名をし，「カテゴリー」とする。さらに，類似したカテゴリーをまとめたものが「テーマ（thema）」である。

なお本文中では「サブカテゴリー」を〈　　〉，「カテゴリー」を《　　》で記した。調査対象者の語りは「____」（下線）で記し（筆者の言葉は【　　】），語りの中で省略された言葉を（　　）で補足した。

分析の妥当性を高めるため，段階③～⑥について，社会福祉士資格をもち相談援助業務経験のある大学院生１名と内容検討を行った。また，信頼性を高めるために「コード」「サブカテゴリー」「カテゴリー」を「テーマ」ごとに表にして示し，分析の過程を明示する。

倫理的配慮

倫理的配慮については，調査対象者に対し，調査結果は学会報告や論文の形で公表するが，話した内容や基本属性については，個人を特定できないようにすること，研究以外の目的に使用しないこと，インタビューは途中でやめることができること，IC レコーダーで録音した内容は研究が終了したら破棄することを説明した。調査に対する同意を得た上で同意書に署名してもらった（一施設の３名は筆者が施設長宛に誓約書を提出）。なお，本書中に引用した調査対象者の語りの中で，一人称で男性とわかるものについては「私」と書き換え，性別がわからないようにした。

2　結　果

(1)　利用者からの気遣い，利用者への志向，関わりにおいて得られた認識

内容領域「気遣い，助ける（ケアする）こと，気遣われ，助けられる（ケアされる）こと，関わりを通した変化」からまとめられたテーマは以下の６つであった。「利用者から気遣われ，助けられる（ケアされる）こと」（表３-１），「関わりを通して得た励ましや喜びの要因」「利用者に対する希望」（表３-２），「学んだこと」（表３-３），「利用者に対する志向」（表３-４），「自分の変化」（表３-５）。

「利用者から気遣われ，助けられる（ケアされる）こと」として，利用者が自身の身体の方がしんどいのに自分の身体を気遣ってくれたり，帰り際には「気をつけて帰りや」など声をかけてくれたり《心配される》こと。エプロンやおしぼり畳みなどの簡単な家事の手伝いをしてくれたり，自分の介護をしてもらう時に，順番を待てない他の利用者を優先させてくれ，仕事をやりやすいようにしてくれるなど《助けられる》ことが，利用者からの気遣いとしてまとめられた。このような利用者の気遣いは，「何よりも利用者さんは私らがいつも人がおらんで，ばたばたばたばた動いてしまったり，している姿を見ているので，何よりも私らを気遣ってくれていますね」「私らが介護する側にもかかわらず，逆に気遣われてしまう部分がすごく多かったりします」と語るように，介護職員が忙しく働く日常の様々な介護場面や利用者との会話の中で実感されている。また，利用者が孫のように自分を見てくれ，お菓子をくれるなど〈可愛がってくれる〉という利用者から《護られる》という認識もあげられた。

表３-１　分析結果「利用者から気遣われ，助けられる（ケアされる）こと」

カテゴリー	サブカテゴリー	コード
心配される	心配してくれる	・利用者は，介護をしている自分たちを見ていて，体のことを気遣ってくれる ・利用者は，お母さんのように，「気をつけて帰りや」と声をかけてくれる ・遅刻したにもかかわらず，利用者は自分が無事に施設に来たことが良かったと心配してくれた
助けられる	助けてくれる	・利用者が，気を遣って職員の手伝いや，仕事をやりやすいようにしてくれる ・利用者は自分たちの頑張りを感じ取ってくれ，それに応えてくれることがある
護られる	可愛がってくれる	・孫を見るような視点で自分を見てくれている利用者がたくさんいて，しょっちゅうお菓子をくれる

利用者との関わりの中で介護職員は，利用者から励まされたり，喜びを感じたり様々な経験をしている（「関わりを通して得た励ましや喜び」）。例えば，ある介護職員は，疲れた顔をしている時に，利用者から「疲れているのなら私のオロナミンを飲み」と言われ，利用者から物をもらったことではなく，自分のことを気にしてくれている，自分のことをちゃんと見てくれていることに喜びを感じたことを語った。

また別の介護職員は，大勢の介護職員がいる中で「ちょっと」と声をかけられるのではなく，自分の名前を呼んでもらったことで励まされたと語っている。さらに，自分が出勤すると，利用者から「来てくれてよかった」，帰り際には，「もう帰るの？　寂しい」と言われ，仕事に来てよかった，うれしいと語っていた。

これらは，利用者が，他の介護職員とは異なる自分の存在を認識してくれている，自分に親しみをもってくれている，必要としてくれていることを実感し，自分の存在を承認されるという経験である（《自分の存在が承認されること》）。他にも，利用者に承認されることとしては，〈利用者の笑顔や「ありがとう」の言葉〉〈家族からのお礼や褒め言葉〉をもらうなど《自分のしたことが承認されること》によって，仕事がしんどくても，励まされたり，元気をもらうと

表3-2　分析結果「関わりを通して得た励ましや喜びの要因」「利用者に対する希望」

●「関わりを通して得た励ましや喜びの要因」

カテゴリー	サブカテゴリー	コード
自分の存在が承認されること	名前を呼んでもらうこと	・名前を呼んでもらうと，通じ合えていると思いうれしい ・名前を呼んでもらうと，親しみをもってくれているのかなということが伝わる ・大勢いる職員の中で利用者に名前を呼んでもらえることで，励まされる
	自分を見てくれていると思うこと	・疲れた顔をしている時に利用者がお菓子をくれたり，はずれたエプロンの紐をむすんでくれて，自分を見てくれているんだと思うと励みになる
	自分のことを必要としてくれていると思うこと	・利用者から「来てくれてよかった」と言われると仕事に来てよかったと思う ・利用者から「もう帰るの？　寂しい」と言われるとうれしい
自分のしたことが承認されること	利用者の笑顔や「ありがとう」の言葉	・利用者の笑顔や「ありがとう」の言葉に，励まされたり，やりがいを感じる ・利用者に「ありがとう」と言われるとうれしい
	家族からのお礼や褒め言葉	・利用者が亡くなった後に，家族からここの施設でお世話になってよかった，ありがとうと言われると，この仕事をしてきてよかったと思う ・利用者の家族から仕事をほめられ，うれしかった
信頼されること	利用者からの信頼	・利用者から信頼してもらっていることが励みになる
	信頼の実感	・利用者から文句を言われたり，感情をぶつけられることは，信頼されているからと感じる ・利用者も自分のことを仕事と思っているが，頼りにはしてくれていると思う
喜んでもらえること	喜んでもらえるから仕事が続けられる	・仕事がしんどくても続けられるのは，人に何かをすることで喜んでもらえるから
自分の働きかけに対する利用者からのフィードバック	自分の働きかけによって利用者が笑ってくれたり，できなかったことができるようになること	・自分の働きかけによって，笑ってくれたり，できなかったことができるようになるとうれしい ・自分の働きかけによって，笑ってくれたり，できなかったことができるようになると癒される ・自分の働きかけによって，ADL が向上したり，上手くいって生き生きしている利用者の姿にやりがいを感じる
困難ケースの克服	困難な利用者のケアを乗り越えたこと	・大変だったり，苦手だった利用者のケアを乗り越えたときに達成感を感じる
知っていくこと	自分だけの関わり方を見つけること	・利用者の関わりをいろいろ学んでいって得られることが楽しい ・利用者に関わって，自分だけの関わりや声かけを見つけたいと思っている
	利用者のことを知っていくこと	・利用者の喜ぶことを知って，自分もうれしいと思うことがある ・利用者の少しの変化を知りたくて，それが楽しく，仕事のやりがいになっている
利用者とともにいること	利用者と一緒の時を過ごすこと	・利用者の自室で一緒に過ごして，話をしたり，笑っていて，それで癒される ・利用者と一緒に，ほっこりしているときが楽しい ・利用者と楽しい時間を共有できたときにやりがいを感じる
	利用者と関わること自体	・利用者と関わっていて癒される ・利用者が自分のゆったりした気持ちを引き出してくれる ・人生の大先輩である利用者と接していてやりがいを感じる
	利用者が居るから仕事が続けられる	・仕事がしんどくても続けられるのは，利用者と楽しく話ができるから ・仕事にストレスを感じながら続けていられるのは好きな利用者がいるから
利用者に対する尊敬の念	利用者が辛いことを受け止めようとしている姿	・利用者が辛いことを受け止めようとしている姿に励まされる
	利用者の生き様への敬意	・利用者は辛いことがあっても我慢したり，それを受け止めようとしているところがすごいと思う ・お年寄りは，器が大きいと感じる ・施設の環境面について，文句も言わず忍耐力があると思う ・利用者の他者に対する気遣いにすごいと思う ・100歳を超えて元気でいることだけでもすごいと思う ・昔に女手ひとつで子供を育て上げてきた人は，すごいなあと思う

●「利用者に対する希望」

カテゴリー	サブカテゴリー	コード
信頼して欲しい	信頼関係を築きたい	・利用者とは信頼関係を結びたいと思う ・信頼関係を築くために自分を知って欲しい ・利用者とは人として関わっているので，心を開いて欲しい
知りたい	利用者への興味	・思い出話や若い頃のことなどを利用者から聞かせて欲しい

表３-３　分析結果「学んだこと」

カテゴリー	サブカテゴリー	コード
老いの現実	考えさせられる老い	・利用者と家族のやり取りを見て，周りに気を遣いながら老いていくことの難しさを感じる ・利用者を見ていて，身内の介護のことや自分が老いたときにどう生きていけばよいのか考えさせられる ・利用者の死の受容過程や看取る中で，後悔を残す生き様を見たり，こういう風に老いたいと思ったりする
利用者に対する認識の変化につながる気づき	利用者にとっての家族の存在の大きさ	・利用者にとっての家族の存在の大きさを実感した
	利用者に対する気づき	・利用者の昔の写真を見たときに，利用者が人間関係や社会とのつながりをもっていたことに気づかされた ・利用者は，職員の出勤は「お帰り」，職員の帰宅時には「ほな，また」というように施設を基点として捉えていることがわかった ・周りに気を遣ったり，排泄の失敗を気にする人にとっては，気にすることが本人らしく，必要な時に対応してもらえることが安心であることがわかった ・利用者の今の姿は，戦争時代を潜り抜けてきた中での価値観や思いがあるからであると理解できた ・利用者は高齢になるほど，価値観が固まっていくようなものを感じる
関わり方の気づき	関わり方についての気づき	・施設でも在宅のように，本人が使ってきたものや生活，人間関係を感じられれば，ケアの仕方が変わると思う ・優しい態度や言葉で接すれば，相手も落ち着いてくるので，いらいらせずに優しい対応が必要だとわかった ・異性介助でないと嫌がる利用者と接してみて，一概に同性介助がよいとは言えないのではないかと思った
人の生き方	人の生き方についての学び	・利用者のターミナルケアに関わってきて，年齢による違いはあっても死を受け入れる段階のようなものを感じることがある ・利用者のターミナルケアでは，今までのその人と人との関わりが返ってくるのではないかと思ってみている ・利用者に，兄弟に会えなくても生きていることがわかっているだけでも，いると思うだけで励みになると教えられた ・90歳になってもクラブ活動など新しいことにチャレンジして，前向きに学ぼうとする姿に学ばされる ・利用者の今までの生活や経験から人としていろいろなことを学ばせてもらう ・行儀や服装に厳しく，お年寄り同士注意している姿を見て，自分たちも気をつけないといけない
援助をしていく上での心構え	なじむまでの時間は必要	・利用者にとって職員となじむまでの時間は必要である
	利用者のケアはみんなの力が必要	・利用者を支えるのは家族も含め，いろんな職員の力が必要 ・職員みんなで対応を考えたら良いケアができると思う

表3－4　分析結果「利用者に対する志向」

カテゴリー	サブカテゴリー	コード
利用者の存在を承認する	利用者を一人の人間としてみる	・利用者を一対一の人間としてみようとしている
	利用者の生活観を大事にしたい	・利用者の生活観を大事にして，一緒に楽しめることをしたい
	その人の思いを大切にしたい	・一人ひとりの利用者がもっている，その人の思いを大切にしたい
	利用者の可能性を見出せた	・利用者のできないことではなく，利用者の可能性を言葉から見出せてよかった
受け容れる	辛い思いを受け止めたい	・利用者の辛い思いを受け止めてあげたい
	利用者の拒否する気持ちを受け入れること	・利用者からの拒否する気持ちを受け入れなくては，利用者にとっては迷惑なことである ・拒否された利用者から離れることは，相手の言い分を受け入れること
	利用者の思いを受け止められた	・利用者のできないことではなく，利用者の思いを受け止められてよかった
放っておけない	利用者を放っておけない	・仕事のしんどさを乗り越えられたのは，利用者の最期をこんなところでと思って欲しくなく，いろいろしてあげたいから ・自分がいなくなったら，長年いる職員を呼ぶ利用者に添える人がいなくなるので，放っておけないと思い退職を思いとどまった
自立を促したい	利用者の残存能力を低下させていることへの反省	・職員が利用者に対して介護をしすぎて，利用者の残存能力を低下させているのではないかと思う ・利用者の残存能力を活かす介護が十分にできていない ・身体介護について，専門職としてできることを考えていきたいが，まだまだである
利用者を信じて待つ	利用者を待てないことへの反省	・利用者にしてあげたいという気持ちが強くて，利用者のすることを待てなかったり，引かせてしまった
利用者の介護に責任をもつ	訴えられない利用者をきちんとみたい	・自分で訴えられない利用者の介護が後回しになってしまうので，きちんと見ていきたい
	利用者にきちんと向き合う	・職員はきちんと利用者に向き合っていないので，どうしてあげたらよいかわからないと言っていると思う
安心を与える	利用者に穏やかにすごしてもらいたい	・生活の中で，利用者が，穏やかで居られる時間を自分たちが環境になって伸ばしてあげたい ・利用者には，障がいや痛みが進まないよう，それらが忘れられるよう穏やかにすごしてもらいたい
	自分がそばにいることで安心してもらいたい	・利用者のそばにいて，安心だなあという存在になりたい
気にかける	ターミナル期は，心配で朝も帰りも顔を見に行く	・利用者のターミナル期は，心配で朝も帰りも利用者の顔を見に行っている
共感する	寂しい利用者に共感できる	・自分は子供がいないので，子供を亡くしたり，子供のいない利用者の寂しさが共感できる
尊重する	利用者に対する接し方についての反省	・仕事の流れで，利用者に強い口調で言ってしまったりした ・人間として，年上の利用者に対する接し方について反省することがある
利他的な気持ち	自分との関わりでなくても，利用者が幸せだったらそれでよい	・利用者が自分でない誰かと関わって，笑っているのなら，それを喜び，幸せだったらそれでよいと思う

表３－５　分析結果「自分の変化」

カテゴリー	サブカテゴリー	コード
利用者の介護に責任をもつようになる	利用者を知ることでの，使命感の高まり	・今までの利用者の生き方や苦労を知ると，その人を受け入れてきちんと介護していこうと思う ・元気に見えた利用者も人を求めていることがわかり，元気な人だから大丈夫と思わず声をかけなければと思った
利用者の存在を承認するようになる	利用者への視点の移行	・就職した頃は，自分がすることでいっぱい，いっぱいだったが，2年目に入り，利用者を個人として見られるようになった ・新人の頃は，必要な介護に目が行っていたが，経験を積むうちに利用者の生き方や暮らし方，亡くなっていく様もその人の人生の中の一コマとしてみようと努力するようになった ・利用者の生活のことについて，本人がいない中で決めるのはおかしいと思い，サービス担当者会議にできるだけ参加を促すようになった
利用者を受け容れられるようになる	利用者に対しああしないといけないという考えが抜けてきた	・利用者の幸せを考えていたら，利用者の生活でこうしないといけない，ああしないといけないという考え方が抜けてきた
視野の広がり	利用者対応の視野の広がり	・利用者を個人として見られるようになると，その人の対応を自分なりに考えられるようになった ・就職した頃は，自分がすることでいっぱい，いっぱいだったが，2年目に入り，利用者の動きに対し，予防的なこともできるようになった ・ターミナルケアを何回か経験して，最期をどう過ごしてもらうのかいろいろ気配りができるようになった
	対応について先が見通せるようになった	・利用者と関わってきて，先が読めてくるようになり，利用者を待てないことがあるので，気をつけている
人格の変化	自分がやさしくなった	・利用者と関わって自分はやさしくなれたと思う

語っている。

ある介護職員が，利用者から文句を言われたり，感情をぶつけられても，「それだけ寂しいねんな，でも，そんだけ信頼といったらおかしいけれども，この人には，怒っても，絶対離れはれへんと思うから，言わはんねんし」と語ったように，利用者から《信頼される》ことや，利用者に何かすることで《喜んでもらえること》もやりがいや仕事の継続意向にもつながっていることが語られている。これらのことは，多くの場合，利用者が介護職員に対し，意図して働きかけていることではない。しかし，利用者の応答や言葉から介護職員が得ている認識である。

また，介護職員は，利用者との関わりの中で，意欲をかき立てられたりする経験をしている。具体的には，利用者が自分の働きかけによってできないことができるようになったり，その時の利用者の生き生きとした姿など《自分の働きかけに対する利用者からのフィードバック》にうれしさを感じたり，苦手だった利用者の援助を乗り越え，自分の気持ちが通じた，苦労が報われたと《困難ケースの克服》が仕事の達成感につながっている。

他に，利用者に対し，〈自分だけの関わり方を見つけること〉や，「んー，うん，うん，つながりたいというか，知りたいというか，ちょっとでも変化を知りたい，それが楽しくて仕方がない【それも一つやりがいみたいな感じになっているんですか？】すごいやりがいですよ」と語るように，利用者の少しの変化や喜ぶことなど，利用者を《知っていくこと》によって，それが仕事のやりがいや楽しみにつながっていた。

さらに，〈利用者と一緒の時を過ごすこと〉や〈利用者と関わること自体〉など，《利用者とともにいること》で癒されたり，やりがいを感じたり，利用者も生き生きしていると語られている。また，好きな利用者がいたり，利用者から学べることがあったり，楽しく関われるといったように利用者の存在自体も介護職員の喜びや仕事の継続意欲に影響を及ぼしていることが語られた。

また，介護職員は，日常の関わりの中で利用者から戦争時の体験やこれまでの生き様を聞いたり，つらいことがあっても強がりや我慢ではなく，そのつらさを受け止めようとしている利用者の姿を見ることで，人としての器の大きさを感じて励まされたり，すごいと感心するなど，利用者よりも若い世代である介護職員は，利用者の生き様から人として生きていく上での示唆を得たり，《利用者に対する尊敬の念》を抱いていた。

さらに，日常の関わりの中で介護職員が利用者から信頼されることを実感する一方で，「利用者に対する希望」として示されたのは，利用者には自分のことを《信頼して欲しい》という思いである。ある介護職員は，先輩職員が利用者に話しかけていたり，利用者も特定の介護職員に相談を持ちかけている様子を見ていて，「目標，そうですねえ，信頼関係が築けて，（利用者が）ちょっとしんどいことがあったら言ってくれるとか，そういう関係が理想やなって思っているんですけど」と語った。また，別の介護職員は，利用者はすべての介護をされるのだから，知らない人に介護されるよりも，知っている人に介護される方がよいと思うので，自分のことを知って欲しい，信頼関係を築くために自分のことを知って欲しいと語っている。さらに，別の介護職員は，自分は利用者を人として関わっているのだから利用者に心を開いて欲しいと語り，介護職員は利用者と信頼関係を築くために，互いが心を開いて知り合うことを望んでいた。そして，利用者と関わるうちに利用者自身に興味がわき，《知りたい》という希望もあげられた。

利用者との関わりを通して学んだこと

利用者との関わりを通して「学んだこと」として，ある介護職員は，「ああ，老いるって，ああ，大変，大変，自分で選択しつつも何か，人間関係もついてきますし，家族とも，ま，その人がしっかりしてはる分というのもあるんですけど，まわりにも，気を使いつつ，何か，ねえ，老いるって難しい，自分はどないして生きていけるんやろうなと，自分が老いた時は，どう，誰が（笑）とか，思わず自分について，考えてしまいますね（笑）」と語り，利用者と家族のやりとりを見ていて，《老いの現実》に直面し，自身や家族の老いや介護のことについて思いをめぐらしており，利用者との関わりの中では，利用者が現在抱える問題は他人事ではなく，将来自分も抱える問題として考えさせられる機会ともなっている。

さらに，利用者との関わりの中で，〈利用者にとっての家族の存在の大きさ〉や，昔の写真を見ることで，利用者が社会や人間関係とつながりをもっていたことを痛感したり，利用者の様々な思いを知ることなど，《利用者に対する認識の変化につながる気づき》や介護職員としての技能向上につながる《関わり方の気づき》がまとめられた。特に，ターミナルケアに関わることで利用者が死を受け容れていく段階を実感したり，終末期の利用者に対する家族の関わり方を見て，今までのその人の生き方が反映されていることを感じたり，利用者から人として多くのことを学ぶなど，《人の生き方》についての学びが得られている。

このような利用者から得られる学びも既述の《利用者に対する尊敬の念》と

同様，利用者が意図して示していることではない。利用者がその人なりに生きることを通して介護職員に教えていることである。さらに，介護職員は利用者との関わりを通して，互いが〈馴染むまでの時間は必要〉であること，介護職員として〈利用者のケアにはみんなの力が必要〉であるといった《援助をしていく上での心構え》を得ていた。

利用者に対する志向

まず，利用者との関わりでは，例えば，認知症をもつ利用者と介護職員ではなく，一対一の人間同士という考え方が援助の根底に必要であることが語られ，〈利用者を一人の人間としてみる〉，利用者個々人のもつ価値観である〈利用者の生活観を大事にしたい〉など，利用者の独自性など，《利用者の存在を承認する》こと，利用者の思いを《受け容れる》ことというように，利用者を人として対等な存在と認め，理解していこうという志向が語られた。

また，ある介護職員は利用者に対し，「出会ったからには，しんどくなく，最期をこんなところで（迎えるのか）と思って欲しくないので」と語り，利用者と関わることで，利用者に対して何とかしたい，《放っておけない》と認識している。そして，このような認識によって仕事のしんどさを乗り越えたり，退職を踏みとどまれたことが語られていた。

一方で，「何かその人の力を最大限に活かした介助方法というのができていないんですよ，私，【と，思っている？】と思っているし，できていないです，実際，何か，受動的になっている，利用者さんが受身になっている。介助の仕方が今一般的にされているんですけど，でも，（身体の）どこか動くところがあって，そこを活かすと，何か本当に（自分が利用者の）補助みたいな存在になれるし，そういうのをやりたいなあと思って」と，利用者の残存能力を活かす介護が十分にできていないことや，「どうしても，この仕事，ね，しているとやってあげたかったりとか，【ああ，はいはい】という気持ちがすごい立ってしまうのは立ってしまう，人間としてもきっとそうなんだと思うんですけど，【はい】で，そこで，ちょっと待てないというか，ほんとに10年経ってしまったので（介護職になってから）」と，利用者にしてあげたいという気持ちが強くて，利用者の残存能力を考慮せず，利用者のすることを待てないという，自分たちの介護に対する反省する内容が語られた。前者の語りの根底には，何でも介護職員が援助するのではなく，利用者の《自立を促したい》という志向が存在し，後者の語りからは，《利用者を信じて待つ》ことの重要性を認識していることがうかがえる。他に，自分から訴えられない相手に対してもきちんとみていこう，利用者にきちんと向き合っていかなくてはならないと，《利用者の介護に責任をもつ》こと，利用者に対し，自分たちが環境となって《安心を与える》ことといった介護職員として利用者に関わる姿勢がまとめられた。

特にターミナル期にある利用者に対しては，いつ逝ってしまうかわからない，大丈夫だろうかといった心配の気持ちから，出勤してきた時も，自分が帰宅する時も，当日その利用者のフロアの担当ではなくても顔を見に行くというように，常に《気にかける》ことが語られていた。他に，自分に子供がいないので，子供がいない，あるいは，すでに子供を亡くしている利用者の寂しさに《共感する》ことができると語られ，利用者の抱える寂しさという脆弱性に引き寄せられていることが示されていた。

さらに，年長者である利用者に対しての言葉遣いや接し方についての反省が語られ，利用者を《尊重する》という志向や〈自分との関わりでなくても，利用者が幸せだったらそれでよい〉といったように，自分が利用者と関わることで利用者に笑顔が見られたりすれば自分の励みにもなるだろうが，自分ではなく他者が関わっていることで，その利用者が幸せならばそれでいいという《利他的な気持ち》が語られた。

関わりを通した自分の変化，利用者の変化

「自分の変化」として，今までの利用者の生き方や苦労を知ると，その人を受け容れてきちんと介護をしていこうと思う，というように，〈利用者を知ることでの介護意欲や使命感の高まり〉によって，《利用者の介護に責任をもつようになる》ことや，自分も経験を積むうちに利用者の人生をトータルに理解

しようとするなど，利用者を個人としてみられるようになったり，利用者を個人として承認する視点が養われている（《利用者の存在を承認するようになる》）。さらに，〈利用者に対してああしないといけないという考え方が抜けてきた〉というように，利用者のことを個人として考えていく中で，利用者自身やその人の生活についてあるがままに受け容れられるようにもなっている（《利用者を受け容れられるようになる》）。

また，経験を積むことによって客観的に利用者のことが捉えられ，個人個人に必要な対応が考えられるようになったり，先のことがわかるようになってきている。さらに，ターミナルケアを何回も経験することで，最期を迎えるにあたって介護の技術的な側面だけではなく，部屋の環境など物理的な環境面にも気配りができるようになった，と自分自身の《視野の広がり》が語られていた。他にも，利用者との関わりを通して，〈自分がやさしくなった〉と《人格の変化》もみられた。

(2) 対応困難な利用者に対する関わりを通して

対応が困難な利用者との関わり時における介護職員の認識や彼らとの関わりを通した双方の変化の実態はどうなっているのだろうか。

内容領域「対応困難な利用者に対する関わり」からは6テーマがまとめられた。「関わりの当初，関わっている時に思っていたこと」（表3-6），「援助に際しての志向」（表3-7），「利用者の変化」（表3-8），「介護職員の変化」（表3-9），「学んだこと」「関わりを振り返っての認識」（表3-10）である。今回，対応が困難として語られた利用者のエピソードは22ケースであった。その22ケースの利用者の多くに認知症があり，介護抵抗や暴力，暴言がみられたり，穏やかな時と不穏時のギャップが激しいなど感情のコントロールが困難であるなどの問題を抱えていた。

関わりの当初，関わっている時に思っていたこと

利用者との関わりの当初には「本当に，みんながそうだったけど，何でそん

表3-6　分析結果「関わりの当初，関わっている時に思っていたこと」

カテゴリー	サブカテゴリー	コード
わからなさ	利用者の言っていること，拒否する意味がわからない	・利用者にきつい言葉を言われて，最初は，どうしてそんな風に言われるのか，何を言っているのかわからなかった ・空腹時に攻撃する利用者に攻撃され，最初は，やるせなく，わからないという気持ちだった ・最初は，その利用者がどうして介護に対して拒否をするのかわからなかった
	どう対応していいのかわからない	・最初は全盲の利用者の行動を問題行動と捉えて，暴れないで欲しい，どう止めたらいいのかと考えていた ・普段は気遣ってくれるのに，空腹時に攻撃的になり，どうしたら落ち着いてくれるのかわからなかった ・身内がなく家族の協力も得られないのでどうしようと思った ・毎日怒る利用者の対応は，自分が担当職員だったので大きな問題だった ・入所に納得しておらず介護拒否があり，どうやって声をかけたらいいのかわからない ・利用者のいらいらする理由や対応方法がわかるまでは，葛藤や悩みがあった ・対応方法が見つからずどうしていいか悩んだ
	利用者の抱える症状が理解できない	・全盲の利用者に関わりはじめた時は，全盲ということやその人が抱える幻想・幻聴について理解ができなかった ・最初のころはパニックになる利用者を見たときに，その人がわからずに何がして欲しいのだろうと思った
	利用者の希望がわからない	・認知症のある利用者がどうして欲しいのか全然わからなくて困った
つらさ	利用者の攻撃に対するつらさ	・最初は，利用者に殴られて，親にも殴られたことが無かったので悲しくなった ・最初の頃，拒否のある利用者に話かけたときに「うるさいと」言われ，引いてしまった ・相手が病気とわかっていても，味噌汁をかけられると精神的にきつかった ・温和なときと不穏時のギャップが大きくてしんどかった
	関われない自分に対するつらさ	・最初の頃は，先輩は上手くやっているのに，その認知症の利用者の言っていることが通じずリズムも合わず，もういいわ，苦手だと避けている部分があった ・男性拒否をする利用者と関わった最初の頃はしんどくて，自分が女性だったらよかったと思った ・自分だけがその利用者に関われないと思うと精神的にきつかった
わかって欲しい	いつかは自分のことを分かって欲しい	・最初は，拒否する利用者に嫌われてもいい，いつか自分のことをわかってもらえればよいと自分から接していこうと思った ・最初は，利用者に嫌われていても，いつかは好かれたい，自分の良いところは見せたいと思っていた
	利用者，家族に現状理解をして欲しい	・利用者や家族に，認知症状やきちんと介護をしていることをわかって欲しかった
わかりたい	関わる糸口を見つけようという思い	・もっと利用者の昔の記憶から関わる糸口を見つけていこうと思った
	利用者のことをわからないというのは嫌	・利用者のことを知らない，わからないというのは嫌だと思う

受け容れられない	症状が激しくなった現実が受け容れられない	・利用者のしっかりしていたときをしっていたので，症状が激しくなった時は現実を受け容れられなかった
共感できない	利用者も何とかして欲しいという思い	・心残りのある利用者と関わりはじめた頃，トラブルが多く，もっと自分を見て欲しいという気持ちはわかるが，社会性も持って欲しかった
緊張	家族との関わりが難しく緊張	・新人の頃，いっぱい，いっぱいで，家族の接し方が難しく，緊張していた
いらいら	対応にいらいらした	・収集癖のために，その利用者の所在確認や収集物を片づけないといけないので対応にいらいらしていた
なじめない	なじむまでが難しかった	・信頼関係を結ぶことが難しかった ・利用者との関わりに慣れるまでが大変だった
不安	自分の関わりに対する不安	・自分の行っている関わりに不安をもっていた
葛藤	家族の希望と利用者の状態に対する葛藤	・家族の希望も尊重したいが，その介護によって利用者が緊張するので悩んでいる

表3－7　分析結果「援助に際しての志向」

カテゴリー	サブカテゴリー	コード
手がかりを得る	他の職員の対応を参考にする	・うまく関われている職員の対応の仕方を参考にした
	職員間で対応について話し合う	・その利用者に対する対応や本人の希望についてフロア会議で話し合った ・新人でも対応できるように，利用者の対応を記録に残したり，話し合いをしている
	上司に相談	・全盲の利用者とのかかわりについて，上司に相談に乗ってもらっていた
安心や自信を与える	利用者のなじんだ方法や好きなことを伸ばす	・利用者の好きなことや趣味・趣向の部分を伸ばす様に関わっていき，関係を深めた ・本人のなじみのある呼び方で呼ぶようにしている
尊厳を護る	他者への攻撃を防ぐ	・その認知症の利用者が他の利用者を攻撃しないように関わっていた
	相手に対し，言ってはいけないことは言わない	・認知症があっても，相手の失敗を正すような，言ってはいけないことを言ってはいけないと思った
あきらめない	関わり続ける	・拒否する利用者に嫌がられても関わり続けた ・自分を覚えてもらおうと，挨拶と声かけを続けた
	試行錯誤	・話をするときに，利用者の身体に触れたり，身体の向きをかえ自分を見てもらえるようにしたり，試行錯誤である ・利用者の言葉が理解ができなくて，「ごめんな，わからへん」と言いながらやっている ・薬に頼るのではなく，何か日常生活の中で，その利用者のために取り組めないか考えている
協調	チームケアをしなくてはいけない	・チームケアなので自分ひとりでケアができていたらいいわけではないと思っていた

表３－８　分析結果「利用者の変化」

カテゴリー	サブカテゴリー	コード
精神的な安定	関わり方がわかってくると，落ち着くようになった	・時間をかけて関わったら，その利用者のいらいらの理由がわかり，気持ちを聞くと落ち着いた ・攻撃的になる利用者に対する関わり方がわかると，落ち着くようになった ・利用者同士のトラブルに自分が仲裁に入ることで，お互いに距離の置き方を見つけ，落ち着いた ・互いにいろんな話をしてきたことが，利用者のストレス緩和につながった ・精神的に不安定だった人が，職員や他の利用者との関わりや距離感によって，安定するようになった
	服薬をして落ち着くようになった	・結果的に薬を飲んで落ちついている
	精神的な安定で，身体症状もなくなった	・精神的に安定したら，全身にあったかゆみもなくなった
他者とのつながり感を得る	一番よく関わったので，仲が特に深くなった	・心残りのある利用者には自分が一番関わっていたので，自分との仲が特に深い
	攻撃が起こりやすい時に関わることで，攻撃の頻度が減った	・空腹時に攻撃的になる利用者は世話好きなので，空腹時に手伝いをしてもらったり，互いにマッサージをしたり，好む話をすることで，攻撃の頻度が減った
安心感を得る	任せて大丈夫という姿勢で関わることで，安心して任せてくれた	・声を上げる利用者は不安を抱えているので，任せて大丈夫という姿勢で関わると安心して任せてくれるようになった
利用者が自分を信頼してくれるようになった	自分を信頼してくれるようになった	・この子になら言ってもいいのかなという利用者の思いを感じた ・拒否のあった認知症の利用者から「あんただったらいい」と言われ，少しでも自分を頼りにしてくれているんだ，安心してくれているんだとうれしい気持ちになった ・自分も一緒に行くのでとトイレに誘うと，「あんたが一緒やったら」と応じてくれ，信頼関係が築けていると感じた ・面会時に，家族に詳しく利用者のことを話し，その積み重ねで信頼してくれるようになった
利用者が自分の存在を承認してくれるようになった	自分のことを覚えてくれた	・名前までは覚えてくれないが，「あんたはここの人」と顔を覚えてくれた ・後輩に，どうして自分だったら話を聞いてくれるのかと言われ，利用者が自分に慣れて，覚えてくれていると思った ・利用者も他のフロアの職員と一緒で不安にしていても，自分が現れると「見たことがある」という表情に変わる
	自分の名前を呼んでくれるようになった	・関わり続けたら，自分の名前を呼んでくれるようになった ・拒否のある利用者は，よく関わっている職員を呼ぶようになり，関わっている時間の長い人を求めていることに気づいた ・拒否のある利用者に名前は覚えてもらっていた
	自分の声かけを認識してくれるようになった	・以前は，声をかけても認識がないのか，目が合っていても自分を見てくれていないと感じたが，今は目線があってきた ・「立つよ」の声かけに「何？」という反応だったが，今は，その人のリズムに合わせられ，立ってくれるようになった
	笑ってくれるようになった	・関わってから，利用者も笑顔を見せてくれるようになった
	自分の対応に慣れてくれた	・利用者の変化は，自分に対して慣れてくれたからと思う ・関わり始めて１ヶ月後，利用者も自分の対応に慣れ，唐突に「ああ，また来たんか」と言ってくれ，排泄介助もできるようになった

表３－９　分析結果「介護職員の変化」

カテゴリー	サブカテゴリー	コード
利用者理解の深まり	利用者の気持ちが理解できるようになった	・先輩からその利用者の生活暦や背景を教えてもらってその人の気持ちを汲み取ったり，その人の世界を理解していった ・最初はわからなかった利用者の気持ちがわかるようになってきた
	利用者を理解することで，利用者のことを考えられるようになった	・何を言っているのかわからず，利用者を避けていた部分もあったが，利用者のことがわかってきたら望んでいることが考えられるようになった ・利用者の様子や時間の過ごし方を観察し洞察することで，その人のケアが自分なりに考えられるようになった
	利用者の怒りの原因がわかるようになった	・怒る原因がわかって，それを未然に防げるようになった ・利用者も何らかのストレスを抱えていたと思う ・観察や関わりの中で，不穏の要因がわかった
尊敬するようになる	利用者のことを知って尊敬するようになった	・利用者の戦争時代の苦労話や昔にしていたことを聞いて，その人に対して尊敬するようになった
待てるようになる	利用者のことを知って，待てるようになった	・その利用者を理解するようになって，広い目で見られるようになり，しなければならないことも待てるようになった
関わることが楽しめるようになる	利用者のことを知って，関わりが楽しめるようになった	・利用者の反応や，細かい希望などがわかり，その人と接することを楽しめるようになった
責任をもつ	利用者を知ることで，使命感が高まった	・攻撃されることがあっても，利用者のやさしい面を知っているので介護していこうという気持ちになった ・パニック状態になる利用者の心の傷を知り，症状を受け止め，自分たちが精神面のケアをしなければならないと思えるようになった
	訴えがなくても関わるようになった	・拒否のあった利用者が寝たきりになって訴えられない分，何があるのかつかもうとするようになった ・その認知症の利用者が徐々に心身機能が低下してきたので，訴えがなくても自分から関わるようになった
安心感が得られる	利用者を知ることで，怒っても攻撃されても安心感が生まれた	・利用者の笑う顔や，温かいところを知っているので，怒っても，攻撃されても安心感が生まれた
	関わりに対する不安や悩みの解消	・利用者と関わって，関わりの最初に感じていた苦手意識や気負い，不安などの気持ちが解消された ・全盲の利用者が暴れることについて研修に行って話を聞いたりし，対応の仕方が理解でき，気が楽になった
視野の広がり	利用者中心の目線ができた	・利用者が落ち着くまでに職員もいろいろと考え，その人を中心にしていくという目線ができた
あるがままの受け容れ	利用者には自分の好きなようにしてもらったらいいと思えた	・全盲の利用者の行動には訴えたいことがあると思い，いろいろ関わってみて，自分の好きなようにしてもらったらいいと思えるようになった
思い入れの強まり	利用者に対する思い入れの強まり	・拒否のあった利用者が体調を崩し亡くなるかも知れないという時に，ショックで思ってもいないくらい涙が出て，絶対死なせたくないと思った ・一番悩んだ利用者なので，思い入れが強い ・今は寝たきりになっているが，それまでの過程をみてきたので思い入れがある
技能の向上	他の人にも対応できるようになった	・介護に苦労した利用者と関わったことで，他の人でも対応できるようになった
	連携のポイントがわかった	・利用者の対応について，連携のポイントがわかってきた

働きかける意欲が増す	利用者からの声かけが増え，自分たちの声かけも増えてきた	・利用者が笑顔で声かけしてくれることが増えたので，自分たちの声かけも増えてきた
慣れる	利用者の対応に慣れてきた	・新しい職員では全盲の利用者の対応ができない時に，自分が代わってあげられるようになったので，自分が慣れてきたのだと思った
	心に余裕ができた	・利用者の変化は，利用者と関わってきて自分に心の余裕ができたからと思う
新たな不安	自分の考えに対する不安	・拒否のある利用者も終末期にあり，幸せな最期をと思うが，それが押しつけではないかと感じることもある
募るいらだち	好転しない関係に対するいらだち	・盗られ妄想のある利用者の対応にいらいらして，このまま続けていたら自分が何をするかわからないと思った ・盗られ妄想のある利用者は，不穏時とそうでない時のギャップが大きく，できた信頼関係が崩れたように感じた

表3-10　分析結果「（対応困難な利用者との関わりから）学んだこと」「関わりを振り返っての認識」

●「（対応困難な利用者との関わりから）学んだこと」

カテゴリー	サブカテゴリー	コード
利用者の存在を承認することの必要性	利用者のことや気持ちを理解することの大切さ	・その利用者のことや気持ちを理解することの大切さ ・職員や家族にとって良い方法ではなく，本当にその利用者が思っていることを見ていてあげないといけないということ
	利用者の生活時間に合わせた対応の大切さ	・利用者の生活時間に合わせた対応をしないと，その人にとっての居場所がなくなることを学んだ
	見ていることをわかってもらえるようにすること	・利用者に自分のことや，あなたを見ているということをわかってもらえるように，声をかけるようにしている
利用者と関わる姿勢	利用者と関わる姿勢	・拒否のある利用者と関わって，関わるときに心のゆとりをもつことを学んだ ・利用者との関係性のもち方を学んだ ・拒否する利用者との間での距離のとり方を学んだ ・利用者の少ない訴えの中で，伝えたいことを汲み取ることを学んだ ・利用者の家族との付き合いを学んだ ・利用者と寄り添うことといった介護職としての基礎を作ってもらった ・視覚の刺激を怖がる人には，言葉によって関わっていこうと考えている
伝わりにくい利用者の気持ち	伝わりにくい利用者の気持ち	・しっかりした利用者にとって，自分の機能低下は，受け入れられず辛いことであることを学んだ ・利用者の暴力はその人にとって，その介護を止めて欲しいというメッセージだと思った ・利用者にとって，楽ではなくても，自分がずっとやってきた方法が安心であることを学んだ
援助をしていく上での心構え	情報交換などのチームワークの大切さ	・職員間の話し合いや情報交換などチームワークの大切さ
	関わりの積み重ねの大切さ	・長年のつきあいでお互いを理解し合えるという関わりの積み重ねの大切さを学んだ

●「関わりを振り返っての認識」

カテゴリー	サブカテゴリー	コード
反省すること	自分の視野の狭さ	・時間内で介護をしようと思っていた ・利用者のことを見ていなかった ・自分の仕事の範囲を理解できていなかった ・相談できる人が限られており，自分だけで頑張ってしまった ・利用者のことをトータルに捉えてみていけると思っていた ・利用者の自分でしたいという気持ちを理解できず，楽な方法を薦めてしまい，利用者にとっては負担だったと思う
	後悔	・関わりでのストレスの発散ができていたら，退職せずに済んだかもしれない ・様々な検討や関わった結果として自分たちの対応が上手くいかなかった ・今は，利用者と良い関係は築けたが，よかったとは判断できない
	介護方法に対する職員の勝手な思い込み	・職員の考える利用者の対応は，職員側の勝手な思い込みもあるのだと思った
困難な関わりの原動力	困難な関わりを乗り越えた原動力	・仕事で辛くても，仕事後に同僚と飲みに行って話を聞いてもらったり，自分も話を聞いたりした ・職員側のレールに敷いた介護時間ではなく，その人の時間の過ごし方を大事にすることを理解し，冷静になることで暴力を振るう利用者の介護の辛さを乗り越えた ・失語症の人の言葉がわからないときは同僚が助けてくれた ・出来ない介護について聞いてもらったり，辛さを乗り越えたのは先輩のアドバイスが大きかった
達成感	関わりから逃げなくてよかった	・利用者との関わりから逃げなくてよかった
利用者との出会いに対する感謝	その利用者に出会えてよかった	・当時は苦しかったが，今はその人に出会えてよかったと思う ・最期までその人らしかったその利用者との出会いは大きかった
学びを伝えたい	学びを伝えたい	・利用者からの学びを後輩に伝えたい

な風に言われるんだろう，そういう風に思いました」と語るように，利用者の言うことや拒否する理由，対応方法など，利用者に対する《わからなさ》を痛感していた。同時に利用者の抵抗はもちろん，他の職員と比較し利用者と関われない自分に対する《つらさ》も感じていた。

それでも介護職員は，今は利用者に拒否され理解されなくても，「ずっと嫌われたままではいたくないし，好かれたいし，自分自身良いところがあるって思っている部分は見せたいし」と，少しでも自分のことを《わかって欲しい》，「とりあえず，知らないと，その人を知らないと，わからへんじゃ，ちょっと嫌だし」と，利用者のことを《わかりたい》という気持ちをもっていた。

また，利用者の元気な頃を知っているので，症状が激しくなった現実を《受け容れられない》，他の利用者とトラブルを起こす利用者に《共感できない》，利用者の家族にどう接してよいのか《緊張》を感じていた。

関わりの過程においても《わからなさ》《つらさ》は継続し，その中で，理解できない利用者の対応に《いらいら》するという精神的な余裕のなさも示された。他に，利用者と信頼関係が築けず《なじめない》，自分の関わり方が適切なのかわからない《不安》，家族の希望通りの介護方法では利用者に負担をかけるという《葛藤》が語られた。

援助に際しての志向

利用者のことがわからない，関われないといった苦しさを抱え，それでも介護職員は関わりの《手がかりを得る》ために，他の職員の対応を参考にしたり，職員間でわかり合える努力をしていた。

対応方法として，利用者のなじんだ呼びかけや好きなことを伸ばすなど，利用者に《安心や自信を与える》ことを心がけ，他の利用者を攻撃する利用者には他者への攻撃を防ぐようにし，攻撃を受ける側と双方の《尊厳を護る》ことを志向していた。

さらに，「その人に対しては結構私も苦労して苦労して，嫌がらはっても『また来たでー』って，（略），だんだん私を認めてもらおうと思って」と自分を認識してもらおうと関わり続けたり，「最初本当に怒られましたね。本当に入ってきたての頃は，わからないじゃないですか，だから，『これ？』『これ？』とかいろいろ言ったりしていましたね」と試行錯誤し，利用者に対して《あきらめない》姿勢で取り組んでいた。他に，自分だけが利用者に関われればいいわけではないと他職員と《協調》する志向が示された。

利用者の変化

利用者や自身に変化があり，介護職員が利用者と関われるようになるまでに，短い場合で１か月，長い場合は利用者が落ち着いて暮らせるまで３～４年を要したと語られた。

介護職員が認識した利用者の変化は，利用者が怒る要因や関わり方がわかり，それに応じた対応をすることで利用者の《精神的な安定》が図られたこと。また，利用者の攻撃が起こりやすい時に，互いにマッサージや話をすることで攻撃が減るなど，利用者にとって他者とのつながり感（《他者とのつながり感を得る》）や，安心感（《安心感を得る》）が得られていったことである。

ある介護職員は，介護抵抗がありトイレ誘導が困難だった利用者との関わりの中で，「ある時に，あの，『私もトイレに行くさかいに，一緒に行かへん？』って言ったんです，ほしたら，『あんたが行くんやったら一緒に行くわ』って，それ，信頼関係ですよね」と，《利用者が自分を信頼してくれるようになった》ことを認識していた。

また，「顔を覚えてくれて，名前までは覚えてくれないけど，あんたはここの人って」と語るように，関わり続けることで利用者が自分のことを覚えてくれたり，名前を呼んでくれるようになったと，《利用者が自分の存在を承認してくれるようになった》ことも認識していた。

介護職員の変化

介護職員は，利用者の情報を他の介護職員から得たり，関わりを通してその人のことを理解できるようになっていった。その《利用者理解の深まり》によって，利用者のことや対応方法が考えられるようになった。また，昔の苦労話を聞くことで，その利用者を《尊敬するようになる》，しなければいけないと押し付けていた介護が後からでも大丈夫と《待てるようになる》，利用者の希望や反応がわかってくると利用者との《関わりが楽しめるようになる》という認識の変化が語られた。さらに，ある介護職員は利用者の心の傷の背景を知り，「ああ，そこまで酷かったんやって，それが今につながっているから，今こうなるのは，何か，しょうがないといったら，言葉が悪いんですけど，そういう経験をしてきている人やから，だから，自分らがそこをケアしなあかんのやって思えるようになってきて」と語り，利用者のことを知ることによって使命感が高まったり，心身機能が低下し自ら訴えられなくなってきたが，訴えがなくても関わるようになるなど，利用者に対し《責任をもつ》気持ちが生じていた。

また，利用者からの攻撃も笑顔や温厚な部分を知ることで，《安心感が得られる》ようになったり，試行錯誤してきた中での《視野の広がり》，利用者の行動には訴えたいことがあるので好きなようにしてもらったらいいと利用者に対する《あるがままの受け容れ》が促されている。さらに，今までの過程をみてきて，利用者に対する《思い入れの強まり》も語られた。

他に，利用者との関わりを経験し，他の人にも対応できるようになったなど《技能の向上》が図られたこと，利用者から声をかけられるようになり，《働きかける意欲が増す》，自分が対応に《慣れる》ことが語られた。

しかし，介護職員の変化は好転的なことばかりではない。利用者が終末期を迎え，幸せな最期を迎えて欲しいと考えているが，その考えが押し付けになっていないかと《新たな不安》が生じたり，「何かここで信頼関係ができたと思ったら，また，『がくっ』となるというか」と関係は好転せず，《募るいらだち》によって最終的に退職したと語られた。

学んだこと，利用者との関わりを振り返っての認識

試行錯誤の関わりの中で介護職員は，利用者を理解することの大切さや利用者に安心してもらうために《利用者の存在を承認することの必要性》，利用者との距離のとり方など《利用者と関わる姿勢》を学んでいた。

ある介護職員は終末期で体調が悪く，代替方法を勧めても自分でトイレに行こうとする利用者について，「いろいろね，楽なこととか，便利なこととか，いっぱい社会にはあるけど，でも，自分がずっとやってきたことがやっぱり一番安心だったりとか」と，行為の根底にある《伝わりにくい利用者の気持ち》を学んでいた。他にチームワークなど《援助をしていく上での心構え》を学び，利用者からの《学びを伝えたい》という思いも示された。

また，「でもその時は，本当，自分が未熟やったと思うんです，時間の中で

介助をしようというところもあったんで，それが，今思えばね，自分の介助が適切じゃなかったんだろうなと」と語るように，当時の自分の考え方や対応について《反省すること》や《困難な関わりの原動力》として，他の職員との励ましやアドバイス，さらに，利用者にとっての必要性を理解することが語られた。そして，諦めずに利用者に関われたことに対する《達成感》や《利用者との出会いに対する感謝》の気持ちも示されている。

(3) 意思疎通の困難な寝たきりの利用者との関わりを通した介護職員の認識

ここまでみてきた介護職員と利用者との関わりは，介護拒否など対応の困難さもあった利用者も含め，働きかけに対して何らかの応答のある利用者との間でのことであった。それでは，認知症が進み，意思疎通も困難で寝たきりの利用者（以下，寝たきりの利用者）との間での「ケア」の実態はどうであろうか。まとめられたカテゴリーは，「利用者の変化」「利用者はわかっているという確信」「変化やわかっているという確信をもっての関わり」「利用者と関わった自分の変化」「利用者に対する関わりの工夫」「利用者との関わりから得た学び」「利用者に対する関わりの難しさ」の７つである（種橋 2012）（表３-11）。

実際，普段関わっていない寝たきりの利用者に食事介助を行っても，口を開いてくれなかったり，顔を背けられたりされたが，最近になって少し食べてもらえるようになったと，継続して関わることでの《利用者の変化》が語られていた。そして，普段の関わりにおいては，「意外とわかってはります，みなさん。目の動きとか，私はなるべく手を，『おはよう』って，手を触ってあげたりすることにしているんですね，こう，それで，きゅっと握り返してくれはったり，何か，返事とかもこの，感覚でわかったり，ちょっとにこっとしはったり，ちょっとした変化とか，そんなんがね，わかるし」と語るように，介護職員は意思疎通が困難でも，利用者にも何らかの変化があったり，自分たちの働きかけも《利用者はわかっているという確信》をもっていた。

そのような《変化やわかっているという確信をもっての関わり》として，利用者も言えないだけだからと，何も言ってくれなくても声をかけたり，話をし

表３-11　分析結果「意思疎通困難な寝たきりの高齢者（利用者）との関わりから得られた認識」

カテゴリー	サブカテゴリー	コード
利用者の変化	自分の介助で食べてくれるようになった	・なじんでいなかった利用者が，少し慣れて自分の介助で食べてくれるようになった
利用者はわかっているという確信	関わることで変化はある	・関わることで利用者にも変化はあるという確信がある
	利用者はわかっている	・利用者から返事が返ってこないと職員も不安になるが，利用者も無視をしているわけではないと思う ・意思疎通が困難でも利用者はわかっていると思う ・利用者に声をかけると反応があるのに，他の職員にはわかってもらえていない
変化やわかっているという確信をもっての関わり	声をかけ，話をする	・利用者も言えないだけなので，声をかけたり話をするようにしている
	気持ちよくしてあげたい	・利用者は言えないだけで，わかっているんだと思うと，少しでも楽に，気持ちよく介護をしてあげたいと思う
利用者と関わった自分の変化	表情の変化がみたい，声が聞きたい	・利用者の表情の変化が見たい，声が聞きたいと思う
	反応がうれしい	・利用者に対する働きかけに反応があるとうれしい ・何も言えない利用者の動かない手をマッサージするだけでも自分の気持ちがほっとする
	思い入れが強くなる	・利用者の元気な頃のことを知っていると，その人に対する思い入れは強くなる
	新人の頃は寝たきりの利用者に不安があった	・新人の頃は利用者に対し，拘縮が多く，胃ろうなどもしていて大丈夫かなと不安が強かった
利用者に対する関わりの工夫	利用者になじんだ声かけをしている	・先輩に昔からしていた声かけの仕方を教えてもらって声かけをしている ・今までにその人が送ってきた生活を参考に声かけを行っている
	介護以外の話をする	・利用者には，介護に関わる声かけしかしない職員が多いので，できるだけ違う話をしたい
	服のしわに気をつけて介護している	・利用者の介護では，服のしわが身体の同じ部分に当たらないように注意している
利用者との関わりから得た学び	思いを想像で解決するべきでないことを学んだ	・利用者が思っていることを想像で解決しようとしてはいけないことを学んだ
	利用者に接することの必要性を学んだ	・少し顔を見せるだけでも利用者には変化があるので，些細な変化に気づくために接しなければならないことを学んだ ・訴える人のところばかりではなく，自分から言えない利用者のところにもいかなくてはいけないと学んだ
	利用者に対する自分の認識が間違っていたことを学んだ	・利用者が大きな声かけや音に対して泣くと思っていたが，それもその人の返答であることを先輩に指摘されて，納得した ・どうせしゃべれないと思い，淡々と介護をしていたが，利用者の反応や先輩の関わりを見て，自分が間違っていたと思った
	介護技術を学ぶ	・利用者から介護技術を学ぶことは多い
利用者に対する関わりの難しさ	自分の関わり方が良いのかわからない	・意思疎通の困難な寝たきりの人にとって，自分の関わり方が良いのかわからない
	身体を動かせない辛さを汲み取ることが難しい	・利用者の思うように身体が動かせない辛さを汲み取ることが難しい
	意志をどう反映させるか難しい	・利用者が話せなくなったら，そのときに意志をどう反映したらよいか難しい

ながら介護を行ったり，目を見たり，触りながら話すことを心がけていることが語られている。また，利用者の返事はなくても，時折，笑顔を見せたり，表情に変化があったり，特定の時だけ一言言葉を発するなど，わずかな変化や応答がみられることがあるため，寝たきりの利用者の表情が見たい，声が聞きたいという《利用者と関わった自分の変化》が語られた。ある介護職員は，寝たきりで何もしゃべってくれなかったらその人のイメージは寝ている姿しかないが，少しでも動いてくれたりすれば温かさを感じ，イメージも変わっていくので，そのような反応を多く見つけられたら，と語っている。そして，また別の介護職員が「オムツを替えたら気持ちよさそうな顔じゃないですけど，ありがとうとは言わはらへんけど，表情がやわらいだりとか，体の向きを変えたら，ちょっと楽そうな表情になったりとかいうのを見ると，うれしいです。【笑】やし，うん。言葉はないけど，通じているかなって，私らの思いと向こうの，とか思いますけど」と語るように，寝たきりの利用者の反応に，うれしさや互いの気持ちが通じ合えていると実感していた。

しかし，「新人の頃は（寝たきりの利用者を）怖いと，拘縮が多いのと，胃ろうとか，大丈夫かなと不安の方が強かったですけど」というように，最初から寝たきりの利用者に対し関わることができる介護職員ばかりではない。また，利用者の元気な頃を知っていると，その人に対する思い入れは強くなることも語られていたが，入所期間が長い場合など，その利用者の元気な頃を知らない介護職員もいる。そこで，寝たきりの《利用者に対する関わりの工夫》として，先輩に昔からしていた声かけの仕方を教えてもらって声をかけている，今までにその人が送ってきた生活を参考に声かけを行っているといったことがあげられていた。

そして，「あの，大きい音とかが鳴るとわーって泣かはる人が居たんですけど，私はその，泣かはるのが，大きい音がしたからとか，声かけが大きすぎたからやっとかっていうのを思っていたんですけど，それも先輩に教えてもらったんですけど，その，わーって泣かはるのも，その方の，何ていうんですかね，返答じゃないですけど，【まあ，応えですよねえ】そうですね，なんじゃないのっていうのを言われて，あ，そうかと思って，」あるいは，「多分昔はもっと淡々とやっていたと思います，しゃべれへんし，結構，どうせしゃべれへんしとかぐらいは思っていたと思います【ああ】話しかけても返事ないしとか思っていました。【それが，まあ，関わったときに反応とかがあって】そうですね，それとか先輩の姿とかを見て，あ，こんな関わり，そっかあって，なったことあります，私間違っていたって（わからないわけじゃないんだって）うん，うん，うん」と語るように，先輩介護職員の関わり方やアドバイスから利用者に対する見方を学び，実際に自分が関わることで気づきが得られたことが語られている。他に《利用者との関わりから得た学び》には，利用者の変化に気づくために関わることや，自分からして欲しいことを言えない利用者のところにも行かなくてはならないと，積極的に利用者に関わろうとする姿勢があげられている。

しかし，それでもやはり，寝たきりの利用者は自分の気持ちを言葉にすることができないため，自分たちの関わりがこれでよいのか，その利用者の意思を反映できているのかわからない，さらに，今話せている利用者でも今後話せなくなったときに，意思が汲み取れるのかという不安が寝たきりの《利用者に対する関わりの難しさ》として語られていた。

3　考　察

利用者から気遣われ，助けられる（ケアされる）こと，関わりを通して得られた認識とは

「利用者から気遣われ，助けられる（ケアされる）こと」として認識されていたのは，利用者から《心配される》こと，《助けられる》こと，《護られる》ことであった。特に，前者２つは業務に追われ忙しくしている介護職員に対し，利用者が気遣ったり，心配して声をかけたり，介護職員の仕事を手伝ったりしていることである。また，《護られる》ことも，利用者からみて孫のように若い介護職員に対する利用者の気遣いである。これらのことは，利用者が介護職員自身やその介護職員の置かれた状況を理解した上で，共感して行っているこ

とで，先行研究が示すように介護職員の苦労している姿や若さという脆弱性に利用者が引き寄せられて気遣いや援助が始まっていることを示唆している（水野 1991；松田 2005）。

関わりを通した喜びや励ましにつながる認識のうち，主要な認識として，《自分の存在が承認される》ことがあげられる。介護職員は，利用者に気遣われ，自分のことを見ていてくれていると思うことや，利用者から名前を呼んでもらうことを経験していた。特に名前は，個人のかけがえのなさを具体的に象徴するものであり（田畑 1990），その名前を利用者から呼ばれるということは，他の介護職員とは異なる自分の独自性，自分の存在自体を利用者に認められていると実感できることである。

さらに，利用者やその家族からお礼を言われるなどし，《自分のしたことが承認される》ことを実感していた。このお礼や褒め言葉によって示される感謝の気持ちは，相手の立場を尊重することで発生する感情であるとされる（渡辺 2001）。このため，利用者や家族は，感謝の意を表し，介護職員がしてくれたことを認めるとともに，その介護職員個人を認めることにもつながっていると解釈される。

ここでいう，利用者から自分の存在が承認されることとは，ホネット（Honneth, A. =2003； =2005）が示す３つの承認の１つである「愛」の関係における承認，すなわち，その人の属性や持つ能力など何の条件にも拘らない，独自性をもつ一人の人としての自分の存在そのものの承認である。そして，そのような存在として承認されることは，自分自身への信頼を増し，自己意識の向上につながるものである（梶田 1988；田畑 1990；Honneth =2003； =2005）。特に，対応困難な利用者との関わりでは，関わりの頻度や時間の経過とともに，利用者が自分のことを覚えてくれたり，自分の声かけを認識してくれるようになったとして，自分の存在が利用者に承認されたことを利用者の変化として語っており，介護職員は，他でもない自分の存在自体が認められることを，対応困難な利用者との関係形成の一つの到達点として捉えている。

さらに，もう一つ，到達点として捉えられているのが《信頼される》ことである。信頼には，相手のもつ役割を遂行する能力に対する期待としての信頼と相手が信託された責務と責任を果たすという相手の意図に対する期待としての信頼という二種類の信頼がある（山岸 1999）。対応困難な利用者との関わりでは，介護拒否があり，どうやって関わってよいかわからなかった利用者から，「あんただったらいい」「あんたが一緒やったら」などと言われるようになっている。それは，利用者がその介護職員の役割遂行能力より，むしろ，その介護職員が責務や責任を果たすという意図，つまり，その介護職員の人となりを信頼していたと推察される。他者に対する信頼感は，安心感を生み，自律的に活動ができるようになったり，自己への信頼にもつながるもので，人間の発達には欠かせない感覚，感情である（Erikson, et al. =2001）。

したがって，介護職員を拒否したり，精神的に不安定で他者との関係を取り結ぶことができないでいた利用者が自分を信頼してくれるようになったと介護職員が実感するということは，そういった利用者が介護職員の働きかけによって安心感を得て，その相手を信じられるようになった，というように変化，成長していく可能性を示すものである。実際，介護職員からは，関わりを通して利用者に安心感と他者とのつながり感が得られ，穏やかになっていることが観察されている。

同時に，介護職員が利用者に《信頼される》ことは，利用者から必要な存在として認められることであり（Mayeroff =2003），自信につながるものである（竹松 2005）。また，信頼されることで，信頼してくれる相手に対して期待に応えたいと責任感が増したり，信頼してくれる存在自体が励みにもなる。

しかし，その一方で，介護職員は利用者からの信頼を求めていた。利用者には信頼関係を築くために自分ことを知って欲しいと語っていた。その語りからは，介護技術といった介護職員としての能力に対する信頼よりも，自分の人となりを理解し，自分自身を信頼して欲しいという思いがうかがえる。このように介護職員は，利用者との関わりの中で利用者からの信頼を実感しながら，関わる利用者には自分に対して継続的に信頼していて欲しいと思っていることが示された。介護職員が役割からだけではなく，人間として，自分が自分であるために，利用者という自分が向かい合おうとしている他者からの信頼を欲するのは当然であろう。

利用者の存在

介護職員にとって利用者の存在は，援助関係上，援助や気遣いの対象者（「ケア」の対象者）である。しかし，利用者と一緒に話しをしたり，ともに時間を過ごしたり，利用者と関わっていること自体において癒されたり，やりがいを得られることが語られていた。その上，利用者がいるから，あるいは，利用者と話ができるから，しんどくても仕事が続けられるとしている。これらの結果から，介護職員にとって，援助という仕事を通して関わる利用者の存在自体が，メイヤロフの言うところの，十分包括的にケアする対象である「相応しい対象（appropriate others）」であり，自分の援助や存在を認め，自分を必要としてくれている利用者とともにいる，あるいは，やりとりをしている今，ここそが，介護職員にとって，自分のやるべきことや求められていることについて了解性を増したり，心から安心して自分らしくいられる，「場の中にいること（in-place）」と考えることができる（Mayeroff =2003）。そして，このような利用者との関係性の中で，介護職員は充足感が得られ，さらに自律的な活動に向かっていくものと考えられる。

しかし一方で，入所施設の利用者は，施設生活において自分の思うような援助が受けられず，何もできない無力感や心身の衰えからのあきらめや葛藤を感じていることが報告されている（小倉 2005；藤野 2008）。生活上何らかの援助が必要である入所施設利用者の多くは，老いや障がい，あるいは，職員との関係や制約のある中での生活のしづらさによる無力感やあきらめの気持ちを多少なりとももっていることが推察される。しかし，利用者の送ってきた人生における経験や知識，そして，現在，生きづらさを抱えながらも他の利用者や介護職員を気遣い，つらさを受け止めていくなどの利用者の生き様，生きる姿は，介護職員に影響を与え，利用者に対する敬意を引き出すとともに，このように生きていきたい，逆にこのようではいけないなど，人生に対する指針を与えている。つまり，利用者の存在自体が，若い世代である介護職員に人生や生きることを教える存在であり，その存在自体に価値があるのである。ただ，多くの場合利用者は，自らの存在自体が介護職員である他者に何らかの学びや生き方を与え，教えている存在であるとは認識しておらず，施設での生活のしづらさの中で，十分な自信が得られていないのではないかと考えられる。

また，「ケア」の関係性においてノディングズ（Noddings =1997）は，助け合いとしてケアされる人のケアする人に対する応答を求めている。第２章で指摘したが，メイヤロフもケアされる人が「ケア」を受容できる状態でなければならないとし，「もし，ある人が脳に深刻な障害を負っていて，あらゆる意味において成長することができない場合，私は彼を慰めたり，彼の幸福に関わることはできるが，彼の成長を助けるという意味では彼をケアすることはできない」（Mayeroff 1971：43）としている。高齢者福祉施設であれば，認知症の利用者，寝たきりで意思疎通の困難な利用者や終末期にあり，意識がはっきりしない状態にある人などがメイヤロフのいう心身の成長，つまり，自己意識を高めるという意味での成長が困難な人たちであるとみなされる可能性がある。

しかし，寝たきりで意思疎通の困難な利用者に対し，日常の関わりの中で，介護職員は，彼らの少しの表情の変化や目や手の動きから，表現できないだけで働きかけがわかっている，関わる中での変化もあると確信し，それを前提に働きかけていた。そして，利用者のかすかな応答に喜びを感じ，今以上の変化が見たい，声が聞きたいと関わる意欲を高め，彼らとの関わり方を学んでいた。言い換えれば，意思疎通の困難な寝たきりの利用者は，介護職員の働きかけや日常の刺激に対し，その応答にどこまでの意思が込められているのか判断は難しい。しかし，彼らのわずかな応答でも，介護職員に自信や喜び，安心感を与え，介護意欲を引き出すなど，介護職員の利用者に対する気遣いや助けること（ケアすること）による学びや成長を助けているのである。そして，彼らの見せる少しの表情の変化や手足の動きも，介護職員からその利用者に向かう声や手の感触，お湯の温かさなどの心地よさや昔の記憶に促された応答である。つまり，寝たきりで意思疎通の困難な利用者も介護職員の働きかけによって，明確に認識されているかわからないが，安心感や充足感を得ていると推察されるのである（種橋 2012）。

さらに，終末期にある利用者に対しては，ある介護職員が終末期にある利用者に対し，好きだった音楽を流したり，花を生けたりして，その人にとって快適な環境を整えたり，いつ逝ってしまうかわからず心配で，朝も帰りも顔を見に行くと語っている。これは，その人の最期の時を快適にすごしてもらいたい，最期になるかもしれないので関わっておきたいという気持ちからの行為であり，利用者の最期を生きる姿が介護職員の「ケアしたい」という気持ちを引き出していることにほかならない。介護職員も終末期に関わることで，人の死を受け止める過程や終末期の利用者と家族の関係から人の生き方についても学んでいる。

終末期にあり，意識のない利用者は，介護職員の働きかけに顕著な応答することはできない。しかし，意識を失った終末期の利用者は，死に逝くプロセスにおいて自らの身体を通して介護職員に人の生のあり方や意味を教え，他者を気遣い，助ける機会や意欲を与えており，彼らもやはり，介護職員の成長を助ける（ケアする）存在なのである。

また，上記の通り，終末期の利用者のことが心配で朝も帰りも顔を見に行くという介護職員の語りについては，利用者と会うことが最期になるかもしれないので関わっておきたいという気持ちと解釈した。それは，特別養護老人ホームの介護職員を対象とした終末期介護に関する意識調査において，職員の誰かが死に逝く利用者の側にいることで，臨終に立ち会えない職員も安心して他の利用者の介護にあたることができ，最終的にその利用者の死を良かったと受け止められていることが報告されており（小楠ほか 2007），介護職員が利用者の死に際して，自分が，あるいは，自分ではなくても誰かがその利用者に関わっていて欲しい，つまり，利用者一人で最期を迎えて欲しくないという思いであると推察されたためである。そして，その思いは，われわれが他者との関係性の中で生きる人間存在であることを示唆するものと考えられた。

利用者に対する志向（ケアすること）

介護職員の利用者に対する志向として，利用者には穏やかに暮らして欲しいという利用者に対し《安心を与える》という志向や，利用者の残存能力を低下させていることに対する反省という形で語られた利用者の《自立を促したい》という，利用者の自信につながる志向があげられていた。この利用者の残存能力を維持，あるいは，伸ばすことで自立を支援することは，介護の原則や目標の一つとして掲げられている事柄である（小笠原 1995；中村裕子 2007；鎌田 2005）。特に認知症介護では不安の軽減や精神的な安定という形で言及されるが，利用者に安心感をもってもらうことが重要な介護目標とされている（室伏 1985；鎌田 2001）。本調査では，介護職員が利用者の変化として，関わりを通して安心感を得ていることや，できなかったことができるようになり自信を得ていることを実感しており，介護現場では利用者に安心と自信を与えるという志向は浸透しているといえる。

他の志向として，利用者を一人の人として見ていく《利用者の存在を承認する》こと，利用者に対する援助に《責任をもつ》こと，利用者のつらい思いや拒否する気持ちなど利用者の気持ちを《受け容れる》こと，利用者のもつ力を信頼し，利用者のすることを《待つこと》がまとめられている。これらの志向については，介護経験を積んで利用者のことを個人としてみられるようになったと《利用者の存在を承認するようになる》，利用者のことを知ることで，さらにきちんとみていこうと《利用者の介護に責任をもつようになる》ことや，利用者と関わってきて，利用者の好きなようにしてもらったらいいという考えに至り，《利用者を受け容れるようになる》と，関わりを通した変化としてもあげられている。このことは，これらの志向がこれまでの介護経験の中で介護職員が内在化してきた志向であり，さらに経験を積むことで，その重要性が再認識され，確信となって，強化されていると解釈できる。つまり，介護職員は利用者の変化や自分の認識の変化など，相手を気遣い，助ける（ケアする）ことによる結果やその過程での経験を自分自身に統合，内在化し，これらの志向をさらに強化させ，利用者に対し受容的な関わりを行うようになっていくと考えられる。

特に，対応困難な利用者との関わりにおいては，利用者の拒否する理由や暴言の意味が《わからない》，しかし，そのような利用者の思いを《わかりたい》，自分のことをいつかは《わかって欲しい》という介護職員の思いが語られていた。そして，介護職員は，利用者に自分を認識してもらうため，慣れてもらうために試行錯誤しながら関わり続けたり，関わりの手がかりを得ようと他の職員の対応を参考にしたり，職員間で対応を話し合っていた。これは，介護職員として介護の必要な利用者に対し働きかけなければならないという立場からだけの志向ではなく，利用者のことを知りたい，利用者にも自分のことを知って存在を認めて欲しいという，わかり合えない利用者とのつながりを希求するものでもあり，利用者の抱える苦しみを理解し，共有して，利用者本人に向き合おうとする志向でもあると捉えられる。したがって，利用者から拒否されたり，利用者の思いを理解できず，関われていない時とは，自身の存在が認められることも，信頼されることもない，その利用者から「ケアされる」という認識が得られない時であり，職員にとって不安感や緊張感が高まり，精神的に負担が大きい状態であると解釈できる。実際，そのような状況においては，同僚や先輩の励ましが介護職員の支えとなっていた。そして，時間の経過，関わりの経過とともに，利用者も次第に介護職員を信頼するようになるなど関係性も形成されていった。

ところが，常にそのように経過するとは限らず，やはり，関わる時間が経過しても利用者のことが理解できない，受け容れられない，そして，利用者からも気遣われたり，助けられたりすることもない（ケアされない）状況では，ある介護職員が語ったように，《いらだち》が続き，精神的に追い詰められ，退職につながっていた。ただ，その介護職員は当時の関わりを振り返って，「関わりの中でストレスが発散できていたら退職せずに済んだかもしれない，当時は苦しかったが，今はその人に出会えて良かったと思う。現在は対応の多少の困難さも平気になった」と語っていたことから，時間の経過とともに，また，他の利用者との気遣い，気遣われる「ケア」の関係性を経験することで，その時のことが学びに繋がった可能性があると考えられた。

また，利用者を援助していく過程で利用者を知ること，すなわち，利用者の身体，精神状態をはじめ，経験や生活暦，行動や感情，現状や将来に向けての認識などを知ることは，援助の方向性や具体的な援助方法を決めたり，利用者の独自性を認識するために重要な概念であることは以前から指摘されている (Radwin 1995；1996；Tanner, et al. 1993；Jenny, et al. 1992)。本調査においても，その利用者のことを理解するようになって，援助方法について考えられるようになったという語りもみられた。しかし，本調査では，既述したように，利用者の心の傷ややさしい一面を知ることがきっかけになって，その利用者をみていこうと援助に《責任をもつ》ようになったり，その人から攻撃されても《安心感を得る》ことができていた。また，利用者の生き様を知ることで《尊敬する》ようになることや，利用者の喜ぶことを知って自分もうれしくなり，利用者の少しの変化を知ることが楽しく，やりがいになっているとも語られていた。このことは，介護職員が利用者のもつ脆弱性や利用者自身のことを知ることによって，利用者を気遣い助ける（ケアする）志向を高めたり，安心感や学びを得ていることを示しており，利用者を知ることが単に利用者に対する援助方法の決定に貢献するだけではなく，「ケア」の展開を促進するものでもあるといえる。さらに，対応困難だった利用者の援助過程を振り返って，自分ひとりで何とかしようとしたり，それができると考えていたことが反省することとして語られていた。このように，利用者との関わりを振り返り，自分の能力の限界やなすべきことを知ることが自分自身のことを知ることにつながり，介護職員の人格的な「成長」，介護職員としての「成長」を促す手がかりとなると考えられる。

また一方で，対応困難だった利用者のことを日々考える中で，その人に対する《思い入れ》が強くなったり，他に，利用者のことを《放っておけない》という認識が語られていた。これらも利用者に共感したり，脆弱さを知ることで起こる感情で，介護職員のモチベーションの向上につながる感情でもある。しかし，そのモチベーションが利用者にとっての良好な状況への変化，成長に向かうのではなく，自分に対する承認の欲求を満足させるためのものになったり，利用者自身や利用者のもつ力を信頼できずにパターナリスティックで，独りよがりな関わりに陥る可能性もあり，注意が必要な感情であるといえよう。

4　介護職員の認識から明らかになった「ケア」の実態と「成長」

本章では，利用者との関わりにおける介護職員の認識から，利用者から「気遣われ，助けられる（ケアされる）」こと，利用者を「気遣い，助ける（ケアする）」ことについて分析し，介護職員の立場からみる「ケア」の実態を明らかにしようとした。その結果，立場上，援助する役割をもつ介護職員も利用者から心配されたり，助けられたりしており，仕事のつらさや若さという介護職員のもつ脆弱性を起因とした気遣いや助けを利用者から受けていた。そして，利用者との関わりの中で，利用者に必要とされたり，見てもらえていると実感するなど利用者から自分のことを個人として認識，承認されていることを感じたり，利用者の言動から自分が信頼されていると認識することで喜びを感じたり，励みになっていた。また，利用者のことを知っていくことや，利用者の存在自体，利用者とともにいることによっても喜びややりがいなど充足感を得ていた。

その一方で，利用者には，自分のことを信頼してもらうことを求めていることが明らかになった。

さらに，介護職員は利用者の姿や生き方から，人の生き方についての学びを得たり，利用者に対する認識や援助観の変化につながる気づきを得ていた。それは，利用者が，介護職員を心配したり助けたりするだけではなく，その生き様，存在自体によっても介護職員に様々な教えを与え，人として，介護職員としての「成長」を助ける（ケアする）存在であることを示している。

一方，利用者から拒否されたり，自らも利用者のことを受け容れられないという，利用者を気遣い助ける（ケアする）ことも，利用者から気遣われ，助けられる（ケアされる）ことも実感できない状況が続けば，人間として相手と理解し合い，つながり感を希求する介護職員には精神的な負担となり，退職につながる場合もあった。しかし，その場合でも，時間の経過と他の利用者との間で相互に気遣い，助け合う「ケア」の関係性を経験することによって，当時の分かり合えなかった利用者との関わりから学びが得られる可能性が示された。さらに，利用者を気遣い，助ける（ケアする）ことで，利用者を個人として承認していくことや，責任をもって関わり，介護していくこと，利用者を信頼して待つこと，利用者のあるがままの姿を受け容れるといった志向を増しており，その契機のひとつとなっているのは利用者のことを知ることであった。また，利用者を気遣い，助ける（ケアする）過程を振り返り，自分の関わりについての反省が語られていたが，関わりを振り返ることによって，自分ができなかったことやなすべきことを知るなど，自分のことを知ることにもつながると考えられる。

これらの実態を介護職員の「成長」という視点からまとめると，介護職員は，利用者が自分たちの仕事の忙しさやつらさを理解し，気遣い，助けてくれることによって，あるいは，利用者に必要とされたり，自分のことをみてくれていると感じたりし，利用者が自分のことを他の職員とは異なる存在として認識してくれている，信頼されていると実感することでうれしさを感じ，充足感や自信，仕事に対する動機づけが得られるという「成長」が示された。さらに，利用者の存在自体や，利用者とともにいることによっても，癒されたり，充足感や動機づけが得られたりしている。

また，利用者を気遣い，助ける（ケアする）過程においては，利用者を個人として認識したり，利用者の気持ちやつらさを抱えても自分なりに生きていこうとする利用者の姿勢を知ることによって，利用者の存在のかけがえのなさや人間のもつ強さなど多くのことを学んでいた。また，逆に，そうならないようにと反面教師としたり，利用者の抱える問題を自分の問題としても捉え，利用者との関わりで得た学びを自らに統合させ，今後の生き方に反映させようとしていた。

特に，対応困難であった利用者とのやり取りにおいての認識でも顕著であったが，利用者のことを知ることによって，さらに利用者を個人として認めていこう，責任をもってみていこうとするなど，介護職員は，利用者のつらさ，脆弱性を知ることによって利用者を気遣い助ける（ケアする）志向をさらに強めており，利用者のことを知ることが受容的な関わりにつながることが示唆された。同時に，対応困難であった利用者との関わりについては反省することが多く，それが援助者としての学びや自分自身に対する理解にもつながることが示された。

介護職員の語りにおいては，「成長」したと完成形として語られることはなかった。しかし，本調査によって，利用者との関わりを通して，人格的にも援助者としても「成長」する過程にある介護職員の状況が明らかになった。

注

(1)　質的内容分析の分析方法を示したグラネハイムら（Graneheim, et al. 2004）の論文は，論文検索サイト SciVerse Scopus によれば 2012 年 1 月 30 日の時点で，1041 論文に引用されており，2005 年で 21 本，2006 年で 46 本，2007 年で 92 本，2008 年 139 本，2009 年 173 本，2010 年 265 本，2011 年で 288 本と，年々その数が増加している。

第4章
利用者からみた介護職員との間で展開される「ケア」

前章では，介護職員と利用者の間で展開される「ケア」の実態を介護職員の認識から明らかにして示した。本章では，利用者の介護職員との関わりにおける認識から，介護職員と利用者の間で展開されている「ケア」の実態を明らかにするために，第3章で示した調査の対象者である介護職員と同じ介護老人福祉施設の利用者を対象として実施した，介護職員との関わりの中で得られたことや自分の変化，介護職員を助ける（ケアする）ことについて尋ねたインタビュー調査の分析結果を報告する。

1　調査方法

調査対象者と調査方法

調査対象者はA市内にある介護老人福祉施設5施設で生活をする15名の利用者である。調査対象者の生活する施設は，第3章で示した介護職員と同じ施設である。調査対象者は，30分程度のインタビューが可能で，調査に自身で同意できる利用者として各施設に3名ずつ依頼し，施設が任意に選定した利用者である。

調査対象者の属性は，女性が14名，男性は1名。年齢は，70代が4名，80代が7名，90代が4名である。入居年数は，3年未満が6名，3年以上6年未満が6名，6年以上が3名である。日常生活動作（移動）は，独歩が1名，杖歩行が1名，押し車使用が2名，車椅子使用が11名である。

調査時間は一人当たり29分から48分で，半構造化面接を行った。調査場所は，対象者によって異なり，会議室や談話スペース，居室で行われた。内容は

ICレコーダーで録音し，逐語録を作成した。インタビューと逐語録作成は筆者自身が行った。3名のみ録音が認められなかったため，筆者が内容を記録した。後の分析に差し支えないようにできるだけ話された言葉を忠実に記録することに努めた。調査時期は2007年12月28日～2008年8月24日である。

2名のみ，1回目のインタビューにおいて話された内容の確認のため，10分程度の追加調査を行った。また，1名は本人の希望でフロアの介護職員が同席したが，本人に話しづらい様子はなく，むしろ，和やかに話しており，調査に差し支えないと判断した。

介護職員との関わりを通して得られたことや介護職員を気遣い，助けたり，ケアする経験，自分の変化について尋ねるためのインタビューガイドは，①入所当時を振り返って「介護職員に対して思ったこと」「今，介護職員に対して思っていること」②普段の生活を振り返って「介護職員との関わりで良かったこと，うれしかったこと，嫌だったこと」「印象に残っている介護職員のこと」「自分の気持ちが変わったこと」「介護職員に教えられていること」「介護職員に教えていること」「自分にとって介護職員はどんな存在か」などである。

分析方法

本調査結果の分析は，介護職員に対する調査と同様，帰納的な質的内容分析であるグラネハイムら（Graneheim, et al. 2004）のQualitative content analysis in nursing researchを参考とした。分析手順は以下の通りである。

①分析単位（unit of analysis）を，利用者に対して行ったインタビュー調査の逐語録とする。②内容領域（content area）を「ケアすること，されること，関わりを通した変化」「印象に残っている介護職員とのこと」に関する語りと定義する。③調査対象者ごとに作成した逐語録を繰り返し精読し，意味上まとまりのある部分を取り出し（意味単位「meaning unit」），一行程度でその内容を要約した「要約意味単位（condensed meaning unit）」を作成して，それらを各領域に分類した。④次に各領域において「要約意味単位」の内容が類似しているものをまとめ，「コード」を作成。⑤さらに，「コード」をまとめ，「サブカテゴ

リー」を作成する。⑥「サブカテゴリー」の意味を解釈し，類似の意味をもつ「サブカテゴリー」をまとめ，抽象度を高めて命名し，「カテゴリー」とする。さらに，類似したカテゴリーをまとめたものが「テーマ（thema）」である。

なお，本文中では，「サブカテゴリー」を〈　　〉，「カテゴリー」を《　　》で記した。調査対象者の語りは「＿＿」で記し（筆者の言葉は【　　】），語りの中で省略された言葉を（　　）で補足した。

分析の妥当性を高めるため，段階③〜⑥について，社会福祉士・介護福祉士資格をもち相談業務・介護業務の経験のある介護労働者１名と内容検討を行った。また，信頼性を高めるために，「コード」「サブカテゴリー」「カテゴリー」を「テーマ」ごとに表にして示し，分析の過程を明示することとする。なお，利用者は多くの場合，介護職員のことを「寮母さん」と呼んでおり，利用者の語りを引用している部分ではそのまま表記した。

倫理的配慮

倫理的配慮については，調査結果は学会報告や論文の形で公表するが，話した内容や基本属性については，個人を特定できないようにすること，研究以外の目的に使用しないこと，インタビューは途中でやめることができること，IC レコーダーで録音した内容は研究が終了したら破棄することを説明した。調査に対する同意を得た上で同意書に署名してもらった（一施設の３名は筆者が施設長宛に誓約書を提出）。さらに，１名については，上肢に障害があり署名ができないため，本人の同意を得て職員が代筆を行った。

2　結　果

(1) 介護職員から気遣われ，助けられる（ケアされる）こと，関わりの過程で得られた認識

分析の結果，内容領域「ケアすること，されること，関わりを通した変化」からは，「介護職員から気遣われ，助けられる（ケアされる）こと」「気遣われ，

助けられる（ケアされる）ことによる相互作用」（表4－1），「関わりにおける介護職員に対する認識」（表4－2），「介護職員に対する希望」（表4－3），「介護職員に対する気遣いや助ける（ケアする）こと」「気遣い，助ける（ケアする）ことによる相互作用」（表4－4），「介護職員に対する遠慮」「自分の変化」（表4－5）の８テーマが生成された．

「介護職員から気遣われ，助けられる（ケアされる）こと」「気遣われ，助けられる（ケアされる）」ことによる相互作用

調査対象者である利用者は，施設での日常生活の中で介護職員から，トイレ誘導などの排泄介助や車椅子の移乗介助，入浴時の洗身や衣類の着脱などの身体介護や見守り，シーツ交換など環境整備などの家事的援助を受けたり，話をするなど介護職員と関わりをもっていた。そういった中で利用者は，介護職員が「何かあったらおいやっしゃ」などと声をかけてくれたり，わからないことを教えてくれることにうれしさを感じたり，排泄を失敗した時など，頼みにくいことを頼んでいる時に笑顔で対応してくれると気が楽と語り，介護職員が《配慮してくれる》ことを認識していた。

他に，「それでも，寮母さんは見ててくれる。じっとすることを見てる。これは危ないと思ったら来てくれる。ほったらかしということはないので，【安心ですね】見てはりますもん。他の人をやっていても見てますもん」と，介護職員がいつも自分のことを気にかけ，《見てくれている》，自分の身体のことを《心配してくれる》，家族よりも大事というくらい《親切にしてくれる》という認識を得ていた。

さらに，介護職員が自分の気持ちや考えを支持してくれる，頼んだことや介護をきちんとしてくれるなど，介護職員が自分のことをきちんと《受け容れてくれている》ことや，歩行が困難になった時に，介護職員が一生懸命になって車椅子操作を教えてくれ，自分のことに懸命になってくれたなど，介護職員が《自分のためにしてくれる》ことにうれしさを感じていた。

介護職員の働きかけによる相互作用として，このような気遣いや助けてくれ

表４－１　分析結果「介護職員から気遣われ，助けられる（ケアされる）こと」
「気遣われ，助けられる（ケアされる）ことによる相互作用」

●「介護職員から気遣われ，助けられる（ケアされる）こと」

カテゴリー	サブカテゴリー	コード
配慮してくれる	声をかけてくれる	・介護職員に何かあったら言ってくださいと言われたらうれしい ・介護職員から「朗らかやね」，「頑張りはりますね」と言われたらうれしい
	いろいろ教えてくれる	・介護職員はわからないことをいろいろ教えてくれてうれしい
	嫌な顔をしないできちんとしてくれる	・排泄を失敗したときなど，嫌な顔をしないでちゃんとしてくれた
見てくれている	いつも自分を見ていてくれる	・介護職員はいつも自分のことを見てくれていると思う ・入所当初，悲しくて泣いていたら，介護職員が声をかけてくれたり，部屋を覗いてくれた ・自分がいらいらするのである職員さんに説教もされるが，その人は温かくて，自分のことをいろいろ見ていてくれている
心配してくれる	心配してくれる	・介護職員が自分のことを心配してくれるとうれしい
親切にしてくれる	親切にしてくれる	・介護職員は自分の家族より大事というくらいに親切にしてくれる ・介護は親切にしてくれる
受け容れてくれている	自分の気持ちや考えを支持してくれる	・自分の気持ちや考えを支持してくれる職員がいてくれてうれしい
	頼んだことや介護をきちんとしてくれる	・介護職員は言うことを聞いてくれる ・介護職員は頼んだことや介護をきちんとしてくれる
自分のためにしてくれる	自分のことに一生懸命になってくれる	・車椅子に乗れるように介護職員が一生懸命になってくれ，自分でこげるようにもなったのでうれしい
	個人的に気遣ってくれる	・入所した夜のうちに，足台を作ってもってきてくれて今も大事にしている ・自分のことに気をつけて早めにトイレ誘導してもらえるとうれしい
	何かしてくれること自体がうれしい	・一人暮らしだったので介護職員が何かしてくれること自体がうれしい

●「気遣われ，助けられる（ケアされる）ことによる相互作用」

介護職員の存在のおかげで	介護職員が良い人なので，施設で生活してこられた	・介護職員が良い人なので，この施設で長いこといられる ・施設のみんなが親切なので今日までやってこれたと思う
	介護職員のおかげで入所時に緊張や不安がなかった	・介護職員が良かったので入所時に緊張することはなかった ・介護職員たちみんなが一緒なので不安は感じなかった
きちんとしてくれたので	ちゃんとしてくれたので，施設に慣れないといけないと思った	・入所時に，介護職員がちゃんとしてくれたのだから，自分も施設に慣れないといけないと思った
自分ことを知ってくれているので	自分のことを知っているので，逆に介護職員のことを知りたくなった	・介護職員が自分のことを何回も聞いて知っているので，自分も介護職員のことを知りたくなった
	自分のことを知ってくれているので安心	・介護職員が自分のことを知ってくれて安心した

表4－2　分析結果「関わりにおける介護職員に対する認識」

カテゴリー	サブカテゴリー	コード
共感する	介護職員は大変	・いろいろな利用者がいて介護をするのも大変だなあと思う ・忙しそうにしている介護職員が大変だなあと思う ・若い人が，おしめを替えるのは可哀想と思う
助けてあげたい	介護職員を助けてあげたい	・介護職員に楽をさせてあげたいと思う ・介護職員は忙しく走り回っているので，自分も走れたら一緒に走ってあげるのにと思う ・自分も腰痛が辛かったので，介護職員を見ていたら何とかしてあげたいと思う ・介護職員も自分の人生があるのだから，利用者から頼られてばかりではかなわないだろうなあと思う
介護職員のことを認める	老人保健施設よりも今の施設の介護職員の方がいい	・前の施設（老人保健施設）よりも，今の施設の介護職員のほうがいいと思う
	介護職員は親切でいい人ばかり	・介護職員は親切でいい人ばかりと思う ・介護職員が親切なので，うれしいと思う
	介護職員はよくやってくれている	・若い介護職員がよくやってくれていると思う ・介護職員は一生懸命やってくれていると思う ・介護職員は嫌なこともあるだろうが，あんじょう介護をしていると思う ・介護職員に「ご苦労さん」と言っても，それが当たり前のこと，と言うと思う
	介護職員との間で嫌な思いをしたことがない	・介護職員と関わって嫌な思いをすることはない
感謝する	介護職員に対する感謝	・介護職員には，いろいろしてもらってありがたい
信頼する	介護職員に対する信頼	・自分のことをよく知ってくれている介護職員だったら大丈夫だと思っている ・自分の体のこともよく知っていてちゃんとしてくれる ・介護職員は若いが，この頃は若い人の時代なので心配ではない ・困ったことがあれば介護職員に相談するし，頼りになる
感心する	若い介護職員は他の同年代の人より人間ができている	・若い介護職員は他の同年代の人より人間ができていると思う
	介護職員の専門性に対する感心	・介護職員は新人職員にも上手に教えてあげていて感心する ・介護職員は仕事でしなければならないことをよく知っていると思う
	介護職員の前向きさは偉いなあと思う	・介護職員は若い人ばかりで，前向きに考えて，何でも思っていることをするので偉いなあと思う
	温かい心をもっているから，この仕事が続く	・介護の仕事をする人は温かい心をもっているからこの仕事が続けられるのだと施設に来てわかった
教えられる	介護職員を見習いたい	・自分も若い介護職員のように前向きに考えないといけないと思う ・よく気がつく介護職員を見て，この人みたいに気がつかないといけないと反省することがある ・若い人は物事をするのが早いので，自分もそんな風にできたらいいなと思う
励まされる	介護職員から元気をもらう	・若い介護職員から元気をもらっていると思う
癒される	職員同士の仲のいい様子が気持ちよい	・職員同士の仲がいい姿を見ていいなあと思う ・介護職員の言葉は，ほんわかして温かいいい言葉だと思った
自身の存在を示す	記念の言葉や自分の作品をあげる	・退職する介護職員や実習が終了する学生のために，それが形見になると思って，頑張ってお別れの言葉を書いている ・自分で編んだ小さな靴を介護職員や，友達にあげている
それなりと思う	介護職員もそれなりと思う	・いろんな介護職員がいてそれなりである
教え，教えられることはない	教えたり教えられたりすることはない	・介護職員に教えたり教えられたりということはない

表4-3　分析結果「介護職員に対する希望」

カテゴリー	サブカテゴリー	コード
受け止めて欲しい	話をしても，受け止めてくれていない	・介護職員は，自分が真剣に話していても，受け止めてくれていないと感じることがある ・困ったことがあっても，男性職員は聞いてくれないかもしれないので，まあいいやと思ってしまう
見ていて欲しい	自分を見ていて欲しい	・介護職員に自分を見ていて欲しいという気持ちがある
	男性職員より女性職員の方が，細かいところまで見てくれる	・男性職員よりも女性職員のほうが，話がかみ合うし，細かいところまで見てくれていると思う
本音を言って欲しい	本心からの気持ちを伝えて欲しい	・介護職員の言葉ではない，心の底からの気持ちが大事だと思う ・介護職員には，お上手ではなく，本心からの気持ちを伝えてもらいたいと思う ・自分のしている作業に対して，口先だけでお礼を言うなら，少しでも手伝って欲しいと思う
	介護職員も遠慮してはっきり言わない	・介護職員も遠慮して，はっきり言わないこともある
配慮して欲しい	頼む前に気がついて欲しい	・介護職員は，して欲しいという前に気がついてしてくれるのが良いと思う
	外出時の気遣いが足りない	・好きなものを食べに連れて行ってくれたが，結局は介護職員の好みのものになっていた ・滅多にない外食だから，好きなものを食べても良いよと優しい一言が出たらよいのにと思う
	気をよくして，自分の言うとおりにしてくれたら結構と思う	・介護職員が気をよく，言うとおりにしてくれたら結構だと思う
	何かする前には一言言って欲しい	・介護職員には何かする前に一言言ってもらいたい

表4-4　分析結果「介護職員に対する気遣いや助ける（ケアする）こと」
「気遣い，助ける（ケアする）ことによる相互作用」

●「介護職員に対する気遣いや助ける（ケアする）こと」

カテゴリー	サブカテゴリー	コード
配慮する	忙しい介護職員に対する気遣い	・介護職員は忙しいことが悩みなので，自分から仕事のことを言ったことはない ・介護職員に，声をかけたりし，気遣っている ・恩を着せることはしたくないので，心の中で「ご苦労さん」と言っている ・介護職員には，「忙しいなあ」「ご苦労さんやったね」などとねぎらいの言葉をかける
	忙しい介護職員の仕事量を増やさない	・介護職員は忙しいので，これ以上迷惑をかけないように，風邪を引かないように注意したり，勝手に移乗しないようにしている ・介護職員は忙しいので，できるだけ，自分のことは自分でできるようにしている
	自分よりも，介護職員の希望を聞いてしまう	・介護職員に自分の希望を聞かれているのに，つい，介護職員の希望を聞いてしまう

	介護職員に苦情をいう時には根を残さないようにする	・介護職員に苦情を言うときは，根を残さないようにしている ・介護職員に怒った後は，介護職員が声をかけやすいように自分からしゃべりに行くようにしている ・介護職員は孫の世代なので，これは言ってはいけないとか，抑えないといけないと思う
心配する	介護職員に対する心配	・自分の経験から，結婚退職した介護職員も帰りたいと泣いていないかなと思う ・若い介護職員を見ていて，大丈夫かなと思うときには，注意をしたり，声をかけている ・介護職員が元気でいたらそれでよく，体調を崩していたら気にもなる
許容する	十分な介護ができなかったり，雑な介護職員に対する許容	・若い職員も慣れれば介護ができるようになるので，最初はできなくても仕方がないと思っている ・介護職員は，孫の世代なので，注意することがあっても仕方がないかと思っている ・対応が雑だったり，きつい介護職員にも事情があると思う
教える	自分の経験を伝える，教える	・入院時に覚えて，自分が癒された経験をした手作業を教えている ・相談を持ちかけてくる介護職員には，その人にいいように言ってあげる ・介護職員から家庭のことや結婚のことを聞かれたら教えてあげたりすることもある
	介護職員に見習いたいといわれる	・ラジオ体操など運動をしているので，介護職員から見習わないといけないといわれる ・自分は辛抱強いので，介護職員に見習いたいといわれる ・介護職員に見習いたいといわれると恐縮する
	介護職員に見習ってもらえるようでいたい	・介護職員に見習ってもらえるようでいたい
	教えられることが多いと言われる	・自分にはわからないが，介護職員から教えられることが多いと言われる
励ます	介護職員に元気をあげている	・介護職員に元気をあげている

●「気遣い，助ける（ケアする）ことによる相互作用」

カテゴリー	サブカテゴリー	コード
やりがいを得る	自分の手伝いに対する職員の感謝の気持ちに感じる喜び	・お手拭巻きの仕事に職員が声をかけてくれ，ありがとうと思っていると受け止めて喜んでいる
	頼られるとうれしく，また話を聞いてあげようと思う	・介護職員に相談という形で頼られるとうれしくて，また聞いてあげようかなと思う
	介護職員にしてあげて，自分にも励みになっている	・自分の作ったものを実習生にもあげていて，それは自分の励みになっている ・自分のあげた手作りの物を，その人が，かばんなどどこでもつけていてくれていたらうれしい
「報酬」を得る	人に物を教えることも自分のためになる	・人に物を教えてあげることは自分の財産になると思う ・人にものを教えて喜んでくれたらそれでいいと思っている
	介護職員に楽をさせたくてしている車椅子自走は，自分のためにもなる	・介護職員に楽をさせたくて，自分で車椅子をこいでいるが，結局は自分のためにもなる

表4-5　分析結果「介護職員に対する遠慮」「自分の変化」

●「介護職員に対する遠慮」

カテゴリー	サブカテゴリー	コード
介護職員を立てる	介護職員がしてくれるので，言うことは聞かないとと思う	・介護職員の言うことは，常識的なことなので聞かないといけないと思う ・介護職員に介護をしてもらっているので言うことは聞かないといけないと思う ・介護職員は世話をしてくれるので，目上の人と思って尊敬しないといけないと思う
失礼なことはしない	介護職員に失礼なことはしない	・人違いで名前を呼ぶと失礼になるので，職員の名前は覚えないようにしている ・介護職員には，自分が差し出たとことを言わないようにしている
迷惑をかけたくない	介護職員に迷惑をかけたくない	・介護職員には無茶は言えないので迷惑をかけないようにしている ・自分でトイレに行けたら，介護職員に頼まなくてもよいのにと思う
合わせる	介護職員の忙しさゆえの我慢やあきらめ	・介護職員は忙しいので，どうしてもという時以外は我慢している ・介護職員の人数も限られ，忙しいので，待ったり，介護職員の時間に合わせなくては仕方がないと思う

●「自分の変化」

カテゴリー	サブカテゴリー	コード
性格の変化	性格的な変化	・入所して，介護職員と話をしていて自分の心が素直になった ・施設のみんなに支えられ，自分が朗らかになった ・よくしゃべるようになった
関わることでの喜び	人と関わることでの喜び	・介護職員と関わるようになって「寮母さん，ありがとう」ということが増えた ・施設に入って，今まで以上に人の温かい心がうれしいと思うようになった ・子供の頃から障害があり，友達もいなかったので，入所して集団生活が出来，若返ったみたいでうれしい
安心した	安心した	・家に一人でいたときは，気も張っていたが，今は，安心で気が楽である

る《介護職員の存在のおかげで》入所時に不安や緊張を感じなかった。あるいは，介護職員が自分に対し《きちんとしてくれたので》，施設に慣れようと思った。さらに，介護職員が《自分ことを知ってくれているので》安心したり，逆に介護職員のことが知りたくなったと語られた。

関わりにおける介護職員に対する認識

利用者は，忙しくしている介護職員に対し，「いろんな人が，患者が居はるでしょ，耳も聞こえんし，言葉もまともに言えへんし，ね，それでいろんなことをしてあげないかん人もいる，そりゃしんどいですよ，見ていたら，【そうでしょうね】はあ，大変やと思う」と語り，《共感する》と同時に，「一生懸命忙しいさかいね，もう，走り回ってはりますよ，そやさかいに，いやあ，もう，私も走れたら，走ってあげるのになあと，思う時もありますよ，本当にね，【代わりに？】このお仕事大変ですしね」と，介護職員を《助けてあげたい》という思いを語った。そして，自分たちよりも若い介護職員が一生懸命介護してくれることに対し，よくやってくれていると《介護職員のことを認める》ことや，《感謝する》気持ちを示していた。

他に，利用者は，自分のことをよく知ってくれているから大丈夫，あるいは，困ったことがあれば相談するし頼りになると，介護職員を信頼していた（《信頼する》）。他にも，介護職員は若い人が多く，何でも前向きに考えて思っていることをするので偉いと《感心する》といった介護職員に対する認識や，考えが前向きであったり，よく気がつく介護職員を見ていて自分も見習いたいと，介護職員から《教えられる》こと，さらに，介護職員から元気をもらうなど《励まされる》，介護職員同士が助け合って仲良くしている様子を見ることで《癒される》といった，介護職員の姿から得られる認識が語られた。

また，退職する介護職員や実習生に頼まれて励ましや記念の言葉を記すことで，《自身の存在を示す》ことが語られた。

その一方で，大勢いる介護職員の中には親切でいい人と思える人ばかりではなく，介護が雑であったり，早く介護を済ませてしまいたいのではないかと思うこともあり，いろいろな介護職員がいて《それなりと思う》，介護職員との間に《教え，教えられることはない》と語る利用者もいた。

介護職員に対する希望

介護職員に対する希望としてまとめられた４カテゴリーは，介護職員から受け容れられていない，ケアされていないという認識を示すものであった。例えば，ある利用者は，「こっちが真剣になった時【真剣になった時】うん，真剣になって話した時，そういう時に感じた。はあ，この人真剣じゃないんだなあと【そういう時もある】うん。だから，真剣なときって人間はあるからねえ【ありますねえ】と思うんだよ，【あります】そういう時は感じるんだよ，あー，この人は真剣じゃねえのかなって。だから，そういう時が（気持ちが）離れてるなあって」と，自分が真剣に話をしても介護職員が受け止めてくれないと語り，自分のことをきちんと《受け止めて欲しい》という思いを示している。さらに，この利用者は，介護職員には自分を《見ていて欲しい》という気持ちがあるが，男性は振り向いてくれない。女性なら細かいところに気がつくのでいいと語った。

他にも，介護職員は自分に対し否定するようなことを言わなかったり，頼みごとも回りくどいため，《本音を言って欲しい》，自分が部屋にいない時に介護職員にタンスを整理されたことがあり，何かする前には一言言って欲しいなど《配慮して欲しい》という思いがあげられた。

介護職員に対する気遣いや助ける（ケアする）こと，気遣いや助ける（ケアする）ことによる相互作用

利用者は，忙しくしている介護職員に対し，「ご苦労さんやったね」など労いの声をかけたり，ある利用者が「もうなあ，とにかくなあ，嫌な顔せんと，笑うといでや」と声をかけると，介護職員も「○○さん，それが一番やな」といって互いに慰め合うと語るように，介護職員を励ましたり，つらさを共有するなど忙しい介護職員に対する気遣いを示している。

また，ある利用者は「ただベッドからこれ（車椅子）に移るときにやねえ，もし滑ってこけたら何にもならんし，と思って，【怪我しちゃうから？】怪我するし，迷惑かけるさかいに，そんで，勝手に乗らしませんやん」と語り，転倒を防ぐことで忙しい介護職員の仕事量を増やさないように配慮していた（《配慮する》）。また，介護職員に苦情を言った時には，介護職員も自分が苦情を言ったことで声をかけにくいだろうと思い，自分から話しかけにいくと語った。これは，自分の経験を踏まえた，孫くらいの世代の介護職員対する配慮である。

同様に，ある利用者は，自分が戦時中，結婚して地元を離れ，悲しさと怖さで泣いていたことに照らして，「○○さん（結婚退職した介護職員の名前）帰りたいって泣いてはらへんかなあって（笑）」と，結婚退職した介護職員のことを自分のことのように《心配する》など，利用者は，様々な人生経験を経ているが故の気遣いをしていた。

さらに，ある利用者は，「その人の，しようと思ってはるのがあるしね，あんまりそんな言ったらいかんし（略）【それは，遠慮ですか？】そうかなあ？　遠慮なのかな？　そんなん，そのうちに覚えはるやろうと思うわな【信じて待っているんですかね】（笑）【なるほど】たいがいまあね，やってはりますけどね【でも最初のうちは仕方ないですかね】そうです。慣れてきはったら，わかりますやん。こういう風にしたらいいねんなって」と語り，介護職員も最初は上手に介護できなくても慣れたらできるようになると受け止めている。別の利用者は，自分の若い頃を思い出し，孫のような若い介護職員が十分なことができなくても仕方がないと思っていたり，介護が雑だったり，不機嫌な介護職員にも「（自分は）長い間も所帯ももってますし，時代も送ってますし，そんなに苦にしませんけど，そやけど，若い人やったら，こういう大勢のところへね，勤めてたらいろんなことがあるのと違いますか？」と，自分の経験を踏まえて介護職員を《許容する》気持ちを語った。

また，ある利用者は，昔入院した時に手作業をすることで自分が癒された経験があり，その手作業を自施設の介護職員だけでなく研修に来た他施設の介護職員にも教え，そこの利用者に伝えて欲しいと，自分の経験を《教える》ことで他の人を助けようとしていた。

逆に，ある利用者は，自分の辛抱強い性格や積極的に運動していることを介護職員に見習わないといけないと言われると語っており，利用者の考え方や生き様自体が介護職員に何らかの教えを与えていると考えられた。

ほかに，自分のありのままの元気な姿を見せることによって介護職員を《励ます》ことが語られた。

ケアすることによる相互作用として利用者は，お手拭巻きの際に介護職員に声をかけられることについて，「明らかには言わないけどね，【ありがとうっていう感じですか？】そうそう，そういう意味でしょ，私はそういう風に受け止めて，喜んでいるんです。『してもうて，もう』って言われたら困るけど，まあ，あの，できるだけのことはして差し上げたらよいわって思って」と語り，自分がしたことが介護職員に受け容れられたり，感謝されることに喜びを感じたり，さらに意欲を高めるなどやりがいを得ていた（《やりがいを得る》）。

また，忙しい介護職員をゆっくり歩かせてあげたいので，自分で車椅子をこぐと語った利用者は，さらに，「でも，それは人のためではないんで，我がのため【でも，回りまわって寮母さんのためにもなりますよね】そうしていたら，わが身にも戻ってくるからな」と語り，介護職員を助けたり，教えることによって，自身も何らかの《「報酬」を得る》ことにつながっていた。

しかし，排泄介助を要するある利用者は，筆者が職員から聞いた，利用者の頑張る姿が職員の励みになることもあるという話に，「自分ができひんから，そこまで，私，気いつけてへんけど，自分ができひんことばっかり思って」と語り，自分が介護職員を助け，励ますといった認識をもてないでいた。

介護職員に対する遠慮

介護職員との関わりの中で利用者は，どの介護職員にも気遣ったり，助けたり，ケアする志向を示すわけではない。利用者の語りからは，「介護職員に対する遠慮」として４カテゴリーがまとめられた。例えば，「してもらうから聞かないと，と思う。してもらう方が理屈っぽいことを言ったらあきません。言うことを聞くのが普通」「そやな，世話してくれてはんのやけ，目上の人やと思って，年は下でも，年と違うで，【うん，年齢じゃなくて】尊敬せななあ，まあ，そら，尊敬といったらおかしいけどな」と語る利用者がいた。これらの語りは，介護職員はあくまでも介護をしてくれる存在であり，自分たちは介護を受ける人として認識していることを示し，《介護職員を立てる》姿勢である。

さらに，名前を間違えて呼ぶのは失礼なので，初めから介護職員の名前を覚えなかったり，「教えることあるかって？　そんなん，あらへん，言わへん，そんな，言わんかって，他人さんが言わんかって，自分の親やら，兄弟やら，みな子供やらいはるやん，【そうやねえ】そやろ，そんな他人がやな，あんたはああや，こうやって，そんなことを言うのは失礼なで，あんた」と，介護をしてくれる人である介護職員に《失礼なことをしない》ように気をつけたり，自分が介護されること自体が迷惑をかけることと考え，介護職員に《迷惑をかけたくない》という思いが語られた。

また，既述したように，利用者は忙しい介護職員に労いの声を掛けたり，自分のことはできるだけ自分でするなど介護職員に対し配慮する一方で，早朝の忙しい時には気の毒だと思い，排泄に関する介護を我慢したり，ナースコールを押してもなかなか来てもらえないことに対し，「やっぱり，ケアさん（職員）の時間に合わさなしょうがない，その，こっちが早くしてくださいと，それはよう言いません。数が少ないですしね，ケアさんの」と，介護職員の動きに合わせざるを得ないあきらめの気持ちも語られた。介護現場の忙しさが介護職員に対する配慮の気持ちを超えて，状況に《合わせる》ことを強いることになっている。

自分の変化

利用者は，介護職員や他の利用者と関わる中で自分の変化を認識していた。例えば，皆に支えられているので朗らかになったと思うなど《性格の変化》や，介護職員や他の利用者と関わるようになって「ありがとう」と言うことが増えた，今まで以上に人の温かい心がうれしいと思うようになったなど，他者と《関わることでの喜び》の実感である。また，一人暮らしで緊張した毎日から，好きな時間に好きなことができるようになり《安心した》と語られた。その一方で，入所前から好きなようにしていて自分のスタンスに変化はないと，介護職員との関わりを通した自分の変化を認識していない利用者もいた。

２　印象に残っている介護職員とのこと

印象に残っている介護職員については，気の合う介護職員として語られた。その気のあう介護職員との関わりの中で，利用者は「ケアする」こと，「ケアされる」ことをどのように認識していたのだろうか。内容領域「印象に残っている介護職員とのこと」からは，「気の合う介護職員から気遣われ，助けられる（ケアされる）こと」（表４－６），「気の合う介護職員との間の相互作用」（表４－７），「気の合う介護職員に対する気遣いや助ける（ケアする）こと」（表４－８），「気の合う介護職員との関わりにおいて得られる認識」（表４－９）の４テーマがまとめられた。気の合う介護職員とのエピソードを語ったのは６名であり，エピソードは７ケース（うち，１ケースは事務職員のこと）である。

気の合う介護職員から気遣われ，助けられる（ケアされる）こと

ある利用者が，「今日もそうでしたね，今日はあそこまで，【隣の部屋ですか？】『あそこへ行ってくるし，ちょっと何やから，おばちゃんいいへんよ，昼は』って言って，そういうことでちょっと声をかけて出ていかはる，ちょっと隣へね，そやから，私もあんまりしつこく何でも言うのは嫌だけど，あの人も私と気が合うというのか，何でもかんでもよくねえ【声かけてくれるんですね】声かけてくれますよ」と語るように，気の合う介護職員はフロアを留守にする時にも自分に声をかけてくれたり，普段から《何も言わなくても声をかけてくれる》こと，気の合う介護職員は，自分が洗顔をしていると次に必要な歯ブラシを準備してくれるなど，自分のことを陰で支えてくれていると語り，気の合う介護職員が《自分に必要なことをしてくれる》ことを認識していた。

表4-6　分析結果「気の合う介護職員から気遣われ，助けられる（ケアされる）こと」

カテゴリー	サブカテゴリー	コード
何も言わなくても声をかけてくれる	気遣って声をかけてくれる	・気の合う介護職員は自分を気遣って声をかけてくれる
	何も言わなくても，声をかけてくれたり，自分のことを話してくれる	・気の合う介護職員たちは，困っていたら呼ばなくても気をつけて声をかけてくれる ・何も言わなくても気の合う介護職員たちは声をかけてくれたり，自身の家のことなども話したりしてくれる
自分に必要なことをしてくれる	必要なものを近所の店で買ってきてくれた	・必要なものがあれば，介護職員自身の近所の店ででも買ってきてくれた
	陰で支えてくれている	・好きな介護職員は，次に自分が必要なものを用意してくれるなど陰で支えてくれうれしい
受け止めてくれる	話を聞いて受け止めてくれる	・気の合う介護職員は話を聞いて受け止めてくれる
自分のことを考えてくれている	自分のことを考えてくれている	・気の合う介護職員が休みの時には，他の介護職員が同じようにしてくれるので，その介護職員が自分のことを頼んで帰ってくれているのではないかと思う
大事にしてくれる	家族のように大事にしてくれる	・気の合う介護職員は，自分を家族なみに大事にしてくれていると感じる ・親子ほどよくして，大事にしてくれる ・気の合う職員がその人の祖母といっていた店に外食に連れて行ってくれていた
心からしてくれる	心から何でもしてくれる	・気の合う介護職員は，心から何でもしてくれる

ほかに，例えば，「あの，ねえ，私，姉がおりますのね『姉ちゃん，今こんなんしてますねん』とか，『そんなら一辺見にいくなら連れて行ってあげるえ』とかね，こう，応対でわりに，こう，ぐっと受け止めてもらえるんです」と語るように，気の合う介護職員は，自分が話したことをきちんと《受け止めてくれる》と感じたり，気の合う介護職員が休みの時には，別の介護職員が同じようにしてくれるので，自分のことを別の介護職員に頼んでくれているのではないか（《自分のことを考えてくれている》），さらには，気の合う介護職員が自分を家族並に《大事にしてくれる》，何でも《心からしてくれる》と感じたりしていた。

表4-7　分析結果「気の合う介護職員との間の相互作用」

カテゴリー	サブカテゴリー	コード
気遣ってくれるから，自分も気遣うようになる	気遣ってくれるから，自分も気遣うようになる	・気の合う介護職員が自分を気遣ってくれるので，自然と自分も気遣うようになる
介護職員の存在のおかげで	気の合う介護職員が居るから自分も施設にいる気になる	・気の合う介護職員がいるから，自分は施設にいる気になる
	気の合う介護職員は肝っ玉が大きく，自分もゆったりした気持ちになる	・気の合う介護職員は，お母さんなので肝っ玉が大きいので，自分もゆったりした気持ちになる
	優しい心を教えてもらい，彼らの顔を見ているだけでうれしい	・気の合う介護職員たちから優しい心を教えてもらい，彼らの顔を見ているだけでうれしい
声かけに励まされる	一方的にではなく，一緒に頑張りましょうと声をかけてくれ，励まされる	・好きな介護職員は，一方的ではなく一緒に頑張りましょうと声をかけてくれ，励まされる ・好きな介護職員の「一緒にしよう」という気持ちがうれしい
	自分の頑張りは，気の合う介護職員の励ましによる	・自分の頑張りは，気の合う介護職員が勢いをつけてくれるからと思う
受け容れられての喜び	自分の大切にしているものを，貰ってくれ，互いの心が通じていてうれしい	・好きな介護職員に，自分の大切にしているものを渡したら，「大事にします」と貰ってくれた ・好きな介護職員が自分の大切にしていたものを貰ってくれ，お互いの心が通じていることがうれしい

表4-8　分析結果「気の合う介護職員に対する気遣いや助ける（ケアする）こと」

カテゴリー	サブカテゴリー	コード
気遣う	気の合う介護職員を気遣って声をかけている	・気の合う介護職員には甘えたり，「気をつけて帰らないとあかんよ」と気遣ったりする ・気の合う介護職員からは，「気をつけなさい」と言ってくれた人は今までにいなかったと言われた
	気の合う職員には気遣っていた	・気の合う職員には趣味の話をしてあげたりし，お礼も言ってもらっていたので気遣ってあげていたと思う ・お金がかかる趣味の話は，気の合う介護職員たちには話さない ・気の合う介護職員にお礼を渡したいが，施設では禁止されているので，その人の神経を痛めないように何もせずにいる
護　る	気の合う介護職員を，自分のところで休ませてあげていた	・気の合う介護職員は，自分のベッドで休んでいくこともあった ・気の合う介護職員が，しんどいとベッドの足元に横になりに来たら，「休みなさい」と言ってあげていた ・気の合う介護職員が自分のベッドだけで休んでいくので，それだけ馬があっていたと思う
心配する	バイクで転倒した気の合う介護職員に対する心配	・雪の日にバイクで転んだ気の合う介護職員のことをそれは心配した ・気のあう介護職員と長く会わないとまた，転んでいないか心配する
	退職した気の合う介護職員のことが心配	・退職した気の合う介護職員のことを心配している
心配をかけない	心配ごとを抱える介護職員に，心配はかけられないと自分の相談はしなかった	・家のことで心配を抱える気の合う介護職員には，心配をかけられないと自分の相談はしなかった

表4－9　分析結果「気の合う介護職員との関わりにおいて得られる認識」

カテゴリー	サブカテゴリー	コード
親しみを示す	気の合う介護職員には，自然に物を食べてもらったりした	・気の合う介護職員には，自然に物を食べてもらったり，あげたりしていた
お礼をする	お世話になっているので，食事に誘ってごちそうしていた	・常日頃お世話になっているので，自分から外食に誘って，自分が二人分の支払いをしていた
	気の合う介護職員にお礼をしたい	・気の合う介護職員には，自分が退所する時にはお礼をしようと思っている
ともに過ごす	気の合う介護職員とは，一緒に外食をしていた	・気の合う介護職員とは一緒に外食をしていた
自分のことを知らせる・相手のことを知ろうとする	気の合う介護職員とは個人的な話もする	・気の合う介護職員とは，家族のことや個人的な話もしていた ・気の合う介護職員には，自分から家族のことも尋ねたりする
	気の合う職員とは何でも話す	・気の合う職員とは何でも話していた
	気の合う介護職員のことは話をするのでよく知っている	・気の合う介護職員たちのことは向こうも自然に話すのでよく知っている
つながりを維持したい	退職した気の合う介護職員に戻ってきて欲しい	・退職した気の合う介護職員に戻ってきて欲しいが，事情があるので無理なことは言えない ・退職した気の合う介護職員に帰ってきて欲しい ・気の合う介護職員とはお昼一緒に食べにいったりしたが，いなくなってさびしい
	気の合う職員と会えなくなるのは嫌だった	・気の合う職員と会えなくなるのが嫌だと思っても，何も言えなかった
	気の合う職員が顔を見せに来てくれた	・施設を移ってから，気の合う職員は顔を見に来てくれた
	友達みたいに思っている介護職員はお嫁に行くので，思っていてもどうにもならない	・友達みたいに思っている介護職員は結婚してしまうので，自分が思っていてもどうにもならない
	介護職員が変わるとどんな人かわからないので，ずっと居て欲しい	・介護職員が変わるとどんな人かわからないので，ずっといて欲しい
	友達みたいに思っている介護職員も休みがあるので，お互いに何かすることができない	・友達みたいに思っている介護職員も休みの日もあるので，お互いに何かすることができない
	気の合う介護職員のことは一生忘れないし，その人もそうだと思う	・気の合う介護職員のことは一生忘れるわけがないと思う ・気の合う介護職員も自分のことを一生忘れないと言ってくれていた ・気の合う介護職員も自分のことは忘れていないと思う
	気の合う介護職員がいてくれた時は良かった	・気の合う介護職員がいるときはよかった ・気の合う介護職員がいてくれてよかった ・気の合う介護職員がいたら楽しいと思う ・気の合う介護職員との外食はそんなにいけなかったので，その日は大いに楽しみだった
	気の合う人がいることは，ありがたい	・施設の中に気の合う人がいることは，ありがたい
信頼する	気の合う介護職員を頼りにしていた	・用事のあるときには，気の合う介護職員を呼び出していた ・気の合う介護職員のことを頼りにしていた
感心する	大学を出てまでこの仕事をよくやっているなあと思う	・気の合う介護職員たちは，大学をでてまでこの仕事をよくやっているなあと思う
教えられる	孫みたいだったが，教えられることがあった	・気の合う介護職員は，孫みたいだったが，教えられることがたくさんあった ・気の合う介護職員は，人のことは何も言わないほうがいいよ，と教えてくれた
	人に対する優しい心を学んだ	・気の合う介護職員から，一挙手一投足，やさしい心を学んだ

気の合う介護職員との間の相互作用

日常の生活の中で，気の合う介護職員が自分のことを《気遣ってくれるから，自分も気遣うようになる》。また，ある利用者は，正月には家の近所の友人も帰ってきてはどうかと声をかけてくれていたが，数日帰っても仕方がないし，気の合う介護職員がいるから自分も施設に居る気になると語った。また，別の利用者は，気の合う介護職員は朗らかで，肝っ玉が大きいと思っており，それで自分もゆったりとした気持ちになるなど，利用者は，気の合う《介護職員の存在のおかげで》支えられたり，癒されていた。

他にも，人からこうしなさいとか頭ごなしに言われると腹も立つが，気の合う介護職員は「一緒に頑張りましょう」と声をかけてくれる。実際は忙しく一緒に何かすることはないが，その気持ちがうれしく励まされると語っている。また，別の利用者も，今，自分が頑張っているのは，気の合う介護職員が勢いをつけてくれるからだと思うと語った（《声かけに励まされる》）。これらのことは，気の合う介護職員が助けてくれたことや介護職員の存在自体を受けての相互作用である。

逆に，自分が介護職員に働きかけ，それに対する応答を受けての相互作用としては，ある利用者が，「私がこれ大切にしているものを貰って頂戴って言って，○○さんに渡したら，大事にしますと言ってな【貰ってくれはった？】うん，私そういうお互いに心を通じているのがうれしいね，あの，別に，そんな，立派なもんを欲しいことないし，どんな立派な言葉をかけてもろうても，それは，もう嘘やさかいに，あの，うれしくないけど」と，好きな介護職員が自分の示した好意を喜んで受け容れてくれ，心が通じたと感じたことが語られた（《受け容れられての喜び》）。

気の合う介護職員に対する気遣いや助ける（ケアする）こと

ある利用者は，気の合う介護職員が帰る時には「気をつけて帰らないといかんよ」，朝出勤してきた時には「今日は一日いるんか，気つけや」というように，日々，その介護職員に声をかけていた。別の利用者は，自分の若い頃からの趣味であるゴルフはお金がかかるため，気の合う介護職員にはその話はしないようにしていると語った。これらのことは，その介護職員のことや状況を理解した上で《気遣う》こととしてまとめられた。

さらに，別の利用者は，疲れると自分の部屋に来てベッドの足元で横になっていた気の合う介護職員とのエピソードとして，「ちょっと，5分ほどやけどね，ここで横にならはる，『ああ，休みよし，休みよし』って言ってね，【ほんとうに何かお孫さんみたいな感じですね】そうですよ。そやけどね，やっぱり長いこといはる（勤続年数が長い）から，教えられることはたくさんありますよ【でもちゃんと休みよし，休みよしって気を遣っていたんですね】気を遣うではないけど，『ああ，しんど』って言って来はるから，『休みなさい，休みなさい』って私は言うしね」と語り，仕事で疲れているその職員を休ませてあげようと《護る》気持ちを示していた。

他にも，ある利用者は，気の合う介護職員が通勤時にバイクで転倒し，しばらく仕事を休んでいたため，とても心配したこと，そして，今でもその介護職員の顔をしばらく見ないと，また滑って転んでいないか《心配する》と語った。また，逆に，家庭に悩みを抱えていた気の合う介護職員に，この上心配はかけられないと，自分の相談事は言わなかったと，気の合う介護職員に対して《心配をかけない》という気遣いを示した。

気の合う介護職員との関わりにおける認識

ある利用者は，気の合う介護職員について，「うーん，ねえ，やっぱり気のあう人はね，ちょっとものがあったら食べてもらったり，あげたりするでしょ，自然にねえ，やっぱり合うんですよ，そんな人ね」と語り，日常の生活の中で自然にそのとき自分が持っていたお菓子などをあげるという，気の合う介護職員に対し親しみを示していた（《親しみを示す》）。さらに，ある利用者は，日頃からお世話になっているので食事に誘ってごちそうしていたと，気の合う介護職員に対して《お礼をする》ことが語られた。しかし，実際は自分や気の合う介護職員の都合で度々出掛けられるわけではなかった。このため，気の合う介護職員と一緒に食事に行けることは大いに楽しみだったとも語っており，気の合う介護職員との外食は単にお礼という意味だけではなく，その職員と時間を《ともに過ごす》ことも目的であったと考えられる。

その一方で，別の利用者が「『(気の合う寮母さんに何か) 食べたら？』って言うけど，ここは食べたら一切あかんとこです。【何を食べたらいけないんですか？】物をもらって食べたら，物をもろてもあかんの【人から？】はあ，お金をもろてもあかん。ちょっとのお金でも。そういうやり方ですし，私もあげたくても何もあげたこともありませんし，ほんであの人も『いらん，そんなことしたら首になんねん』言うて」と語るように，施設では介護職員は利用者や家族からはどんな形であってもお礼を固辞している場合が多い。そこで，本当は気の合う介護職員にお礼をしたいが，その気持ちを通すことで，逆に介護職員の神経を痛めてしまうので何もせずにいるという。これは，自分の感謝の気持ちを介護職員に伝えることで自分の気持ちを満足させることよりも，介護職員が施設から注意を受け，傷つかないようにすることを優先させていることを示している。

また，気の合う介護職員には自分の家族や自分のことについて何でも話をするが，自分も介護職員のことや介護職員の家族のことなど個人的な話しについても尋ねたりすると，《自分のことを知らせる，相手のことを知ろうとする》ことが示された。

他にも，ある利用者は，一緒に外食をした気の合う介護職員が家庭の事情で退職したため，「その人がいはらへんから寂しくてどない？」と寂しさやその人に戻ってきて欲しい気持ちを語り，さらに，その介護職員とのことを思い出として一生忘れないと語った。また別の利用者は，自分は親切にしてくれる介護職員に対し，友達みたいに感じていても，その人がお嫁に行ってしまうので思っていてもどうしようもないと，気の合う介護職員と《つながりを維持したい》気持ちや，気の合う介護職員を頼りにしていた（《信頼する》）ことが語られていた。

さらに，気の合う介護職員に対して，大学を出てまでこの仕事をよくやっていると《感心する》ことや，彼らから人に対する優しい心を学んだなど《教えられる》ことがあったと語られた。

3　考　察

介護職員から気遣われ，助けられる（ケアされる）こと

利用者は介護職員との関わりの中で，介護職員が自分のためにしてくれる，いつも自分のことを見てくれている，自分の考えを支持してくれるなど，介護職員が他の利用者とは異なる自分の存在や考えを認め，受け容れてくれていることを認識していた。

利用者は，これらの介護職員の自分に対する気遣いや行為について「うれしい」という言葉で表現していた。この「うれしい」という感情は，「悲しい」とならぶ主観的感情で，自己の内部で感じられるものであり，それが，外部に向かうと「喜び」という感情になるという（九鬼 1941）。さらに，「喜び」という感情は，自信，有意味感，愛されているという気持ちや感覚に特徴づけられると指摘されている（福井康之 1990）。

これらの指摘を踏まえれば，利用者は介護職員が自分の存在や考えを認め，自分の事情を理解した上で気遣い，献身してくれること，すなわち，介護職員から気遣われたり，助けられることによって「喜び」を感じると同時に，自信や受け容れられているという認識を得ていると考えることができる。実際，入所時に介護職員が自分のためによくしてくれたので不安を感じなかった，自分も施設に慣れようと思った，あるいは，介護職員が自分を知ってくれているので安心した，相手を知りたくなったという，介護職員との間の相互作用が示すように，利用者は，自分のことを理解し，受け止めてくれていると実感できる介護職員からの気遣いや助けによって安心感を得たり，自発性を高めたりしている。

また，利用者は関わりの中で，介護職員のことをよくやってくれていると，その人となりを認め，自分のことを知っているから大丈夫と信頼している。第

３章でも示したように他者に対する信頼感は，安心感を生み，自律的な活動や自己への信頼にもつながるもので，人間の発達には欠かせない感覚，感情である（Erikson, et al. =2001）。このことから，利用者が介護職員を信頼できるということは，利用者にとって，施設での生活において自律的に活動していくための基盤の一つが充足されていることを示している。また，利用者は介護職員の専門性や仕事に対する姿勢に感心したり，教えられるとも語っており，これらの認識も介護職員に対する信頼を増すものと考えられる。

他にも，介護職員同士仲が良い姿を見ていて癒される，あるいは，介護職員や他の利用者と関わることで自分が素直になったり，感謝の気持ちが増えた，他者の気遣いに喜びを感じるようになるといった利用者の変化からは，他者との関わりによって得られる安心感や自信によって，利用者は，他者の厚意を受け容れる気持ちの余裕をもてるようになっていると考えられる。

このような利用者の，介護職員から気遣われ，助けられる（ケアされる）認識から，利用者は介護職員というメイヤロフが指摘する「相応しい対象（appropriate others)」から，自分の存在を受け容れ，認められていると実感することによって安心と自他に対する信頼を得ることができ，そこから，自分なりの生活や他者との関わりを展開していくものと解釈できる。つまり，本調査で明らかになった，利用者の気遣われ，助けられる（ケアされる）ことによる良好な変化は，メイヤロフの指摘する自己意識を高め，価値観が明瞭となるといった自律的意味での「成長」というよりも，むしろ，施設という場や自分のためにしてくれたり，自分のことを理解してくれていると介護職員を信頼できることによる安心感や，そういった信頼できる介護職員や他の利用者などから，今，ここで，自分の存在が受け容れられているという帰属感によって，心からくつろげ，自分らしさを発揮できる自分の居場所，拠り所が得られることであると言えよう。

実際，利用者は介護職員のおかげでここまでやってこられたと語り，介護職員のしてくれたことや存在に感謝するだけではなく，介護職員との関わりを通して，施設の現状や今までの自分を肯定し，受け容れている。これは，メイヤロフの指摘する「場の中にいること（in-place)」に相当すると考えられる。メイヤロフは，ケアすることで相手に必要とされることによる「場の中にいること」を指摘しているが，本調査結果は，人は他者に自分のために気遣い，助けられる（ケアされる）ことによって，その相手を信頼できる，あるいは，相手から受け容れられていると実感することでも，「場の中にいること」が成立することを示唆している。

介護職員に対する気遣い，助ける（ケアする）こと

利用者は，忙しく業務に追われる介護職員を大変だ，助けてあげたいと思っており，仕事を増やさないよう自分でできることはするようにするなど，介護職員に配慮したり，自分の経験から腰を痛めそうな介護職員に声をかけたり，介護職員のことを心配していた。このように，利用者は介護職員の事情を見たり聞いたり，想像し，その介護職員のつらさに共感することで，気遣いや心配する気持ちを生じさせていた。自他間には共に「老・病・苦」を経験する受苦的存在としての対等性が存在していると言われるが（村田 1998)，利用者は，介護職員の抱えるつらさや苦しみに引き寄せられ，それらを自分のつらさや苦しみとして共感し，非対称ではあるが，彼らをケアし始めていることが理解できる（高橋隆雄 2001)。

特に，介護職員を心配することには，単に介護職員の事情に共感するだけでなく，自分のつらかった経験を振り返って，同じようにつらい目にあって欲しくないという思いが込められている。そこには，介護職員を同じ痛みを感じる人間として認識し，経験者として経験の少ない若い介護職員を思いやり，護る気持ちと同時に，利用者の利他的な思いもうかがえる。

さらに，ある利用者が，自分が苦情を言った介護職員に対し，次の日には自分の方から話しかけていると語っていた。これは，苦情を言われ，気まずい思いをしているであろう介護職員に，自ら助け舟を出すといった配慮であり，年長者として，若さや未熟さといった脆弱性をもつ介護職員に対する気遣いであると考えられる。

また，経験の浅い介護職員に対する，そのうち慣れるので最初はできなくても仕方がない，自分のことを振り返っても孫みたいな年齢なのでできないことがあっても仕方がないなど許容する志向も，介護職員の若さ，未熟さを認めて受け容れていることを示している。しかし，この受け容れは単純なものではない。ある利用者は，自分が30歳の時を振り返ってみても，親に口応えしたり，自分で儲けたお金をぱっぱっと使っていたのだから，その年齢くらいの介護職員も同じように考えていても無理はないと自分を納得させていると語ったように，介護職員の若さや未熟さを受け容れる過程には，介護職員の言動に自分の経験を一旦照らし合わせ，自分も相手と同じ未熟さを抱える人間であったことを認識し，その上で介護職員の事情を慮っていることがわかる。

つまり，利用者は未熟な介護職員との関わりによって，自分の人生や若い頃の経験を振り返り，吟味し，その経験の意味やそこで得た認識を改めて自らに統合させていると考えられる（Erikson, et al. =1990)。だからこそ，ある利用者の介護職員も慣れたらそのうちできるようになるという言葉が示すように，いつまでも今のままではないであろう介護職員の成長や変化の可能性を信頼することができるのであろう。このことも利用者が，介護職員も他者との関わりの中で成長，変化してきた自分と同じ，可能性をもった存在としてみなしていることを示している。

さらに，利用者は自分の経験を踏まえ，介護職員にとっての良好な状況に向けて，介護職員に直接助言し，物事を教えるだけでなく，介護職員から自分の生き方や姿勢を見習いたいと言われている。つまり，利用者の存在自体が無意識のうちにも介護職員に学びを促し，介護職員の成長に寄与しているのである。

一方で，利用者は，人に教えることでそれが自分のためにもなる，介護職員を楽にさせたくて自分で車椅子をこぐことも結局は自分のためと語るように，介護職員を気遣い，助けることによって自分も学びや「報酬」を得ている。また，自分の手伝いに対する介護職員の謝意に，またしてあげればいいわと思うと語るように，気遣い，助けた介護職員の応答によって，さらに介護職員を気遣い，助ける意欲を増しており，自分のしたことが介護職員に認められ，信頼されることによって，自信ややりがいを得ることができ（竹松 2005），さらなる意欲の向上につながっていると考えられる。

介護職員に対する希望と遠慮

不満という形で語られた利用者の介護職員に対する希望は，自分を受け止めて欲しい，見ていて欲しい，もう少し配慮して欲しいなど，一人の人として自分の存在を認めて欲しいというものであった。さらに，介護職員は遠慮してはっきり言ってくれないこともあり，本心からの気持ちを伝えて欲しいという不満も語られた。この語りから利用者は，介護職員に仕事としてではなく，また，自分のことを介護を受ける立場の人と捉えるのではなく，人間として対等な存在として本心から話して欲しい，関わって欲しいと考えていると理解できる。

一方で，利用者には，介護を受けることが職員に迷惑をかけることと考えたり，介護職員の名前を間違えるといけないので最初から覚えないと遠慮する志向や，世話をしてもらっているので目上の人と思って尊敬しないといけないと介護職員を立てる志向が見られた。特に，名前を覚えないようにしている，差し出たことを言わないようにしている，職員を尊敬しないといけないと語った利用者たちは，介護職員の言うことやしてくれることを信頼し，認めてはいた。しかし，その利用者たちの語りからは，自分たちの介護される立場を強く意識して，介護職員に対し遠慮していることが推察される。

また，気の合う介護職員に対する語りからまとめられた，介護職員に《心配をかけない》という志向は，一見，介護職員に対する遠慮として捉えられる。しかし，この志向は，家庭のことで悩みを抱える気の合う介護職員に自分の悩み事まで話してこれ以上負担をかけたくないという相手を思いやっての志向である。ところが，立場を意識した遠慮に関する語りからは，自分が介護職員に対して何かすること，言うことによって介護職員の感情を不用意に害し，逆にそのことで自分が傷つけられないように自分を護るために距離をおいているようにうかがえる。介護職員を介護する人，自分を介護される人として位置づけるがために，それ以上その介護職員に対する理解も深まらず，自分のことも開いていない状態であると推察される。このような状態では，介護職員に対し何の共感を得ることもなく，両者の間には，相手にとっての良好な状況に向かって気遣い助ける，「ケア」という事態は展開されないと考えられる。

また，介護職員が忙しく走り回っているときに，介護職員を少しでも助けようと自分でできることはしようと利用者が気遣うことが語られていた。その一方で，排泄の援助をなど介護職員による介護がなければ解決しない状況を抱える利用者にとっては，その忙しい状況に合わせるしかなく，我慢やあきらめを強いることになってしまっている。

気の合う介護職員との関わり

利用者は，日常の生活の中で多くの介護職員と関わり，気遣われ助けられる（ケアされる）こと，介護職員に共感し，気遣い，助ける（ケアする）ことを経験しているが，とりわけ，印象に残っている介護職員として語られた気の合う介護職員との関わりに関する語りからは，その介護職員に対する好意や志向を読み取ることができる。

たとえば，利用者は，日頃から，気の合う介護職員に対し，自然にお菓子などをあげるという行為によって親しみを示したり，お礼をしていたことである。これらは，自分によくしてくれる介護職員に，好意や感謝の気持ちを形としても示したいという思いの現れと考えられる。

また，気の合う介護職員との関わりの中では，自分の家族や自分のことについて話をしたり，自分からも介護職員のことや介護職員の家族のことなど個人的な話しについて尋ねたり，介護職員からそのような話をされることが語られていた。これは，介護職員との関係性が親密化していることを示している（蘭 1992；榎本 1997）。ある利用者は，自分が尋ねなくても気の合う介護職員の方から私的な話をしてくると語っていた。相手から私的な話をされるなど相手から自己開示をされると，自分が自己開示の対象として選択されたという事実によって，その人から好意や信頼感を感じるといわれている（安藤 1986）。しかし，本調査結果からは，逆に利用者も気の合う介護職員のことを信頼し，親しみを感じているからこそ自分の私的な話をし，自分のことを知ってもらいたいと思っていたと考えられる（榎本 1997）。さらに，ある利用者が，介護職員が気遣ってくれるから自分も気遣うようになると語ったように，特に気の合う介護職員との間で利用者は，自分に対する介護職員の厚意や信頼を実感し，その介護職員に対する親しみを増し，介護職員を気遣い，また，その介護職員に気遣われるといった相互の関係性を成立させているのである。

しかし，介護職員側の事情，自分の事情によってその関係性が絶たれるという現実がある。気の合う介護職員として語られた中の数人は，家庭の事情で退職したり，利用者が施設を移動し会えなくなったり，結婚していなくなってしまうかもしれないという，利用者にとって，すでに関係の絶たれた，あるいは，絶たれる可能性のある人であった。これらの人を振り返っての語りから，《つながりを維持したい》という認識がまとめられた。利用者にとっては，その気の合う介護職員と過ごす時間は，その介護職員に自分のことを理解されている，受け容れられていると実感でき，心からその介護職員を信頼し，安心してくつろぐことができる，充足感に満ちた時間であったと考えられ，この時間こそが，利用者にとってメイヤロフの指摘する「場の中にいること（in-place）」（Mayeroff =2003）を実感できる時間であると考えられる。

ある利用者が，退職した気の合う介護職員に対してお礼をするという意味で外食に誘っていたが，実際には双方の都合で滅多に行けず，行くことができた時は本当によかったと語っていた。その利用者にとっては，気遣い気遣われる「ケア」の関係性の中で，自分が受け容れられていると実感できるその介護職員と一緒に過ごす時間自体が重要であって，その時間をもつことを望んでいたと思われる。そして，そのような時間や関係性を失って，あるいは，失いそうになっている状況だからこそ，その職員とのつながりをもち続けたいという思いを示す言葉が語られたと考えられる。

4　利用者の認識から明らかになった「ケア」の実態と「成長」

本章では，利用者の介護職員との関わりにおける認識から，介護職員と利用者の間で展開されている「ケア」の実態を明らかにしようとした。その結果，利用者は日常の介護や関わりを通して，介護職員が自分の事情を理解し，自分のために一生懸命してくれることや，自分の存在や考え方を認め，受け容れてくれていることを認識し，そのことに喜びを感じて自信や安心感を得ていた。しかし，時として，介護職員に対し，自分の話を受け止めてくれていない，本心からの気持ちを伝えて欲しいと感じることがあり，介護職員に人間として対等な立場で関わって欲しいという思いをもっていることが明らかになった。

また，利用者は，介護職員の前向きな姿に教えられたり，また，介護職員が自分のことを知ってくれていることで安心したり，介護職員を信頼していた。

逆に，利用者も介護職員が忙しく走り回っている姿に共感し，助けてあげたいと思うなど，介護職員のつらさや若さという脆弱性に引き寄せられて「ケアする」ことが始まっている。そういった中で，利用者は年長者として自分の経験を踏まえ，介護職員の事情を慮ったり，今後の成長を信じて，介護職員の未熟さを許容したり，自ら助け舟を出すなど気遣っていた。

しかし，利用者も介護職員を一方向的に気遣ったり，助けているわけではなく，介護職員に手作業を教えたり，相談に乗るなど，介護職員を気遣い，助けることで利用者自身も励みになったり，意欲を高めるなど何らかの「報酬」を得ていることが示された。

特に，気の合う介護職員との関わりでは，相手を気遣い，気遣われる関係性に充足感を感じており，その関係性を維持したいという思いが示された。その一方で，介護職員との間では，援助する人，される人という立場を意識し，介護職員に遠慮する志向もみられた。

これらの実態を，利用者の「成長」という視点からまとめると，利用者は介護職員が自分の状況や事情を理解した上で，気遣い，一生懸命に関わってくれるという経験を通し，介護職員に自分の存在が認められ，受け容れられていることを実感し，安心感を得たり，自発性を高めている。そして，介護職員が自分のためにしてくれたことに感謝し，その人となりを認めることで，その介護職員に対する信頼を増したり，介護職員のおかげでここまでやってこれたと現状を肯定的に受け容れるなどの「成長」が見られている。

逆に，利用者も，介護職員の忙しさや未熟さを知り共感することで，介護職員を助けてあげたいという志向をもって，介護職員を気遣ったり，助けようとしていた。特に，自分の若かった頃の経験を振り返りながら若い介護職員の「成長」を信じて，その言動を許容したり，配慮したりしていた。利用者は介護職員を気遣い，助ける過程において，自分の経験を振り返り，吟味することで，その経験の意味や得た認識を統合し，相手の言動を受け容れていると考えられる。そして，介護職員を気遣い，助ける言動や，自分の経験を若い世代の介護職員に伝えることによって，介護職員を「成長」させるだけでなく，自分もそこから学びや「報酬」を得て「成長」しているのである。

さらに，利用者は，介護職員や他の利用者との受容的な関わりの中で，人に関わることでの喜びを実感し，相手の厚意を受け容れられるようになったり，他者に関心が向けられるようになったりするなど，利用者にとって良好な内的変化（「成長」）があった。

特に，気の合う介護職員との間では，互いが信頼しあえる関係性の中で充足感を感じ，自分が気遣われることで，自然と相手を気遣うようにもなることが語られており，受容的な関係性の中での「成長」が示されていた。一方で，そのような関係性が絶たれたり，絶たれそうな状況にあっては，なおもその気の合う介護職員を気遣い続け，関係性を維持したいという思いが語られ，利用者の，その介護職員にとっての良好な状況に向けて，気遣い，助けようとする（ケアする）志向が認められた。

第5章
介護職員と利用者の関係性

第3章，第4章では，介護老人福祉施設の介護職員，利用者それぞれの関わりにおける認識から，それぞれにとっての「ケア」の実態と「成長」を示した。

本章では，「ケア」の過程で，専門職として利用者との関係性をどのように捉えていけばよいのかを検討するための示唆を得るために，第3章，第4章で示した，介護職員，利用者それぞれの関わりにおける認識調査における介護職員，利用者の，互いの関係性についての認識から，両者の関係性の実態を明らかにすることを目的とする。

1　調査方法

調査対象者と調査方法

調査対象者は，第3章，第4章と同じ，A市内にある介護老人福祉施設5施設の15名の介護職員と同施設の利用者15名である。

調査方法，介護職員，利用者ともそれぞれ第3章，第4章で示した通りである。

分析方法と倫理的配慮

第3章，第4章と同様，分析方法は帰納的に概念を生成する質的内容分析で，グラネハイムら（Graneheim, et al. 2004）の示す方法を参考とした。分析手順は以下の通りである。

①分析単位（unit of analysis）を介護職員，利用者それぞれに対して行った，インタビュー調査の逐語録とする。②内容領域（content area）を「関係の中で

認識していること」，「互いの関係性についての認識」，「互いの存在」に関する語りとする。③調査対象者ごとに作成した逐語録を繰り返し精読し，意味上まとまりのある部分を取り出し（意味単位「meaning unit」），一行程度でその内容を要約した「要約意味単位（condensed meaning unit）」を作成して，それらを各内容領域に分類した。④次に，各領域において「要約意味単位」の内容が類似しているものをまとめ，「コード」を作成。⑤類似の意味をもつ「コード」をまとめ，「カテゴリー」とする。さらに，類似した「カテゴリー」をまとめたものが「テーマ（Thema）」である。

なお，本文中では「コード」をまとめた「カテゴリー」を《　　》で記した。調査対象者の語りは「____」で記し（筆者の言葉は【　　】），語りの中で省略された言葉を（　　）で補足した。

分析の妥当性を高めるため，段階③～⑤について，介護職員の分析結果については，社会福祉士資格をもち相談援助業務経験がある大学院生１名と，利用者の分析結果については社会福祉士・介護福祉士資格をもち相談援助業務・介護業務の経験がある介護労働者１名と内容検討を行った。また，信頼性を高めるために，「コード」「カテゴリー」を表にして示し，分析の過程を明示する。

倫理的配慮については，第３章，第４章に示した通りである。

2　結　果

(1)　介護職員が認識する利用者との関係性

介護職員の利用者との関係性に関する語りからは，「利用者との関係性における認識」（表５－１），「利用者との関係性についての認識」（表５－２），「自分にとっての利用者の存在」「利用者にとっての自分の存在」「利用者に対しありたい自分」（表５－３）の５つのテーマがまとめられた。

表５－１　分析結果「利用者との関係性における認識」

カテゴリー	コード
関係性が近くなる	・利用者と話をしたり，関わっていて，関係が近くなる ・フロア担当職員とはずっと一緒にいるので，利用者も自分のフロアの寮母さんという気持ちをもつようになることを知った ・コミュニケーションは，利用者と職員の関係や距離感によってできるのかなと思う
私的な話をする	・利用者は，結婚相手の条件や夫のことについてアドバイスをくれる ・利用者とは家のことなど私的な話や日常の話もしている
親しい関わり	・結婚退職した職員も利用者に赤ちゃんの顔を見せに来てくれる ・結婚退職する職員に対し，利用者と一緒送別会をしたり，色紙を書いたりする ・先輩は利用者に声をかけたり，気遣っていて，利用者もそれぞれ特定の人に悩み事を相談している
専門職として利用者と関わることの難しさ	・職員として，忙しくていらいらしたり，しんどいというところを見せないようにしている ・利用者に対して職員としての関わりと，素の自分としての関わりのバランスや線引きが難しい ・敬語を使わない方が利用者も喜ぶことがあるように思う ・利用者に対して，個人的に特別なことはせず，公平に関わるようにしている ・家では仕事のことは考えないようにしているので，利用者との関係であえて線を引くこともない
利用者は相手によって対応を使い分けている	・利用者は，相手によって対応を使い分けている
利用者は介護職員の動きに興味をもってくれている	・利用者は，四六時中一緒に居るし，自身に動きが少ないので，介護職員の動きに興味をもってくれていると思う
利用者から気持ちを伝えてもらった方が介護はしやすい	・利用者から気持ちや返事を伝えてもらったほうが，介護はしやすいと思う

表５－２　分析結果「利用者との関係性についての認識」

カテゴリー	コード
家族のような関係	・利用者のことはもう一つの家族のように思う ・利用者は他人とは思えないのでいるだけでよい ・利用者とは毎日一緒にいて，生活全般に関わるので家族的な意識が育まれる ・利用者も自分たちのことを心配してくれたり，家族のようである ・利用者とは，そばに居て，話したいときに話し，そうでない時には互いが自分のことをしているという家族のような関係になりたい
利用者が思うほど家族的関係には思えない	・９時間の仕事の中で，利用者が思っているほど，家族的というように思えていない
身近で自然な関係	・利用者は毎日関わっていて，いて当たり前という身近で自然な関係
介護をするだけではない関係	・利用者とは長いこと一緒にいて，介護をする関係だけではない関係がある ・私生活においても利用者のことを考えてしまう ・純粋に利用者に会いたいと思う
相性がある	・利用者との関係には相性の良し悪しがある ・認知症の利用者が好き ・しっかりした利用者が苦手
良い付き合いをしている	・利用者とは良い付き合いをしているのではないかと思う

表5－3　分析結果「自分にとっての利用者の存在」「利用者にとっての自分の存在」「利用者に対しありたい自分」

●「自分にとっての利用者の存在」

カテゴリー	コード
何か与えてくれる存在	・利用者は，自分を成長させてくれる存在 ・利用者は，自分を励ましてくれる存在 ・利用者は一人ひとり残存能力も異なっており，いろんな意味で勉強させてもらう存在 ・利用者は，仕事の対象ではあるが，可愛いな，偉いなと思ったり，パワーも感じるし，利用者から元気をもらっているかもしれない
家族ではないが，近い存在	・利用者は，家族とも友達とも違うが近い存在 ・利用者は，仕事の対象ではあるが，利用者のことを何よりも考えているので，一番メインになる人 ・利用者は，仕事の対象ではあるが，利用者と接することが普通の毎日で，自分の生活の一部のよう ・利用者は友達でも家族でもなく，それらとは求めるものが違う ・自分にとっては，利用者に対して家族ほどの思い入れはない
お客様	・職員として働く自分にとっては，利用者はお客様

●「利用者にとっての自分の存在」

カテゴリー	コード
必要な存在	・意識のはっきりしている利用者にとって自分は，助けてくれる存在と思う ・生活上の苦情などを伝えてこられるので，自分は，必要とされている存在かなと思う ・頼りたい時，苦情がある時に言われるので，利用者にとって便利屋だと思う
迷惑な存在	・寝たきりの人にとって自分は，寝ているのに起こされるなど邪魔者だと思う
近い存在	・利用者は孫のように話しかけてくれるので，子供，あるいは子供以下と思われている ・利用者には家族ではないが，悪い人ではないと思われていると思う ・利用者は自分のことを近い存在だと思っていると思う

●「利用者に対しありたい自分」

カテゴリー	コード
安心につながる存在	・嫌な思いや心配事があっても自分がそばに居ることで，少しでも穏やかな気持ちになってくれたらよいと思う ・利用者にとって，いてくれて安心という存在になりたい
いつも見守っている存在	・利用者には，必要なときには自分が居ることを知ってもらえている存在でありたい ・自分は，いてもいなくても構わないくらいの空気みたいで気負わないでいたい ・自分は利用者に応答をもとめるのではなく，働きかけ続けるラジオのような存在でよいと思う
心を開くことのできる存在	・利用者は，きつい人には心を開かないので，優しいいい人だと思われたい。
大事な人	・利用者には大事な人と思ってもらっていたらよいと思う
家族的な関係	・利用者には，家族的な関係で思われていたらよいと思う
信頼できる存在	・利用者にとって，まだ自分は，悩みを話せるほどの存在感はもっていないと思う

利用者との関係性における認識

介護職員は，日々利用者と関わる中で利用者との《関係性が近くなる》ことを実感していた。例えば，施設によって異なるが，各居室や利用者に対し担当制をとっているところでは，担当する居室の利用者の衣替えや環境整備，買い物の代行などの家事的援助をしたり，ケアプランの作成を行ったりしている。そこで，ある介護職員が「（自分がその利用者の）担当で話をしやすい人なので，担当はお部屋の片付けや買い物もしていたので，関わりが深くなるのですかね」と語るように，担当による責任感や接する頻度の多さが利用者との関係を近くさせることを示している。逆に，別の介護職員が「たまに，他の番地（フロア）の職員が（こちらのフロアに）入ることもあるんやけど，あっちの人やし，言えなんだっていうこととかも（利用者から）よく聞いたりとか，うん，ああ，すごいあるので，ずっと一緒にいるというか，ずっと関わると何かそういう気持ちにもなるんやなあっていうのは，うん」と語っている。詳細は後述するが，利用者の語りにも，フロア担当ではなく自分のことを知らない介護職員に話をしても仕方がないという思いがあり，利用者の方も普段の関わりの中で，自分の生活するフロアの担当の介護職員に対して親近感や親密さを感じているのである。

そして，「関わりが長くて（関係が）近くなると，普通に世間話をしたりとか」と語られるように，関係が近くなると介護職員は利用者に自分の家や家族のことを話したり，利用者と《私的な話をする》と語っている。

利用者の方も，自分の人生経験から未婚の介護職員には結婚相手の条件，既婚の介護職員には夫とのことなどについてアドバイスをしたり，介護職員の家族のことまで気遣っている。また，結婚退職した介護職員が，自分の子供を連れて利用者のところに遊びに来たり，介護職員が結婚退職する時には，利用者も一緒にフロアで送別会をし，色紙に「ありがとう」など一言書いて見送っていることなどが介護職員と利用者の《親しい関わり》として語られている。

しかし，介護職員は《専門職として利用者と関わることの難しさ》も感じている。それは，利用者と関わる際に介護職員として感情を統制することである。

実際に，「絶対察しられたらあかんな，具合が悪くても笑顔でいたい，接客業だから」，あるいは，「いくら忙しくても，（利用者には）何で忙しいかわからないと思うので，それで，無表情や歩くスピードが早かったりするので，気をつけないとあかんなと思います」，さらに，「波がないようにしようとは思っているんです。仕事中に，こう，平常心でいなあかんし，喜びのあれ（感情）は良いけど，いらいらしているのを見せたらだめやし。【それは職業としてということですか？】そうですね，介護職としてそれは大事かなと思いますけど」と語られ，利用者に自分たちの具合の悪さや余裕のなさ，いらいらした気持ちを見せないという援助者として，利用者に対して不安や不快な気持ちを与えないよう努力している。

また，ある介護職員は，「そうであると（利用者から孫のように思われていること）うれしいなと思うんですね。そこらへんが難しいところだと，いつも思っているんですけど，これでお金をもらっているわけだから」「あまり家族的すぎても，なあなあ感が出てきてしまったりとかするので，そこも悩みの部分で。【家族ではないんですよね】そうなんです，あくまでね。まあ，四六時中一緒に顔を合わせてそういう，深い話をお互いしあったりしていても，でも，自分たちはここの職員で，向こうはここの利用者さんという，前提の部分があるから」と語り，介護職員として利用者と関係が近くなるにしたがって，自分の立場が曖昧になってくることに対する迷いを示している。一方で，自分は精神衛生上，仕事と家庭を分けて考えているので，特に，利用者との関係であえて線引きするという意識はないと語る介護職員もいれば，利用者に対しては公正さを心がけ，個人的に特別な感情をもたないようにしようと思っていると語る介護職員もいる。介護職員は利用者との関わりの中で専門職として，その役割の遂行と利用者との近しい関わりの間での自分のあり方について葛藤を感じていることが示された。

他に，利用者との関わりにおいて，《利用者は相手によって対応を使い分けている》，《利用者は介護職員の動きに興味をもってくれている》と思ったり，《利用者から気持ちを伝えてもらった方が介護はしやすい》，といった認識がまとめられた。

利用者との関係性についての認識

「利用者との関係性についての認識」について，「私ね，家族みたいになっているんです，もう一つの。【仕事という風に線引きしなきゃと思いながらも，やっぱり家族みたいな気持ち？】うん，うん，そうですね，（中略）しんどかったり，病気になったり，怪我をしてはったら，お部屋で休んだりとかしてはるし，ねえ。【うん】そういうところにこうやって，伺ってね，いろいろと世話したりとかもするし，元気やったら元気で，みんなで一緒にご飯を食べたり……」と語るこの介護職員は，先ほど，利用者に対し公平，公正を心がけ，利用者には個人的な感情をもたないようにしていると語った職員である。しかし，それでも，日常で一緒にご飯を食べたり，介護を通し時間を共有していくことで，家族のような認識をもつようになっている。他にも，利用者とは毎日一緒にいて，生活全般に関わるので家族的な意識が育まれることや，利用者も自分たちのことを心配してくれたり，家族のようであるなど，利用者との間で《家族のような関係》が実感されている。しかし，ある介護職員は，《家族のような関係》を実感しながらも，やはり職員は９時間という拘束時間の中で業務もこなしており，《利用者が思うほど家族的関係には思えない》ことがあると語り，利用者の方が自分たちより，両者が《家族のような関係》と認識しているのではないかとしていた。

さらに，ある介護職員は自分が就職してから数年，利用者と接することが普通の毎日なので，利用者がいて当たり前，いないとおかしいというような《身近で，自然な関係》として感じている。また，利用者と長く一緒にいることで，介護するだけではない何かある，あるいは，私生活の中でも，利用者はどうしているだろうと気になったり，利用者にこんなものをもっていったり，こんな話をしたら喜んでくれるだろうと考えてしまうと，利用者とは単に必要な《介護をするだけではない関係》であることが実感されている。

しかし，利用者と親しみのある関係は誰との間ででも感じるわけではなく，利用者との間には《相性がある》としている。ある介護職員は，担当フロアの関係で認知症のある利用者と関わる機会が多く，認知症状のない利用者と比べて距離が近いと思っており，認知症状のない言葉が達者な利用者が苦手であると語っていた。また，別の介護職員も，自分の関わりに同じように笑顔を返してくれる認知症のある利用者が好きで，認知症状のない利用者には忙しさのあまり隠し切れないいらいらした気持ちや口調を見られているという意識になり，苦手意識があると語っていた。他に，利用者とは《良い付き合いをしている》のではないかという認識もあげられている。

自分にとっての利用者，利用者にとっての自分の存在に対する認識

さらに，普段の利用者との関わりの中で，介護職員は互いの存在をどのように認識しているのだろうか。

まず，「自分にとっての利用者の存在」は，「自分にとって大切な存在だけど，自分を成長させてくれる存在というのかな，」「学ぶ，学ぶ人ですかねえ，一人ひとりが教えられますねえ。【中略】やっぱり，一人ひとり残っている機能も違うし，違うんやなあと思うとすごい奥が深いし。【うん】勉強させてもらう方ですね，いろんな意味で。【笑】はい」と語るように，一人ひとりの利用者が，自分を成長させたり，学ばせてくれる存在であるとしている。他にも，自分を助けたり励ましてくれる存在だと感じたり，利用者のことを偉いと感じたり，パワーも感じるし，何か元気をくれる存在であると語られており，利用者は《何かを与えてくれる存在》として捉えられている。

また，「でも何か，家族でもないけど，友達でもないじゃないですか，でも，近くにいる人で，例えば，友達とかでも，この人とはこういう存在であるとか，一人ひとり違うじゃないですか，自分にとって。でも，近い人じゃないですか，大事な人じゃないですか，そういうのとあんまり変わらへんかな」あるいは，「私が，そうやっていろんな話をすると，何か自分の話をしてくれはったりとか，うん，は，すごくあるので，家族じゃないんやけど，限りなく近い人たちではあるなって。うん，もちろんみんながみんなそうではないですし」と語るように，利用者を《家族ではないが，近い存在》とも認識している。一方で，利用者と関わっていて笑顔に癒されたりということはあるが，自分は施設で働いている以上，利用者は《お客様》と捉えているという認識も示されている。

逆に，「利用者にとっての自分の存在」として，意識のはっきりしている利用者には，助ける存在と思われているのではないか，生活上の苦情などを伝えてこられるので，必要とされている存在，あるいは，良くも悪くも便利屋的な存在と語られており，利用者にとって《必要な存在》であるとの認識である。また一方で，意思疎通の難しい利用者にとっては，寝ているのに介護などで起こされるため，《迷惑な存在》と思われているかもしれないと語られていた。認知面にも身体面においても重度の障害があって，介護に対する許可を介護職員に与えることも難しい意思疎通の困難な利用者に対し，必要なことではあるが，寝ているにもかかわらず介護職員側の判断で介護をしていることに対する申し訳なさがうかがえる。

また，「利用者さんと話していたら，本当に温かいというか，普通に，うん，というのはすごくあったりとか，【利用者さんのほうが，もっと何かすごく近く感じてくれているだろうなという感じがする？】うん，ありますね。うん」あるいは，「やっぱり，家族にはなれないみたいな。友達にもなれないですけど，まあ，ちょっと何か近い存在……【そうでないと体のことは心配しないですよね】そうですね。【はあ，なるほど】勝手な憶測ですけど」と語るように，利用者も介護職員のことを《近い存在》と思ってくれていると認識していた。

さらに，「利用者に対しありたい自分」という形で，利用者にとっての自分の存在が語られている。例えば，「いてもらったら，安心やなあっていう人になりたいなって，その，技術がどうとか，知識がどうとかじゃなくて」「利用者にとって，あ，自分がありたいというか，そうですね，いつも何か，声をかけて，自分のことを見てくれているんやなと，安心してもらえる存在感でありたいなと【笑】はい，思いますね」というように，利用者にとって《安心につながる存在》でありたいと思っている。

また，利用者にとっては，自然で空気のような存在で，それでいて，必要なときにはいつもいる，働きかけていることを知ってもらえているような，利用者にとって《いつも見守っている存在》でいたいとしている。また，利用者は性格のきつい人には心を開かないので，少しでも利用者が《心を開くことのできる存在》，良い人と思われたいとも語られている。他には，利用者にとって《大事な人》《家族的な関係》として思われていたいと語られている。

また別の介護職員は，利用者が他の職員には個人的な相談をしているのに，自分は経験が浅くまだそこまでの存在になれていないと語った。それは，いつかは自分も相談される利用者にとって《信頼できる存在》になりたいと考えていることと解釈された。

2 利用者が認識する介護職員との関係性

利用者の介護職員との関係性に関する語りからは，「介護職員との関係性における認識」（表5－4），「介護職員との関係性についての認識」（表5－5），「施設の暮らしで気をつけていること」（表5－6）の３つのテーマがまとめられた。

介護職員との関係性における認識

利用者も，日々の介護職員との関わりの中で，「まあ，しゃべっている間に，まあ，親しいなっているけどな」と語られたように，介護職員との《関係性が近くなる》という実感を得ている。また，利用者は普段から介護職員の様子をよく見ている。そして，介護職員の態度や言葉から，介護を単に仕事としてやっているのかどうかわかる，つまり，《普段から見ているとその人のことがよくわかる》という。

さらに，ある利用者は，自分は足が悪く施設から出かけることがないので，介護職員が友達みたいに《親切にしてくれたらうれしい》と語っている。そして，介護職員との関係の中では，「やっぱり，毎日のことやさかいね。【うん】気は使わしません【気は遣わない】のんきにしてます。【のんきにしてはる】それでこそね，元気でいられますねんで。【元気でいられる？】うん」と語る

表５-４　分析結果「介護職員との関係性における認識」

カテゴリー	コード
関係が近くなる	・介護職員としゃべっている間に親しくなる
普段から見ているとその人のことがよくわかる	・普段から介護職員の様子を見ている ・人の動きを見ていると，その人のことがよくわかる ・介護職員が自分のことをけったいやなあと思っていたら，態度でわかる ・仕事としてやっている人は，態度と言葉でわかる
親切にしてくれたらうれしい	・介護職員が友達みたいに親切にしてくれたらうれしい
気を遣うことはない	・介護職員に気を遣うこと（遠慮の意味）はない
普通に遠慮するところがある程度がよい	・介護職員に対しても，普通の人間関係として遠慮するところがあるという程度がよいと思う
仲良くしないといけない	・ずっと施設にいるのだから介護職員とは仲良くしないといけないと思っている
介護職員とはよく話す	・介護職員とはよくしゃべる ・介護職員と話をすることが好き
介護職員と話していて楽しい	・介護職員と話していて，楽しいことやうれしいこともある ・一人暮らしだったので，他の利用者や職員とちょこちょこ話をするのが楽しい
介護職員と話をすることはない	・介護職員と話をすることがない ・介護職員とは個人的な話はしない
印象に残っている介護職員はいない	・気の合う介護職員や印象に残っている介護職員はいない
自分を知らない介護職員と話しても仕方がない	・他のフロアの介護職員は自分のことを知らないので，話しても仕方がない
仲の良い介護職員が異動し残念だった	・仲良くしていた本音を言ってくれる介護職員たちが異動になって残念だった
印象に残っている介護職員がいる	・頭をきれいに洗ってくれる介護職員がいたので，頭がかゆい時には，あの人が洗ってくれたなあと思うことがある
介護職員に対して執着心をもたない	・介護職員の異動は，仕方がないので執着心をもったらいけないと思う ・介護職員との関係は，異動もあるので深入りするといけないと思う

表5－5　分析結果「介護職員との関係性についての認識」

カテゴリー	コード
孫のよう	・入所当時，介護職員は自分と年齢も近く，娘みたいだったが，今は孫みたいな感じ ・出産した職員が赤ちゃんを見せにきてくれ，自分の孫と同じように思う
家族みたい	・気の合う介護職員とは，家族みたいと思う
教えてくれる人	・自分は学がないので，介護職員や学生は教えてくれる人で尊敬するが，近寄りがたいとも感じる
単に介護をする人ではない	・介護職員は工夫して介護しており，単にお手伝いする人ではないと思っている ・介護職員は気配りがあり，ただ介護をしているだけという感じではない
友達のよう	・介護職員とは友達みたいに話をする ・介護職員が自分の娘世代の人ばかりだったときは，自分の意見を受け容れてくれたり，友達みたいな関係だったと思う ・介護職員とは仕事とは別で友達みたいなイメージがある
仕事上の関係	・介護職員とは，仕事上の関係と思う ・いらいらすると介護職員に対して，仕事でしているんだからと思ってしまう ・介護職員は便利で何かしてくれる人 ・職員は，自分の思っているようなことを理解してもらえる友達ではないから仕方がない
相性がある	・介護職員との間で馬が合う，合わないということがある
好きな介護職員	・最後まで人の話を否定せずに聞いてくれ，他の方法を言ってくれる介護職員 ・性格があっさり，さっぱりとした介護職員 ・いろんなことをよくしゃべる介護職員 ・何かを聞いたらすぐにしゃべってくれる介護職員 ・相手の身になってしゃべってくれる介護職員 ・優しい介護職員
嫌いな介護職員	・ずけずけと物を言う介護職員 ・つんとした介護職員 ・性格がねちねちした介護職員 ・対応がきつい介護職員
嫌な介護職員には関わらない	・嫌な介護職員には，通り一遍のお礼で済ませる ・嫌な介護職員には仕方がないので何も言わない ・嫌な介護職員のことを避ける

表５-６　分析結果「施設の暮らしで気をつけていること」

カテゴリー	コード
笑顔で好かれるようでいないといけない	・好かれるような人間にならないといけない ・かわいらしいおばあちゃんでいないといけない ・しっかりしていないといけない ・いつも笑顔を絶やさない
みんなと仲良くする	・施設ではみんなが仲良くしないといけないと思っている ・一人の人だけと仲良くするのは都合が悪く，みんな仲良くしていないといけないと思う
その人，その人に合わせて対応	・施設ではいろいろな人がいるので，その人に合わせて対応している
もめないように言葉に気をつける	・人ともめないように，自分は無茶苦茶なことや腹の立つようなことは言わないようにしている ・施設では，家庭のことは関係ないので，家庭のことは言わないし，聞かないようにしている ・嫁である自分が我慢していたら家は丸く収まっていたので，施設でも無茶なことは言わないようにしている ・常識を考えて，人に言って良いことと悪いことを考えている ・波風を立たせないように，生活の中でこらえられるようなことは言わないようにしている ・人は良いようにとる人ばかりではないので，人のことは言わないようにしている ・気に食わないことを言わずに人を傷つけないようにしているつもり
相手を嫌だと思ったら，自分のことを考え直す	・相手を嫌だと思ったら，自分のことを考え直す
正直に生きる	・施設では普通に正直に生きていけばよいと思う

ように，介護職員に《気を遣うことはない》としている。

また一方で，ある利用者は，介護職員に遠慮することはあるが，家族にだって遠慮することはある。社会においても，会社においても，互いに言いたいことばっかり言っていては上手くいかない。遠慮しないでと言っても遠慮する人は遠慮するし，お年寄りでも言わなくてもいいことまで言う人もいるし，介護職員もお年寄りも五分五分だと語り，介護職員との関係は，《普通に遠慮するところがある程度がよい》としている。

しかし，施設では，ほとんどの利用者が終末期まで過ごすことになり，利用者も今以上に介護が必要になる時期がくることを理解している。それは，介護職員との関わりも継続されることを意味する。そこで，「あの，まあ，仲良うしてねえ。お世話になるのやさかいに，仲良うせないかんしと思うさかいに，（中略）【長いこと一緒にいるから？】そう，死ぬまでねえ，お世話になってないかんのやし」あるいは，「【こんな人がおったらちょっと嫌やなあとか思うのってありますか？】そんなこと思ったらあきません。【あきませんか？】やっぱり，同じように生活しているのやさかい，やっぱり同じように生活せないかんさかい，なかなか難しい」と語るように，施設での生活上，やはり，介護職員とは《仲良くしないといけない》という，思いも示されている。

また，第4章で報告した気の合う介護職員のように，利用者には日々の生活の中で，特定の介護職員と関係性が近くなり，互いに気遣い合っている場合がある。しかし，特定の介護職員に限らず，入所時から介護職員が良い人ばかりでよく話す，あるいは，フロアの他の利用者が話をしてくれないので《介護職員とはよく話す》《介護職員と話していて楽しい》とも語っている。

一方で，介護職員の個人的な話は聞いたことはないし，個人的な《話をすることがない》と語る利用者もいる。さらに，そう語った利用者は，「【毎日，こうして日常の話をしていて，関係というのが変わるのかなとか】いやあ，そんな深い関係，深いお付き合いがないですし，ほんまに，日常茶飯事のことだけの会話ですさかいに，そこまで，深い感情は起こりませんね。【ああ，○○さんは】はい，私だけかも知れませんけど」と語るように，《印象に残っている介護職員はいない》という。

他に，ある利用者は，自分のフロア担当の介護職員は，自分のことを知ってくれているので話をしても早くわかってもらえる。しかし，他のフロア担当の職員は日常的に関わりがなく，自分たちのことを知らないので，《自分を知らない介護職員と話しても仕方がない》と語っている。しかし，施設では，長期間にわたって同じ職員がフロア担当にとどまっているとは限らない。退職はもちろん介護職員の異動，担当フロア替えが行われるため，自分のことを知ってくれている介護職員との関わりが途絶えることもある。介護職員の異動を経験したある利用者は，「今までにここ○年ほどいる間に，○○（他部署）の方に4

人か５人行かはって。【うん】ほんだら，みんな上手いこと仲良くしてた，もう，風邪ひきなな，あんじょう言って，あの，残念やなって言って」というように，仲良くしていた介護職員が他部署へと異動していき，残念だったことを語った（《仲の良い介護職員が異動し残念だった》）。他にも，辞めてしまった職員の中に洗髪の上手な人がいて，頭がかゆい時には，あの人はきれいに洗ってくれたなあと思うと語られた（《印象に残っている職員がいる》）。また，別の利用者は，介護職員の異動は，本人が今の担当が嫌と言って移るのではなく，組織の上の命令なので仕方がない。また他の職員が来るし，異動したり辞めていく職員に執着心をもったらいけないと（《介護職員に対して執着心をもたない》），異動や退職によって馴染んだ介護職員との関わりが途切れることを淡々と受け止めているように語っていた。

介護職員との関係性についての認識

利用者の「介護職員との関係性についての認識」として，ある利用者は，自分が入所した当時は，今よりも介護職員と年齢が近く，娘みたいに感じていたが，今は《孫のよう》な感じと語った。別の利用者も，退職した介護職員が出産して子供を見せに来てくれるので孫のようだと語っている。また，ある利用者は，「もう，○年もおりましたらね，本当に家族みたいな気持ちになりますね，お蔭様で。うれしいことです」と，長年施設で暮らし，介護職員に対して《家族みたい》と実感している。

ほかに，自分は学がないので介護職員や実習生からいろいろ教わったと語り，介護職員はいろいろ《教えてくれる人》としている。さらに，ある利用者は，介護職員が自分で食事がとれない利用者を介助している様子を見ていて，その利用者の好きな歌を歌ったり，上手く話しかけながら食事を促していて，介護職員は工夫して介護しており，《単に介護をする人ではない》という認識をもったことを語っている。

また，ある利用者は，《友達のよう》に介護職員と話をすることもある。「そやけど，そうたくさんないね，そんな人はね。【うん，うん，やっぱり，お友達と同じで全員とはそういうわけにいかないですしね】うん，そうや」と語るように，すべての職員に対してそうではないとしている。また，別の利用者も介護職員と友達になったりする場合もあると語っていた。しかし，皆，それぞれ違って，いろんな介護職員がいるので，それは一概に言えないとしている。

さらに，介護職員に対しては，仕事上介護をしてくれるのだし，決まったことをしてくれる，あるいは，言い方は悪いが便利がいい人という介護職員の《仕事上の関係》という認識も語られていた。

そして，やはり，利用者も介護職員との間に《相性がある》としている。ただ，その違いについては，「さあなあ，その人，その人によるやろうね」「それはわかりません」と語るように，人によるということぐらいで，その違いははっきり認識されていない。しかし，利用者が気の合う《好きな介護職員》としてあげているのは，話を最後まで否定せずに聞いてくれ，自分の意見を受け容れてくれた後に他の方法を助言してくれる人，何か声をかけたり，尋ねるとすぐに応えて話をしてくれる，あるいは，相手の身になって話をしてくれる人であり，親身になって話を聞いてくれる人が《好きな介護職員》として認識されている。他に親切で優しい，性格がさっぱりした人もあげられた。

一方で，《嫌いな介護職員》として，「ずけずけと言わはる人，たまにこういう人がいます。こっちのことを思って言ってはるんだろうけど」と語られている。他にも，お風呂で服の着脱時に対応がきつくて，痛い思いをすることがあり，「言い方もきついし，することもきついやね」と語られるように対応のきつい人，性別にかかわらずツンとしている人，さらに，ねちねち言う人があげられている。そして，対応が雑だったり，きつい介護職員に対しては，「あっ，この人ちょっと何やなあと思っているともう，あんまり私ももう言いませんし，そういう時は言わないで，『お世話さんです，お世話さんです』だけね，そうして終わっておきます」と，通り一遍のお礼を言うことで済ませる。また，「ねちねちした人はね，あんまりこっちも呼ばへんもん。これ（ナースコール）で，呼ばないでしょ，そやから，あんまりそんな人は会わへん」と，関わること自体を避けたりしている。さらに，扱いのきつい介護職員に対し，それで通してきているのだから言っても仕方がない，その人はそういう人であると認識し，何か言っても反抗するようになるから何も言わないようにしているとあきらめの姿勢も語られている。このように利用者は，《嫌いな介護職員には，関わらない》ようにしているのである。

施設の暮らしで気をつけていること

また，利用者の語りの中には，介護職員との関係性だけではなく，介護職員，他の利用者も含め施設という団体生活の場で生活していく上で気をつけていることと解釈されることが複数含まれていた。本来，内容領域に該当する語りではなかったが，介護職員との関係性を理解する上での手がかりとなると考えられたため，分析に追加した。

例えば，「ここにおいてもらっている限りは，あんじょういんとね。かわいらしいおばあちゃんでいないと。憎たらしいのではあきません，本当に」，あるいは，「やっぱり好かれるような人間にならないと，と思う。みんなそう思うけど」と語るように，《笑顔で好かれるようでいないといけない》ことが認識されている。

さらに，利用者は，「私らは，あの，けんかせんように，仲ようしていこうと思っているからね。【ああ，寮母さんと？】うん，皆とね。【お年寄りの方もみんな？】うん」「皆仲良うせんとなあ，あかんやろ（笑）。【気を遣ったりしますか？】えっ？【気を遣ったりしますか？　皆が仲良くするために】ひどく気を遣ったりはしないけど，ある程度な。無茶苦茶なことは言えへんわなあ，やっぱり，考えななあ」と語るように，《みんなと仲良くする》ことを心がけている。しかも，相手が介護職員でも利用者でも一人の人だけと仲良くするのは都合が悪く，みんなと仲良くしなければならないとも語られている。

そして，施設の中ではいろいろな人がいる。自分だけがよかったらいいという人もいるが，その人はそういう人だと思って付き合っているとしており，《その人，その人に合わせて対応》するようにしていることが語られている。また，施設ではいろんな家庭環境をもった人がいるので，介護職員に対しても利用者に対しても家庭のことは聞かないようにしている。あるいは，今までの人生を振り返り，自分が嫁として我慢していたら家が丸く収まっていた経験を教訓にして，施設でも波風を立たせるようなことを言わないようにしていたり，自分も人にずけずけと物を言ったり，気にいらないことを言ったりしないようにして，人を傷つけないようにしているつもりなどと語っており，他者と《もめないように言葉に気をつける》という志向がまとめられた。

そのような志向をもちながら，ある利用者は，「あの人嫌やなあと思ったら，ちょっと待てよ，あの人の嫌やなということは，私にあの嫌さがあるんだわ。【私に？】私にもあの嫌さがあるんやわ，だから，私が嫌だと感じたんやわ。【ああ，そう言いますね】だから，ちょっと，ちょっと考えてみようとかね。【うん】ああ，あったあった，とかね，」と，《相手を嫌だと思ったら，自分のことを考え直す》としている。そして，嫌だと思う相手を変えようとするのではなく，自分の気持ちのもちようで，自分から少しずつ変わっていけばいいと考えている。また，別の利用者は，「こっちさえ正直に生きていたらね，嘘やとかね，悪いことをしたら自然とね，こんな中だからすぐわかんの，だから，正直に生きていたらいいの，うん」「で，こっちがね，なんせ正直に生きていたらいいの，おかしいね，曲がった根性をだしたら，あきません」というように，施設の中ではみんなが見ているから，意地悪なことをせず，正直に生きていったらよいとしている（《正直に生きる》）。

3　考　察

介護職員と利用者の関係性

介護職員，利用者にとっても施設でともに時間を過ごし，関わる中で双方が，関係性が近くなる，互いの親密さが増すことを感じていた。そして，両者の間で交わされる会話は，自分の家族の話だったり，結婚生活についての話だったり，私的な内容である。先行研究においても，入所施設のスタッフや利用者との間で親密さが認識されている場合，私的な会話が交わされていることが報告されている（Nussbaum 1991；Bowers, et al. 2001）。そのように親密で，相手から信頼が得られる関係性は，患者の健康状態や（McGilton, et al. 2007），職員の仕事に対する士気に好影響を与えるとされる（Monahan, et al. 1992；荻野 2005）。調査対象者の語りでは，「関係が近くなる」「距離が近くなる」「親しくなる」など様々な言葉で表現されているが，両者の関係性の親密化の過程において，双方が自己を開示し，互いを知り合い，互いの存在を認め合っていく。このような親密化の過程も，「ケア」の過程の一側面として捉えることができる。

また，介護職員は多くが，利用者のことを本当の家族ではないが家族のように近い関係として認識していた。さらに，利用者に対し，自分を励ましてくれたり，成長させてくれる存在であるとも認識しており，介護職員は利用者のことを，介護を必要とする人で，単に必要な介護をするだけの関係性ではないことを実感している。一方，利用者も，介護職員のことを家族や孫のようだったり，友達のような存在として認識している。そして，介護職員の行う介護行為の中にも自分たちに対する気遣いを感じたり，それぞれの人に合った工夫がされており，単に作業として介護を行っているだけの人ではないと認識している。

このように，多くの場合，介護職員と利用者双方が互いに対して，それぞれのケアする，ケアされるという立場，役割からではなく，相手を自分と同じ独自性をもつ一人の人として認識し，関わっていることが理解できる。特に介護職員は，利用者に対して家族のように大事な存在として認識してもらいたいという思いをもつ一方で，利用者が心を開いて，安心していられる存在になりたいとしており，利用者には，日常の生活の中で安心して穏やかに暮らして欲しいという志向をもっていることが示されている。

しかし，介護職員は利用者との間で親密さが高じると，介護職員として利用者と関わることに難しさや危機感を感じている。具体的に介護職員の語りからは，家族のようになりすぎても，関係が「なあなあ」になってしまうことや，自分が関わりすぎると他の職員の介護を受け容れなくなってしまうかもしれないことが危惧としてあげられた。また，気をつけていることとして，感情移入しないようにすること，特定の人に特別な対応ではなく，苦手な人に対しても他の人と同じように公平に関わっていくことがあげられている。これらのことから，介護職員は，利用者との間に親密さが高じすぎると，双方ともが感情的になり，利用者の対応に節度が保てなくなったり，客観的に判断ができなくなる。また，利用者が自分の介護しか受け容れないようになれば，その利用者の生活も立ち行かなくなると考えていることが理解できる。そして，あくまでも相手は利用者であって，自分は介護職員という立場を認識することによってその危険性を回避しようともしている。

しかし，介護職員がこのような危機感をもつということは，日々の関わりの中において，それほど利用者との親密さを認識しているということでもあり，自分の存在も相手から認められているという認識が得られていると考えることもできる。しかし，その親密感から自分を過信したり，対応に節度が保てなかったり，客観的に判断できなくなれば，相手の決断やしようとしていることを待てなかったり，自分がしてあげなくてはならないという思い入れが強くなったりする恐れがある。つまり，それは，相手のもつ力や成長を信じ待つことができないということを意味しており（Mayeroff＝2003），利用者に対して気遣いや援助をしているつもりでも，相手にとって良好な状況に向かわせるという意味をもつ，「ケアする」ことにはならないのである。

また，利用者にとっても，介護職員にとっても，すべての介護職員あるいは利用者に対し，親密さを感じるわけではない。実際，介護職員，利用者ともに相性の良し悪しがあると感じている。特に，利用者には，話がしやすく，最後まで話しを聞いてくれたり，相手の身になってくれる介護職員が好まれている。利用者は，やさしく，自分のことを受け容れてくれる介護職員との関わりを望んでいるのである。

逆に，嫌いな介護職員として，対応がきつかったり，ずけずけと物を言う人，粘着気質の人などがあげられている。このように取り付く島もなく，受容的でない介護職員に対して利用者は，上辺だけのお礼を言って避けるなど，できるだけ関わらないようにしている。

このような関係では，利用者も，そのような介護職員のつらさや苦しみを見て共感したり，引き寄せられるということはあるかもしれないが，その相手を受け容れようとしない以上，互いに，相手にとって良好な状況に向かうよう気遣い，助けるという「ケア」の関係性は形成されない。

ほかにも，介護職員と個人的な話をしない，気が合ったりする職員もいないと語った利用者がいた。しかし，その利用者は家族の面会が多く，用事があったら家族にお願いしていると語っていた。また，同じように認識していた別の利用者も，何かあったら家族が頼りになるとしており，この利用者たちは，施設で生活しているが，彼，彼女たちの関心は，もっぱら離れて暮らす家族に向けられているのではないか。つまり，この利用者たちにとっての「ケアする」対象は施設外にいるのではないかと考えられた。

さらに，施設では，介護職員に異動があったりするため，なじんだ介護職員との関わりが途切れることを淡々と受け止めているように語った利用者がいた。しかし，そう語った利用者と同じ施設の介護職員が，「やっぱりうちらにも異動がつきものやし，今ってね，すごく混乱して，『○○さんどこか行くんか？』って。【ああ，三月ですから】うん。何か，それをすごく気にかけているんやけど，私に気を遣われないように，あんまり言葉にはしいひんけど，二人になったときとか，異動やなあという話をしはったりとか。【うん，うん】また，誰か動くんかとかは，聞いてきてくれはったりとか。どうやろうなって」と，異動の時期に利用者が不安になっていることを語っていた。そして，この介護職員は人事異動があっても，今までの利用者との関係は変わらないと思っているが，利用者の落ち込みは見ていてわかるとも語っていた。これらのことから，執着心をもたないと語る利用者も今までに，介護職員の異動や退職による別れに心を痛めた経験があり，それゆえにはじめから介護職員に対し，執着心をもたないようにしているのではないかと解釈された。

一方，介護職員の場合は，拒否されたり，暴言を吐かれたり，相手の気持ちが理解できないような場合でも，職務上その利用者に対して必要な援助を行わなければならない。さらに，第3章で明らかになったように，その援助過程で介護職員側には相手とわかり合いたいという思いも高まってくる。初めは拒否される場合でも，関わる時間の経過とともに互いの存在を受け容れ，関係性に変化がみられたケースがほとんどであった。しかし，利用者には介護職員のように，苦手な相手にも積極的に働きかけ，理解していく役割は課されていない。したがって，受容的ではない嫌いな相手に自ら関わることもなければ，互いにわかり合い，関係性を変化させることもない。そのため，その相手に対し，「ケアする」気持ちが高じたり，介護職員の脆弱性によって喚起された気持ちも持続することはないと考えられる。

また，介護職員は，利用者に対し，接客業だから体調が悪くても，忙しくしていても，笑顔でいたり，忙しいと思わせないように心がけたり，平常心を保ち，自分のいらいらする気持ちを見せないなどの感情統制を行っていることが語られていた。このような感情統制は，様々な問題を抱え，援助を必要としている利用者に対し，援助者として余計な心配をかけないようにしたり，遠慮せずに頼みごとをしてもらえるように行っていることである。換言すれば，介護職員は，利用者の援助をする上で，つらさやしんどさという相手に対して不快とされる感情を見せず，いつも平常心で，笑顔でいるという姿を，介護職員のあるべき姿として認識しているのである。しかし，ある介護職員は，仕事も忙しく，いつも笑顔ではいられない。認知症状のない利用者には，忙しさの中でいらいらした気持ちや口調を見られているという意識になり，苦手意識があると語っていた。また，この職員は，利用者はお客様であるという認識も語っていたことから，介護職員としてのあるべき姿に対する意識が高いと思われる。しかし，いずれにしても忙しい職場環境の中で，介護職員が，あるべき姿を強いられ，その姿を利用者やその家族から一面的に評価されると認識しているのであれば，精神的負荷は高まるだろう。

施設生活における利用者と他者との関係性

第4章の考察で述べたように，施設生活においては，介護職員側の事情，あるいは，自分の事情によって両者の間で形成された関係が絶たれるという現実がある。利用者は，今までにも仲の良かった介護職員の異動や退職を経験してきて残念だったと語っていた。また，関係性が絶たれてしまった気の合う介護職員に対する利用者の語りからは，互いがわかり合え，気遣い合えたその介護職員とのつながりを維持させたいという利用者の思いが明らかになった。さらに，介護職員には異動や退職がつきものなので執着心をもたないようにしているという利用者の語りや，３月になると利用者が介護職員の異動を気にしているという介護職員の語りから，介護職員との関係性が絶たれることを恐れる気持ちを読み取ることができる。そして，その気持ちも，換言すれば，介護職員との関係性，つながりを維持したいという思いであると考えられる。

さらに，施設において利用者は，人ともめないように，悪口ととられないように人のことは言わないようにしたり，いろいろな人がいるのでその人に合わせるようにしているなど，介護職員のみならず他の利用者を含め，利用者は周りの人との調和を図ろうとしている。このように，入所施設という集団生活の中では，他の利用者や介護職員との関係に気を配り，ともすれば遠慮ともとれる利用者の気持ちが先行研究によっても報告されている（藤野 2008；小倉 2007)。

しかし，周りの人たちと調和を図ろうという利用者の志向は，単に遠慮せざるを得ないという環境からもたらされるのではなく，周りの人と調和を図ることで自分が孤立しないように，そして，周りの人とのつながりを獲得し維持したいという思いがあると考えられる。日本人は，西欧人のように，独自な意志をもつ自律的な行動の主体ではなく，身近な他者との有機的連関を常に保とうとする関与的主体であり，人とのつながりを確かなものとして保つ中で，自己の存在や自己への確信を見出すとされる（柏木 1992)。利用者は，住み慣れた家庭や地域と離れ，新たな生活環境で新たに出会った人々と関わり，ともに過ごす時間の中で，自分の存在が受け容れられ，認められることによって，安心感や充足感を得て，さらに，その感覚，感情を保持していたいという志向をもっていると考えられる。そして，他者から嫌われないように，あるいは，他者を傷つけないようにするなど，単に周りとの関係性を取り繕おうとするだけではなく，相手の嫌な面を見つければ，省察して考え直したり，自分は正直に生きていけばよいと決めている。

また，ある利用者は，他の利用者も入所前にどういった家庭事情があったのかわからないから家族や家のことは聞かないようにしていたり，また，別の利用者が，「みんなそれぞれの生活があっていいんやしね。おんなじではあきません，変わっていていいんです。【ああ，そうですね】それで，こう，うまいこと当てはまっていくんですな。同じやったら衝突します，かえってね」と語るように，利用者は，周りの人との違いを認めながら，そして，その違いに配慮しながら，自分なりの生き方をもってともに生活していることが示された。

4　介護職員と利用者の関係性の実態

本章では，介護職員と利用者の互いの関係性に関する語りから，関係性や双方に対する認識の実態を明らかにしようとした。

その結果，関わりの時間の経過とともに，介護職員，利用者がともに関係性が近くなり，親しみが増している。さらに，介護職員，利用者ともに相手に対し役割や立場を認識しながらも，その役割や立場としてではなく相手の独自性を認め，一人の人として認識し，親しみの感情を抱いていることが明らかになった。

一方で，介護職員はそのような利用者に対する親密さが高じることで，客観的な判断が下せなくなったり，公平に関わることができなくなるのではないかという危機感を感じている。　このことは，介護職員が危機感を感じるくらい利用者との間に親密さを感じており，利用者から信頼感を得ていると考えることもできる。しかし，親密さが高じ，利用者の対応に節度や客観性が失われている場合には，その利用者に対して「ケアする」ことができているとは言うことはできない。

実際，介護職員，利用者ともに相手に対しては相性があると感じており，すべての介護職員，利用者に対し，親密さを感じるわけではない。特に，利用者は，自分の存在を受け容れてくれる介護職員を望んでおり，対応がきついなど嫌いな介護職員との関わりを避ける傾向が示された。このように親密さの低い関係性においては，利用者の介護職員に対して「ケアする」意欲は高じないと考えられる。

利用者の中には介護職員と個人的な話をしたり，親しくしている職員はいないと介護職員との間の親密度の低さを語る人もいた。しかし，その人たちは家族に信頼を寄せており，「ケア」の対象は別にいることが推察された。同様に，異動や退職もあるので介護職員に対して執着心をもたないという認識も親密さの低さを示したものだが，介護職員が語った異動時期の利用者の不安な気持ちから，異動や退職によって介護職員との関係が断ち切られるつらさを回避するための認識ではないかと考えられた。

また，日常の関わりの中で介護職員は，利用者に対し，特に忙しさやいらいらするというネガティブな感情を抑え，平常心や笑顔を心がけており，その姿を介護職員のあるべき姿として認識し，利用者のために感情を統制していることが示されていた。

さらに，利用者は介護職員や他の利用者も含め，周りの人々と調和を図って生活しようとしており，相手を傷つけたり，余計なことを言わないようになど生活の中で気をつけていた。これは集団生活における遠慮ともとれる言動であるが，利用者は新しい生活環境の中で，孤立せずに周りの人々とのつながりを獲得し，維持したいという思いがあると考えられる。そして，単にその関係性を取り繕うことのみに腐心するのではなく，相手を嫌う自分を省察して考えを改めようとしたり，相手の事情を慮ったり，互いの違いを認め，気遣いながら周りの人々との関係性の中で，自分なりに生きていこうという志向，利用者の強さを読み取ることができた。

第6章
介護職員と利用者の認識から明らかになった「ケア」の概念

前章までに，介護職員と利用者それぞれに行った互いの関わりにおける認識についてのインタビュー調査結果から，介護職員と利用者，双方の関わりにおいて得られた認識と，双方が認識する互いの関係性を明らかにしてきた。本章では，その結果をもとに，本書の目的の一つである「ケア」とは何か，その概念を明らかにし，さらに，役割や目的をもった時点で「ケア」とは言えないという鷲田清一（1999）の指摘を踏まえ，介護職員と利用者との間の「ケア」の関係性について検討を行う。

そして，第1章で提示した哲学・倫理学領域の先行研究の知見や介護現場の経験から導いた「ケア」を通した「成長」，すなわち，「ケアすること，されることによって得た経験を統合し，自己に対する認識を高めること」「他者による全人的な受容などによって絶対的な安心感を得て，こだわりや不安から解放されること」と本調査結果との異同について検討する。

最後に，メイヤロフ（Mayeroff 1971）が脳や精神に障がいがあって成長することが望めないとする人々とみなされがちである，重度の認知症で意思疎通困難な寝たきりの利用者を中心に，その人たちにとっての良好な状況に向かう内的変化という意味での「成長」を改めて確認し，「ケア」のもつ可能性を示す。

1 「ケア」の概念

介護職員と利用者それぞれに対して行った，互いの関わりにおいて得られた認識や自分の変化についてのインタビュー調査結果について，帰納的な質的内容分析を行った。その結果，介護職員の内容領域「気遣い，助ける（ケアする）こと，気遣われ，助けられる（ケアされる）こと，関わりを通した変化」からは，「利用者から気遣われ，助けられる（ケアされる）こと」（前出表3-1）など6つのテーマ，内容領域「対応困難な利用者に対する関わり」からは，「関わりの当初，関わっている時に思っていたこと」（前出表3-6）など6つのテーマがまとめられた。利用者の内容領域「気遣い，助ける（ケアする）こと，気遣われ，助けられる（ケアされる）こと，関わりを通した変化」からは，「介護職員から気遣われ，助けられる（ケアされる）こと」「気遣われ，助けられる（ケアされる）ことによる相互作用」（前出表4-1）など8テーマ，内容領域「印象に残っている介護職員とのこと」からは，「気の合う介護職員から気遣われ，助けられる（ケアされる）こと」（前出表4-6）など4テーマがまとめられた。ここでは，それぞれのテーマにおいて抽出されたカテゴリーを「ケア」の構成概念（中位概念）として，「ケア」の概念を明らかにしたい。

介護職員の認識から得られた「ケア」の実態

まず，テーマ「利用者から気遣われ，助けられる（ケアされる）こと」「関わりを通して得た励ましや喜びの要因」である。介護職員は，自分たちが介護する立場である，という認識をもちながらも，利用者から心配されたり，助けられたりしていることを認識している。つまり，利用者がその介護職員の置かれた状況やその人となりを理解し，気遣い，助けているのである。

例えば，利用者から気遣われ，声を掛けられたり，「寮母さん」ではなく自分の名前を呼んでもらったり，自分のことを見てくれている，受け容れてくれていると感じるなど，介護職員は，利用者から自分の存在が認められていることを認識している。また，利用者からのお礼や感謝の言葉といった，介護職員が行ったことに対する承認も認識しており，それらは，うれしさややりがい，励みになるという感情とともに語られている。第4章で示したように，うれしさは喜びの感情として，自信や受容感につながるものである（九鬼 1941）。また，利用者から信頼されることも喜びや励みになっていると同時に，利用者から信頼されること，信頼関係を築くことを望んでいた。

特に，内容領域「対応困難な利用者との関わり」の語りからまとめられたテーマ「利用者の変化」では，わかり合えない利用者に関わり続けることによって，次第に利用者に自分のことを認識してもらえるようになり，介護職員は自分の存在が認められている，信頼されるようになったことを実感しており，これらの２つの認識を利用者との関係性構築の到達点として捉えていることが示された。

また，介護職員にとって利用者とともに過ごすことや利用者を知っていくこと，利用者の生きる姿や存在自体が癒しややりがい，仕事の励みにつながっていた。さらに，その利用者の生きる姿から，自分が生きていく上での示唆や人間のもつ強さ，利用者を介護していくときの指針を得るなどの学びを得ていた。このことは，介護職員が関わりを通して利用者の存在を単に介護を必要とする対象者としてではなく，自分たちと同じ，対等な人間として認識していっていることを示すものと考えられる。特に，利用者の抱える問題を老いの現実として，自分の問題としても捉えていた介護職員の語りから，その認識はうかがえる。他にも，「自分の変化」として，利用者を支援していく際の視野の広がり，個々の利用者に対する理解の深まりが示されている。

さらに，テーマ「利用者に対する志向」では，利用者を，独自性をもつ一人の人としてみたり，利用者のあるがままの姿を受け容れていくといった利用者に対する志向を得ていた。また，利用者のつらい気持ちや逆にやさしい気持ちなど利用者のことを知ることによって，介護に対する使命感を高めていた。さらに，介護職員が利用者に対する志向として利用者に対し安心感や自信を与えることや，言葉遣いに気をつけ，認知症の利用者の間違いを正さないようにするなど，利用者に対し，年長者としての尊厳を傷つけないようにし，利用者のことを護ることなどがあげられている。

このように，介護職員は利用者から気遣われたり，助けられたり（ケアされる）することによって，利用者に自分の存在を認められている，信頼されているという認識を得て，喜びとともに自信を獲得し，利用者に対して積極的に気遣い，助ける志向を高めていた。

また，利用者の応答や生きる姿，利用者のことを知ることによっても学びや安心感を得ていた。

そして，利用者に対する関わり方についての反省を通して自己への理解や介護のあり方の理解を深めており，利用者を気遣い，助けることを通して，一人の人としても，援助者としても「成長」しているといえる。

しかし，「ケア」の展開はスムーズなことばかりではない。対応困難な利用者との関わりからは，利用者とうまく関われず，つらさや不安を感じて，利用者から自分の存在が認められているとは実感できない。介護職員の示す，利用者に自分のことをわかって欲しい，利用者のことをわかりたいという志向は，一人の人間として利用者とわかり合いたい，つながり感の充足の希求である。この志向は，利用者を自分と対等な存在として捉えているからこその志向であり，利用者の抱える苦しみに向き合い，ともに背負おうとする志向でもあると考えられる。そして，利用者とわかり合えるように，あきらめない，手がかりを得ようという志向につながっていくのである。

そして，利用者のことや利用者の抱えるつらさ，苦しみを知ることで，利用者に対する共感が高まったためと推察されるが，介護職員はさらに利用者の介護に責任をもつようになったり，関わること自体を楽しめるようになったりしていた。利用者を知ること，わかり合えることが，関わる志向を高め，「ケア」の展開を促進するものと考えられる。

関わりが功を奏し，利用者から信頼され，認められるようになった場合は，そのことから自信を得たり，自身の「成長」につながっていた。しかし，その一方で，関わる時間が経過しても相手に共感できない，受け容れられないというように，相手の存在を承認することができない場合には（それは，まだ利用者から自分の存在の承認もされていないことを意味する），いらいらする気持ちが続き，離職にまでつながってしまう可能性が示された。

利用者の認識から得られた「ケア」の実態

まず，テーマ「介護職員から気遣われ，助けられる（ケアされる）こと」「気遣われ，助けられる（ケアされる）ことによる相互作用」「関わりにおける介護職員に対する認識」である。利用者は，介護職員が自分の体のことを心配してくれたり，何かあればすぐに対応してくれ，いつも自分のことを見てくれている，自分の考えを支持してくれたり，頼んだことをきちんとしてくれたり，自分のために一生懸命になってくれると語っており，それらの語りから，利用者は，介護職員の行為や気遣いに自分の存在が受け容れられている，認められているという認識を得ているものと理解でき，利用者自身もそのことをうれしいという言葉で表現している。

さらに，利用者にとっては，自分のことを知ってもらっていることが安心につながっていたり，知ってくれているから大丈夫とその介護職員を信頼したり，逆に相手を知りたくなったりしていた。このことから，相手に自分のことを知られている，理解されていると認識することも「ケア」の展開を促進すると考えられる。

また，介護職員のおかげで入所時に不安や緊張を感じることがなかった，介護職員が良い人たちなのでここまで生活してこられた，気の合う介護職員の顔を見ているだけでうれしいとも語られており，自分の存在を認め，気遣い，助けてくれる介護職員の存在自体が，利用者にとっての励みや安心，喜びにつながっている。さらに，利用者は，介護職員が自分に対してしてくれることに感謝し，その人となりや専門性を認めることで，自分に対する信頼や安心感，介護職員に対する信頼感を得ていると考えられる。特に，気の合う介護職員との間では，相互が信頼しあえる関係性の中で充足感を得ていることが示されていた。他にも，利用者は自分たちよりも若い介護職員の前向きな姿やよく気が利く姿にも教えられたり，元気をもらったり，励まされていた。

「利用者の変化」としては，利用者も介護職員と関わることで，感謝することや人の温かい心がうれしいと思うことが増えた，自分の心が素直になった，よくしゃべるようになったなど性格的な変化が語られていた。利用者は，介護職員からの気遣いや助けを通して，自身の存在が認められ，受け容れられていると実感できることで，絶対的な安心感を得ていることが推察される。実際，介護職員がきちんとしてくれるから自分も施設に慣れようと思った，介護職員が気遣ってくれるから自然と気遣うようになるとも語られ，利用者は，自分のことを理解し，認めてくれている介護職員の気遣いや助けを受けることによって安心感や自信を得て，自発性や相手を気遣うという志向も強めていけると考えられる。

逆に，利用者は，忙しい職員と一緒に走ってあげたいというように介護職員の忙しさや若さゆえの未熟さなど，介護職員の苦しみや弱さに共感することで，介護職員を気遣い，助けようとしていた。これは，利用者が介護職員の状況や人となりを理解して行っていることである。特に，テーマ「介護職員に対する気遣いや助ける（ケアする）こと」で示されたように，介護が雑な職員にも何か事情があるのではないかと思ったり，介護が未熟な介護職員に対しても，年長者として自分の若かった頃の経験を振り返りながらその介護職員の成長を信じて許容したり，気まずいときには自分から声をかけるなど配慮を行っている。

このような気遣いや助けを行うことは，単に同情からの言動としてではなく，利用者にとっては自分の経験を振り返って吟味することとなり，人間の成長や自分の生きてきたことの意味を理解し，自らに統合していくことにつながっていると考えられる（Erikson, et al. ＝1990）。さらに，介護職員を助けようと行っていることや，自分の経験を若い世代の介護職員に伝えること，さらには自分自身の生き方や頑張る姿が介護職員に影響を与えており，介護職員の学びを促し成長させるだけでなく，逆にそれによって自分も学びややりがいなどの「報酬」を得ている。つまり，利用者も介護職員を気遣い，助けることによって「成長」しているのである。

その一方で，テーマ「介護職員に対する希望」としてまとめられている介護職員に対し「～して欲しい」という形で語られた利用者の不満は，自分のことをきちんと見ていて欲しい，本音を言って欲しいなど，介護職員に自分のことを対等な一人の人間として認めて欲しいという認識であった。また，テーマ「介護職員に対する遠慮」で示された，介護職員を立てる，失礼なことはしないという利用者の認識は，介護職員を介護する人，自分のことを介護を受ける人と位置づけ，介護職員と距離を置いたものであり，これでは介護職員の脆弱性を理解する機会は得られない。したがって，気遣う，助けるといった志向にもつながっていかないと考えられた。

逆に，特に内容領域「印象に残っている介護職員とのこと」についての語りからは，利用者が互いに理解し合えている，気が合うと認識している介護職員に対しては，利用者は自分自身のこと開示し，介護職員と個人的な話をしたり，一緒に外食するなどともに過ごす時間をもったり，利用者は介護職員との間で安心感やつながりの充足感を得ていた。そして，退職など気の合う介護職員との関係が絶たれた，あるいは，絶たれそうな状況においてはあきらめや残念がる思いが語られており，利用者は，気の合う介護職員とのつながり，つまり，わかり合える他者との関わりにおいて得られる安心感や充足感を希求していることが読み取れた。

介護職員と利用者の認識から得られた「ケア」の概念

ここでは，前節までに示した介護職員と利用者それぞれから得た認識とその変化についてまとめ，「ケア」の概念を示したい。

まず，介護職員が利用者から気遣い，助けられる（ケアされる）こと，関わりの過程で得た認識である。介護職員は利用者との関わりを通じて，利用者から自分の存在を認められたり，必要とされたり，信頼されることによって，うれしい，励まされると感じ，自分に対する信頼や安心感を得ていた。また，わかり合える利用者と一緒にいること，つまり，自分のことを認めてくれている利用者と時間や場をともにすることによっても，癒されたり，つながりの充足感を得ていた。そして，利用者の生きる姿や自分たちの関わりによる利用者の良好な変化を経験することによって得た多くの学びや，やりがいの気持ちを自分のものとして，自らの生き方に反映させようとするなど，人格的な「成長」に向かっている。

介護職員は，日頃の関わりを通して利用者に対し安心と自信を与えるという志向をもっている。さらに，介護職員は利用者との関わりを通した変化として，利用者の置かれた状況や人となりを知ることによって，その利用者に対し，さらに，一人の人としてみていこう，責任をもってみていこうという意欲を高めたりしていた。つまり，介護職員は，利用者の苦しみや弱さを知ることによって，それらを抱える利用者に向き合い，気遣い，助ける（ケアする）志向を強めているのである。また，介護職員は利用者との関わりを振り返って，自分の能力の限界やなすべきことを認識し，利用者を気遣い，助けることによって自分自身のことを知ることにもなり，介護職員としての「成長」にもつながっている。

一方，利用者は介護職員との関わりの中で，自分のために何かをしてくれる，自分を見てくれているなど介護職員に自分の存在を認められ，受け容れられていることを実感することで，自信や職員とのつながりの充足感が得られたり，介護職員を信頼し，自分のためにしてくれることを承認することで，安心感を得ていたと考えられる。

また，利用者も若い介護職員から教えられることがあったり，励まされたりして学びややりがいを得て，人格的な「成長」を図っている。そして，介護職員のことや，置かれた状況を理解し，認めることで，介護職員に共感し助けてあげたいと思ったり，これ以上心配をかけないようにと配慮していた。そして，年長者として若い介護職員の未熟さを許容したりする中で，自分の若かった頃を振り返りながら自分の経験を自らに統合させたり，自分が経験したことを教えたり，自分の生き様を示すことで介護職員に学びを与えている。

つまり，介護職員は利用者から自分の存在が認められ，信頼されることによって，安心感や自信を得て，さらに利用者を気遣い助ける志向を高めていく。そして，自分を認め，信頼してくれた利用者の存在を認め，信頼し，その利用者にとって良好な状況に向かって気遣い，助けることで利用者に自信や安心感を，そして，他の職員とともに元気に働く姿を通して利用者に癒しや励みを与えているのである。同様に，利用者も介護職員から自分の存在が認められ，信頼されることによって，安心感や自信を得ている。そして，介護職員の抱える弱さや苦しみに共感し，介護職員を気遣い，助ける（ケアする）ことで介護職員に自信や安心感を，そして，自らの生きる姿を通して介護職員に学び与えるというように両者の間で，気遣い助け，与えることが循環し，その過程で互いが「成長」しているのである。

両者の関わりの中で

このような両者の関わりの中で，介護職員，利用者ともに自分の存在が相手に認められ，信頼されることによって，安心感や自信を得ている一方で，さらに介護職員は利用者からの信頼を，利用者は介護職員から自分の存在を認められることを求めていた。

また，介護職員と利用者はともに同じ時間や場を過ごすことで，癒されたり，つながりの充足感を実感している。一方で，拒否や暴力があり対応が困難で，互いが理解し合えていない利用者には，自分のことをわかって欲しい，相手のことをわかりたいという思いが見出され，介護職員のつながりの充足感を希求する姿が示された。さらに，利用者の，関係が絶えてしまった，あるいは，絶えるかもしれない気の合う介護職員との関わりに関する語りから，その介護職員との間のつながりの充足感を維持したいという強い思いが示されていた。これらのことから，存在を認められたり信頼されたりすることから得られる自信やつながりの充足感は，ある時点で一度満たされればよいというものではなく，われわれが生きて「成長」していく中で継続的に必要な認識であることを示している。

このような双方の関わりにおける認識から，「ケア」とは，「相手のことや抱える痛み（脆弱性）を知り，共感することによって，相手にとっての良好な状況に向かうよう働きかけたり，同様な経緯や意図で自分が相手から働きかけられることから始まる相互の関わりの過程において，相手から自分の存在や独自性を認められたり，信頼されることによって，自分に対する信頼や安心感を得たり，相手の存在を認め，信頼すること，また，相手に自信や安心感を与えようとすることを通して，その中で得た経験やその意味を自らに統合し，新たな価値観や指針を獲得したり，自分の居場所を得て現状を肯定できるようになっ

図6-1　両者間における感情・認識の循環（「ケア」の実態）

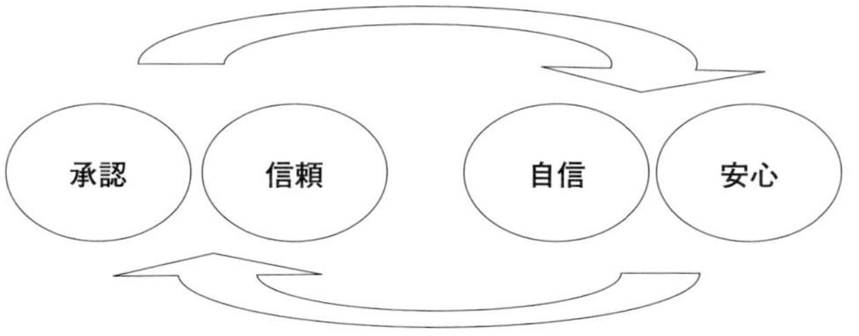

出所：筆者作成。

たり，相手にとっての良好な状況へ働きかける意欲を高めるなど，その人にとっての良好な状況に向かって変化していくこと」であると言うことができる。つまり，「ケア」とは，図6-1に示すように両者の間で，自分の存在が承認される，信頼されるという実感と，その実感によって得られる自分に対する信頼と安心感，さらに，相手に安心感や自信をもってもらうよう働きかけたり，同じように自分に対して働きかけてくれる相手のことを承認し信頼するといった感情や志向が循環し，その過程でその人にとって良好な状況に変化していくという事態である。メイヤロフが「他の人々をケアすることを通し，彼らの役に立つことによって，その人は自身の生の意味を生きている」(Mayeroff 1971：3) と述べているが，他者との関わりを通して存在するわれわれにとって (Kwant =1984)，「『ケアする』こと」「『ケアされる』こと」とは，ともに脆弱性をもつ対等な人間同士が関わりによって，互いに相手の存在のかけがえのなさを認め，相手を生かし，自分も相手に生かされることである。つまり，「ケア」とは，われわれが社会的な存在として生きる営為そのものであり，自他がともに互いを生かし合って生きることなのである。

第3章の考察部分で，入所施設の利用者は，自分の思うような援助が受けられず，何もできない無力感や心身の衰えからのあきらめや葛藤を感じていることが報告されており（小倉 2005；藤野 2008)，本調査でも，施設の生活において「人の役に立っていない」「役立つことはできない」という利用者の語りがあることから，生活上何らかの援助が必要である入所施設利用者の多くが，老いや障がい，制約のある中での生活のしづらさによる無力感やあきらめの気持ちをもっていることを記した。しかし，本調査で明らかになっているように，利用者は介護職員の人となりや忙しい状況を理解し，その状況に共感し，助けようと思ったり，気遣ったりしている。さらには，利用者が意識しなくてもその生きる姿や存在自体によって介護職員に様々な学びや励み，癒しや自信といった感情，認識を与えている。また，利用者自身も未熟な介護職員を許容したり，気遣うことで，自分の若い頃の経験を振り返り，その経験や意味を自分に再統合させていると考えられる。つまり，利用者も介護職員と同様にケアされるだけの，護り，与えられるだけの存在ではなく，ケアする存在であり，介護職員からのケアを受け，さらに介護職員を「ケアする」ことで「成長」している存在なのである。

自己の意識は，社会的なものであり，基本的にはその人が置かれた社会的状況や位置によって規定されるものである（梶田 1988）。したがって，介護職員は，利用者を単に一方向的に援助を受ける人とみなして援助を行うだけではなく，まず，利用者をともに社会の中で生きる存在として認識し，利用者も他者を「ケアする」ことを認めることが必要である。そして，利用者が他者をケアする機会を保障すること，すなわち，利用者にとって，相手に自分のことが理解され，その上で，気遣い，助けられる経験や，相手を理解し，相手にとっての良好な状況になるよう気遣い助けるといった，他者との関わりをもってもらえるようにすることが必要となる。もちろん，それは，利用者にとって必ずしも介護職員との間で展開される必要はない。家族や友人，他の利用者との間であっても構わない。第1章で述べたように，他者とともにいる人間存在として，自分がケアされ，また，他者をケアする存在であることが重要なのであり，他者と関わることもなく，他者との関係の中で自分の居場所にいるという認識をもてないことが問題なのである。

介護職員も利用者を「ケアする」ことによって，利用者の自信や他者とのつながりの中で得られる充足感を導き，利用者の「成長」を促していると同時に，利用者から「ケアされる」ことで，自分も自信や充足感，学びを得て，人格的にも介護職員としても「成長」している。介護職員は利用者に対し，単に道具的で，時間に換算可能な援助を行っているのではない。そして，利用者もそのような援助を受けるだけの存在ではないのである。

2　介護職員と利用者の「ケア」における関係性

職業的役割をもつ介護職員と利用者の間の「ケア」の関係性

「ケア」とは，ケアする人，ケアされる人がともに社会的存在として生かしあうことである。介護職員と利用者の援助関係においては，抱える問題のために自信を失っていたり，不安を抱える利用者が，介護職員の援助という行為や気遣いによって，自信を取り戻したり，自分の居場所を得て，自律的な活動に向かっていくことができる。そういう意味では，ローチが指摘するように看護師や介護労働者の職業は，もともと人間として備えている「ケア」の欲求や能力を職業化したものと言える（Roach =1996）。しかし，彼女は，人間がもともと「ケア」の欲求や能力を備えているとしても，まったくの習慣としてケアするわけではなく，ケアリングを職業化するためには，それを人間の存在様式であることを認めるとともに，特定の役割と責任に応じてケアする能力を高めることと，社会的に要求された特定のケアリングを行うという役割を果たすために，認知的，情緒的，技術的および管理上の技能を獲得することが必要であるとする（Roach =1996）。「ケア」を職業化している介護労働者は，日常生活において介護を必要とする利用者の自立した生活を援助目標として利用者を援助することが社会的に求められている。そして，介護労働者の働く場には，そのニーズをもった人々が利用者として集まっており，介護労働者はケアする人の役割を担わされ，両者の出会いや援助関係自体は意図的なものである。その上，その期待されている役割や疾病，社会資源などの専門知識や互いに対する情報量の非対称性が存在するがゆえに，上下関係が生じやすいという関係でもある。

しかし，鷲田は，ケアとは「看護とか介護といった職務（＝役割）においてではなく，職務を超えて誰かあるひとりの人間として現れることなしには職務そのものが遂行できないという矛盾を抱え込んだ営みなのである」（鷲田 1999：208）と述べる。そして，ケアがケアでありうるのはなんらかの目的や効果を勘定に入れない，つまりは意味を介しないで条件なしで「ともにいること」であり，何らかの条件をもって行われるケアはケアとは言えないという（鷲田 1999）。

同様に，立山善康もノディングズの「なによりもまず，ケアするひとであって，二次的に専門化した任務を果たしているにすぎない」（Noddings =1997：271）という指摘を下敷きに，「ケアの出発点は人間と人間の出会いであって」，例えば看護師や介護労働者として患者や利用者と出会ったことはたまたまであるにすぎず[(1)]，「その役割の固有の任務はケアの本分に比べれば副次的なものにすぎない」（立山 2006：193）という。一定の目的や役割をもった職業という枠の中にある介護労働者は，このような鷲田や立山の指摘をどのように理解すればよいのだろうか。

第５章で示した介護職員と利用者の語る互いの関係性の実態をみれば，介護職員も利用者も施設でともに時間を過ごし，関わる中で関係性が近くなる，互いの親密さが増すことを感じている。そして，介護職員の多くは利用者の存在を，自分を成長させてくれたり，励ましてくれたり何か与えてくれる存在として，また，家族とも友達とも違うが近い存在，仕事の対象ではあるが，自分の生活の一部であったり，メインになる人という認識をもっていた。関係性についても，家族のような関係，そこにいて当たり前というような身近で自然な関係などと認識されており，介護職員は，利用者を単に介護を必要とする人ではなく，両者の関係性も単に必要な介護をするだけの関係ではないと考えている。そして，ある介護職員は，利用者には公平に関わり，個人的な感情をもたないようにしていると語りながらも，やはり，ともに過ごしたり，介護を通して家族のような気持ちになると語っていた。これらのことは，介護職員は利用者をケアし，ケアされる中で利用者に対し役割としてではなく，一個人として利用者に向かい合っていることを示すものである。

利用者の方も，多くが介護職員に対し，孫のような感じ，家族のよう，友達のようと認識していた。そして，介護職員の行う介護行為の中にも自分たちに対する気遣いを感じたり，それぞれの人に合った工夫がされ，単に作業として介護を行っているだけの人ではないと認識していた。また，気の合う介護職員からケアされることについての語りでは，介護職員が家族のように，親子のように大事にしてくれる，心から何でもしてくれると語られ，その上，利用者も自分のことを知らせたり，気の合う介護職員の個人的なことをよく知っているなど，利用者も介護職員を個人として捉えていることが理解できる。

役割を超えた関係性

水野治太郎（1991）は，ケアは相手と自己の相互の関わりがダイナミックに変化していく過程であり，例えば，自分の心の喜びのためなど，ケアの動機が自分の感情に置かれていても，相手との関わりの中で修正していく柔軟性があれば，相互の関係は発展していくとしている。本調査の結果をみても，介護職員に，日常生活において介護を必要とする利用者の自立した生活を目標に利用者を援助するという役割が期待され，それを一義に遂行しているとしても，その役割における関わりの中で，互いを知り合い，存在を認め，信頼し合っていく中にあって，相手の成長を助けることを志向していくならば，（つまり，「ケア」の関係性においては），結果として役割を超えて個人が立ち現れてくるものであるといえる。

したがって，鷲田の言う，職務を超えて誰かあるひとりの人間として現れることなしには職務そのものが遂行できないという指摘はまさにその通りではある。しかし，彼の指摘は一見すると，その職務を遂行するために，関わり当初からその職務を超えていることが必要であるかのように捉えられ，そのことが目的化してしまうことが危惧されるのである。ノディングズや立山の指摘も同様で，確かにケアしケアされる中で，利用者も職員もそれぞれが自信や充足感を得て成長していくことは重要なことであり，「ケア」が人間の存在様式（Roach =1996）と言われるものであったとしても，介護労働者や看護師がもつ役割を軽視した印象を与えてしまうのである。

第３章で示した介護職員の対応困難な利用者との関わりにおいて，実際に，利用者と分かり合えずつらかった時に原動力となったのは同僚や先輩の励ましであった。このことから，介護職員を対応困難な利用者に向かわせたものは，わかり合いたいというともに存在する人間としての意識はもちろんであるが，職務上その利用者を介護していかなくてはならないという役割を遂行するという動機づけもあったと考えられる。結果として，多くの場合，対応困難な利用者は，介護職員との関わりの中で介護職員を受け容れたり，信頼できるようになっている。介護職員もその利用者のかけがえのなさに気づくなど，何らかの「成長」が促されていた。また，本調査では，介護職員も利用者も互いが，誰に対してもそのように関わりが深くなるわけではなく，相性があるという結果も出ており，逆に介護職員に関わり続けるという役割があったことで，対応困難な利用者にも，介護職員とケアし，ケアされる関係性が形成されていったと考えることができる。さらに，介護職員の職務に対する信頼も利用者にとっては安心感や介護職員の存在を承認することにもつながっていくものである。

したがって，介護職員と利用者の出会いは意図的で職業的役割を媒介とし，立場が非対称的なものであっても，自分と同じように利用者を同じ痛みを抱える弱さをもつ人間として，独自性を認めて互いが知り合っていくことで，また，目的があったとしても，それが利用者の人格的成長を助けることで，利用者にとっての良好な状況に向かうものであるなら，結果として両者が役割を超えて個人として立ち現れ，ケアしケアされる関係性は成立しうるものである。さらに，両者の関係性において役割を超え，個人として立ち現れているといえるのは，あくまでもその関係性，プロセスの結果からであって，最初からそれ自体を目指すものではないことに留意しなければならない。

「ケア」の関係性における介護職員と利用者の距離

また，鷲田（1999）は，看護師は日々の業務の中で，通常，人がごくたまにしか経験しない患者の生死を多く経験し，感情のぶれを頻繁に経験したり，仕事上でのしんどさを個人生活に持ち越さずにはいられないこともあるために疲弊し燃え尽きてしまうと，ケア関係においては必要ではありながらも，本来の自分として関わることの難しさを指摘している。そして，この燃え尽きを防ぐためには，対象と一体化するのではなく「切るところは切る」という距離感覚も必要であると述べる（鷲田 1999）。

このような感情のぶれの経験は介護労働者も同様である。本調査結果では，対応困難な利用者から暴力を振るわれたり，優しい時と興奮時のギャップが激しく，できたと思った信頼関係が崩れたような気になったなど精神的なつらさが語られていた。職務上のことと言っても，生身の人間同士が向き合うのであるから，利用者から拒否や攻撃を受けたり，利用者の死や事故に遭遇したりすることなど利用者との関わりに起因する精神的な動揺や負担は大きいものである。特に，利用者からの拒絶や暴力は，介護職員側に何らかの原因はあったとしても，介護職員も人格を否定された気持ちになってしまうものである。また，介護職員は，自分がしんどくても，利用者に心配をかけないように，遠慮しないようにしんどい顔やいらいらした気持ちを見せないよう笑顔で平常心を心がけていた。それでも，忙しくていつも笑顔ではいられないし，そのいらいらした気持ちを見られているのではないかというジレンマも語られていた。

しかし，この利用者との関わりに起因する精神的負担は看護師であれ，介護労働者であれ，程度の差はあるにしても対人援助の仕事の特性として避けることは困難である。このような負担の軽減策について三井さよ（2004）は，看護師に対するフィールド調査から，患者の拒否的態度を無視して，物理的に看護業務は行うがコミュニケーションを断つといった「業務的」態度と自らが看護師であり職務として患者に関わり，自らのすべきことやすること，相手との関係性をそのつど生じた問題状況に即して限定し，その範囲内で責任を負おうとする「戦略的限定化」を見出している。このように精神的な負担を軽減，回避するために一時的にその利用者との関わりから距離を置くことも有効な方法ではある（Montgomery =1995）。しかし，前者はもちろんのこと，後者でもその限定化の期間が長くなればケアしケアされる「ケア」の関係性は成立しない。また，どれくらいの期間そのような態度でいるのかも判断の難しい問題である。

さらに田村充子（2005）は，この一時的な「戦略」が一時的ではなくなり，医療者の態度が役割的関係そのものに安住してしまうことを懸念している。本調査では，この負担を軽減するものとして既述のように同僚や上司の励ましやアドバイスなど職員間の助け合いがあげられていた。しかし，田村の指摘する懸念を払拭するためにも，このような仕事の特性である利用者との関わりに起因する精神的負担については，個人の性格の問題とするのではなく，対人援助職の仕事の特性として捉える必要がある。そして，職員同士によるサポートやスーパーバイズの仕組みを整えたり，患者との間の感情的な異和感を対自化させ，内省し，感情的なズレの意味を吟味することで，相手との和解を図っていくという方法（宮本 2008）により，セルフケアを促すなど精神的負担の軽減に向けて組織的な取り組みを積極的に進める必要がある。

介護職と利用者の関係性の近さ

さらに，本調査では，介護職員は，利用者との関係性が近くなる中で，利用者に対し，職員としての関わりと個人としての関わりのバランスや線引きについて困難さを感じていた。関係性が近くなることで，双方が感情的になり，介護職員は利用者の対応に節度が保てなくなったり，客観的に判断ができなくなる。利用者が自分の介護しか受け容れないようになれば，その利用者の生活も立ち行かなくなるなど，その弊害について危惧しており，感情移入しないようにする，特定の人に特別な対応ではなく，苦手な人に対しても他の人と同じように公平に関わっていくなど，気をつけていることが語られていた。このことは，換言すれば，日常の関わりの中で，このように気をつけなければならないほど関係性が近くなり，個人として立ち現れることを示すものであり，それゆえの危惧であると考えられる。

精神科医の成田善弘（2001）は，心理療法の治療者・患者関係は，表面上は職業的な現実的で理性的な関係（医者と患者の関係）として始まるが次第に個人的な空想的，情緒的関係（人間と人間としての関係）が支配的となり，転移・逆転移として生身の関係が入り込んでくるとする。しかし，後者の関係が発展しなければ，患者が深く抱える問題は明らかにならないため，治療者は前者の関係を確立しその枠を守りつつ，その中で後者の関係の発展を許し，自らもそこに組み入れられ，参加するという二重の関係を生きることが課題となるとしている。このように，個人として立ち現れるがゆえの両者の距離のとり方の難しさが，「ケアする人」の役割を担う対人援助職と対象者の間で展開される「ケア」の関係性が抱える一つの問題であり，特性でもあると言える。

本調査結果では，介護職員は関係性が近くなることによって生じる自分の在り様の迷いに対し，自分が職員という立場であるとして，その役割を意識することで回避しようとしていた。上記の成田（2001）は，職業的役割関係の枠を守りつつ人間と人間としての関係の発展を許すと述べている。つまり，対人援助職と対象者の間で展開される「ケア」の関係性においては，ケアする人，ケアされる人の両者が，個人として立ち現れるがゆえに，職業的な役割や立場を意識することを手段として，自分の公私のバランスを調整し，関係性の接近によって危惧される行き過ぎや馴れ合いの関係性を防ぎ，利用者との距離を保つということである。

このことは，同じ利用者との距離を保つことではあるが，三井（2004）の言う「業務的」態度や「戦略的限定化」とは異なる。ある介護職員が「普通に自然な形で家族的になったりはするけど，そういう，難しいですね，その中で，それこそ，仕事としての介護職としての視点を持たないと，でも，それは，仕事観，利用者さんとは……」と語ったように，関係性の中で，個人として立ち現れることを否定するのではなく，自分の役割や立場に立ち返ることによって，自分自身のことを吟味するのである。このことは，自分自身の役割や目的，自分自身のケアする能力や限界，相手の成長に必要なケアを見直す自己の覚知であり，自己に対する「ケア」でもあると言えよう。

逆に利用者の方は，介護職員との関係性における自身の立場については，困難としては語られていなかった。互いが関係性において知り合う中で，気の合う介護職員に対しては，例えば，お礼をしたいのに，施設では職員はお礼を受け取らないという規則があるために，お礼をするとその職員に迷惑を掛けてしまうと，介護職員の職業的立場を理解して気遣っていた。さらに，介護職員との関係性を孫のよう，家族のようと認識する語りもあり，職員に親近感をもっていた。前節でも指摘したように，利用者は介護職員を職業的な役割をもった人として認識しながらもそれだけにとどまらず，ともに過ごすことで充足感を実感したり，つながりを維持したいと願うなど，関係性の中で個人として立ち現れた介護職員の存在を，利用者も立場や役割とは関係なく個人として認めていると考えられる。しかし，その一方で，介護職員の言うことは常識的なので聞かないといけないと思うといったように，介護職員を立てたり，遠慮する語りもみられ，利用者も介護を受けるという自分の立場，介護をする介護職員の立場を意識している場合もあることが理解できる。

さらに，言葉や介護がきつかったり，ねちねちした性格の人には，通り一遍のお礼だけで済ませたり関わらないようにすることが語られていた。もちろんこのような場合には，利用者はその介護職員を理解したり，働きかけたりはせず，両者の距離は離れたままで「ケア」の関係性は成立しないと考えられる。

役割ではなく立ち現れる個人

以上のように，介護職員と利用者の「ケア」の関係性は，職業的役割関係から始まるが，それでも，互いが知り合い，互いの存在，独自性を認め合っていく中で，役割ではない個人が立ち現れることによって展開されていく。そして役割としてではなく，立ち現れている個人としての介護職員から，同じくともに対等な独自性をもつ人間として自分の存在が認められ，信頼されることによって，安心感や自分に対する信頼が得ることができて，利用者は人格的な成長を図ることができるのである。役割に徹した道具的な援助だけでは，また，役割上の声かけや気遣いでは，「ケア」の関係性は生まれない。ある利用者が，介護職員が介護を仕事としてやっているだけなのかは，態度や言葉でわかると語っていたが，利用者の言葉で言えば，「お上手ではない」「心から」してくれることや言葉でなければ，「ケア」は生まれないのである。

しかし，個人として立ち現れるがゆえに，役割をもつ援助職は自分の立場に迷いを生じたり，関係性が行き過ぎてしまう恐れがある。そうなれば，利用者の不利益にもつながってしまう。そこで自分の役割に立ち返り客観的に援助の目的や自分のもつ能力，利用者にとって必要なケアについて吟味することによって，その迷いや恐れをとどめるのである。これが，「ケア」を職業化している介護職員，すなわち，介護労働者と利用者の「ケア」の関係性である。

介護労働者と利用者の間では，職業的役割が否定され，個人が立ち現れるところで互いがケアしケアされ成長する。そして，個人が立ち現れ，関係性が近くなるがゆえに起こる援助職の葛藤や客観性を失うなどの弊害は，逆に，職業的役割を再認識することによって回避される。つまり，介護労働者と利用者のケアしケアされる関係は，職業的役割によっても守られる側面ももっているということである。この部分は，介護労働者と利用者の間で展開される「ケア」のもつ矛盾といえるのではないだろうか。

3　先行文献や現場の経験から示した「ケア」の概念と本調査結果との異同

本書では，介護職員と利用者の関わりにおける認識から「ケア」の概念を明らかにしていくにあたって，第1章において，メイヤロフを中心とした先行文献による「自己認識や自律性を高める」という意味での「ケア」の「成長」と自身の現場経験による「こだわっていた自己を開放していく」という意味での「ケア」の「成長」を示した。ここでは，それら2つの「ケア」の「成長」について，本調査結果と比較し，その異同について示したい。

介護職員，利用者にとっての「ケアする」ことによる「成長」

メイヤロフは，ケアすることで，「今まで以上に明確に自己決定し，自分自身の経験に基づいた自身の価値や理想を選択することによって成長する。（略）そして，さらに自身の決定がしっかりとできるようになり，その決定に喜んで責任をもつことができるようになる」（Mayeroff 1971：13＝2003：29）と述べ，ケアする人は，相手を気遣い，助けることによって，関わりの結果を含めたその経験から自分の価値観や志向が定まり，それに裏づけられた決定を下せるようになることを示している。

さらに，メイヤロフは，ケアする人にとって，ケアするに「相応しい対象（appropriate others）」を見出し，その対象の成長を助けることを通して，自己の生の意味を発見し創造していくことこそが「場の中にいること（in-place）」であり，自分の生の中で安定性や了解性を増すとする（Mayeroff 1971）。つまり，これは，ケアする人にとっては，相手に自分の行った援助が認められ，自分が必要とされることによる帰属感や自信を得て，自分の役割や進むべき道を確信することができるようになることであって，そのようなケアする相手との，今，ここにおける双方向の関係性の中で，自身や置かれた状況に対し「これでいい（good enough）」と感得でき，その絶対的な安心感によって，さらに前向きに物事に取り組めるようになると解釈される。

本調査結果では，介護職員は利用者に対し，安心感と自信を与えるという志向をもって援助を行っていた。特に，対応困難な利用者との関わりにおいて顕著であったが，利用者にとって良好な状況に向かうよう働きかけ続けた結果，自分の存在を認めてくれたり，信頼してくれるという利用者の変化を関係性構築の一つの到達点と認識し，そのことで自信やその利用者とのつながり感を実感していた。さらに，その関わりを通して，例えば，楽にしてもらうことばかりがその人を援助することではないことを知ったというように援助観を変容させたり，自らの援助を反省するなど，「ケアする」ことによる価値観の変容や，さらに関わろうとする意欲の高まりなどが明らかになっている。とりわけ，利用者に対する志向として，利用者を一人の人として見ていくという志向や利用者に対する援助に責任を持つといった志向は，利用者との関わりを通した認識の変化としても示されており，介護職員が利用者との関わりを経てこれまで自分がもっていたこれらの志向の重要性を確信し，援助の基盤となる思想として内在化させていると推察される。

同様に，利用者も介護職員の事情やつらさを知り，共感することによって介護職員を気遣い，助けはじめていた。そして，この介護職員に対する気遣いや助けの中には，若い介護職員の言動を受容し，今後の「成長」を信頼してなされているものがあった。それは，利用者が若い介護職員の示す言動を契機に，自らの若い頃の言動を振り返って吟味し，当時の自分の言動や人の成長の意味を自らに統合した上で，介護職員のために行われていると推察された。また，利用者の中には，気遣い助けることが自分のためにもなっていると自らの言動を肯定したり，介護職員を助けてあげたい，見習われるようにしたいと語っている人もおり，介護職員を助ける自分という自己認識を明確にもっている人もいた。

このように，本調査結果では介護職員，利用者ともにメイヤロフの示す，相手との関わりを通した経験や認識を自分に統合させ，結果として「自己認識や自律性を高める」といった意味での「成長」が図られていることが見出された。このことは，メイヤロフのケア論の一端を実証したことになる。しかし，本調査結果は単にメイヤロフのケア論の一端を実証したというレベルでの意義だけではない。介護職員のケアする過程における認識の変化を示せたことは，介護福祉士等のテキストにおいて重要なセンテンスとして示されながらも，観念的で十分に説明されているとは言えない「ケアする」ことによる「成長」の実態，メカニズムを具体的に示したことになる。さらに，一般的に「ケアされる人」と捉えられる利用者が，介護職員という「ケアする人」の脆弱性を理解し，気遣い，助けている事実，そして，人生の円熟期にあたる時期に，利用者が若い介護職員を気遣い，助けることを通して，さらなる人格の「成長」を図る実態を示すことで，「ケアする人」としての利用者の姿と，利用者が社会的存在として生きるために他者をケアする機会を保障する必要性を示すことができた。

介護職員，利用者にとっての「ケアされる」ことによる「成長」

メイヤロフのケア論では，ケアする人の「ケアする」ことによる「成長」に主眼が置かれ，ケアされる人にとっての「ケア」の意味やケアされる人がケアされてどのように変化するのかまでは示されていない。彼が，「ケアされる」ことによる成長について示しているのは，ケアされる人がその人以外の誰かをケアできるようになり，さらに，自分自身のケアをするようになること，その人が学びうる力をもつところまで学ぶことを意味している。そして，その学ぶこととは，知識や技術を単に増やすことよりもむしろ，新しい経験や考えを統合的に受け止めていくことを通し，その人格が再創造（re-creation）されることであるという部分である（Mayeroff 1971＝2003）。ケアされる人にとっては，ケアする人による気遣いや，助けを受ける中で，その過程を通して得られた新しい経験や考えを自分のものとし，人格を成長させていくこと，つまり，ケアすることによる「成長」と同様，ケアされることによっても「自己認識や自律性を高める」という意味での「成長」が図られるということである。本調査結果における「ケアされる」ことによる「成長」はどういったものだったであろうか。

本調査結果において介護職員は，利用者からの気遣いや助けを受けて，自分たちが助ける立場であることを認識し戸惑いを感じながらも，自分のことを見てくれている，事情をわかってくれているなど，利用者に他の職員とは異なる自分の存在を認められていることに喜びを感じていた。また，利用者からの信頼や利用者に喜んでもらえているという自分たちに対する利用者の応答から得られた認識がやりがいや仕事の継続意向につながっている。これらのことから，自分の存在を認め信頼してくれている人から必要とされている，この実感によって，さらに，その人を護りたい，その人のために何とかしたいという志向を強め，自分がなすべきことを自覚していくと解釈される。このような介護職員の認識は，ケアされることによる「自己認識や自律性を高める」という意味での「成長」というよりも，むしろ，メイヤロフが，相手から必要とされることで得られる帰属感によって了解性が増すと示す，ケアすることによる「場の中にいること」に相当すると言える。

一方，利用者の場合，介護職員が自分のためにしてくれる，いつも自分のことを見てくれている，自分の考えを支持してくれるなど，介護職員が他の利用者とは異なる自分の存在や考えを認め，受け容れてくれていることを認識し，喜びとともに安心感や自信を得ていた。さらに，入所当初不安を抱えていた利用者や障がいを抱えた利用者がそういった介護職員の献身によって，自分も頑張る気持ちになったり，きちんとしないといけないと思ったことなどを語っており，介護職員の気遣いや助けに励まされたり，意欲を増したり，他者に関心が向けられたりしていた。これらのことは，自分のためにしてくれたり，自分のことを理解している介護職員を信頼できることによる安心感や，信頼できる介護職員に自分の存在が理解されている，受け容れられているという帰属感やつながり感によって，今の自分自身や置かれた状況を受け容れることができ，心からくつろげ，安心して自分らしさを発揮できる自分の居場所を得られたことを示唆している。

また，本調査では利用者本人の語りからは明らかにはできなかったが，介護職員の，自分たちの働きかけによって介護職員を拒否したり，精神的に不安定で他者と関わることができなかった利用者が自分を信頼してくれるようになったという認識から，利用者が介護職員の働きかけによって安心感を得て，その相手を信じられるようになったこと，つまり，自分の不安のみに向けられていた関心の矛先を他者にも向けられるようになったことが明らかになった。このことは，筆者の経験から示した「ケアされる」ことによる「成長」である，「こだわりや不安からの解放」を示すものである。

メイヤロフのケア論では，「ケアする」ことによってその相手から必要とされることによる「場の中にいること」しか示されていない。しかし，本調査結果の利用者の認識から明らかになったように，「ケアされる」ことによって，その相手を信頼できる，あるいは，相手から受け容れられていると実感することによっても心からくつろげ，安心できる「場の中にいること」も成立するのである。住み慣れた地域や親しんでいた人々と離れ，生活環境の異なる施設という場に移ったり，日々の生活の中で生きづらさを感じたりする場合が多い利用者たちが，不安や不自由さを抱えながらも自分なりに新たな生活を構築していけるようになるには，メイヤロフが示す他者を「ケアする」ことによる「場の中にいること」よりも，まず，この「ケアされる」ことによる「場の中にいること」，そして「こだわりや不安からの解放」が実現されることが必要であり，それを援助することが介護職員に求められることである。

介護職員，利用者にとっての「相応しい対象」

メイヤロフは，「われわれは，自分にとっての『相応しい対象（appropriate others)』を見出し（finding），その対象の成長を助けることを通して，自己の生の意味を発見し創造する。そして，自分にとっての『相応しい対象』をケアすることが，『場の中にいること（in-place)』であり，自分の生の意味を生きることである」(Mayeroff 1971：76）と述べている。

On Caring（『ケアの本質』）の訳者である田村真ら（Mayeroff =2003）は，「appropriate others」を「補充関係にある対象（他者)」と訳出している。ここで「補充」という言葉を用いた理由として，そういった対象を獲得した時に（状況としては，例えば興味のある仕事を発見したときの充足感，良い家庭を得たときの充実感を得たとき)，それで当人の成長が完了するのではなく，より以上に成長していくための最善の位置にくることができたという意味で，「補完」ではなく，「補充」という言葉を当てたとしている。つまり，「appropriate others」とは，自分にとって，互いに気遣い助け合う関わりを通して，安心感や自信を得ることができる相手という意味である。

本調査結果では，介護職員は利用者と一緒に話をしたり，ともに時間を過ごしたり，利用者と関わっていること自体において癒されたり，やりがいを得られていた。その上，利用者がいるから，あるいは，利用者と話ができるからしんどくても仕事が続けられるとしており，介護職員にとって，介護という仕事を通して関わる利用者の存在自体が，「相応しい対象（appropriate others)」であるといえる。利用者にとっては，自分のことが理解されている，受け容れられていると実感でき，自分もまた，心から信頼し，安心してくつろぐことができる存在として語られていた気の合う介護職員の存在が「相応しい対象（appropriate others)」である。いかなる立場や境遇にあっても，このような相手との出会いが，互いに互いを生かしあうわれわれにとっては必要なことである。

ところで，メイヤロフは，この「相応しい対象（appropriate others）」について，見出す（finding）という表現をしている。この表現では，あらかじめ社会には相手に安心感や自信を与える能力をもっている人が存在していて，ある人がケアすることによる成長を図るためには，そういった人を見出す，探し出すことが必要という印象を与えかねない。しかし，「相応しい対象（appropriate others）」は，相手に安心感や自信を与えられる条件，能力をもった人という意味ではない。本調査結果の対応困難な利用者との関わりに関する介護職員の語りからも明らかなように，われわれはわかり合いたいと関わりを続けることで互いが互いにとっての「相応しい対象（appropriate others）」になるのである。

このことは，メイヤロフが *On Caring* を著すにあたり負うところが多かったとする，フロム（Fromm, E.）の「所有（haben）」と「存在（zein）」のうち，「存在」の考え方に通じるものがある（Fromm =1977）。メイヤロフが，自分の成長のために相手をケアするものではないことを指摘しているが（Mayeroff = 1971），われわれは安心感，自分に対する信頼感を得るために他者と関わるのではない。わかり合える他者と関わる中にあってこそ，安心感や自分に対する信頼感を実感できるのである。

したがって，介護職員には，われわれが他者との関わりにおいて，一方的に何か享受する，あるいは，与えるという関係性にあるのではなく，自分自身が相手にとっての「相応しい対象（appropriate others）」であること，あるいは，相応しい対象（appropriate others）」になるという関係性なのである。そして，その相互補充的な関係性は短時間で形成されるわけでもなく，互いに相手にとって良好な状況に向かうために働きかけ合う中でしか気づけないという理解が必要である。

4 「ケア」による成長が困難とみなされがちな人たちの「成長」

ケアの可能性

本書では，「他の人格（another person）をケアするとは，最も深い意味でその人が成長（grow）すること，自己を実現すること（actualize himself）を助けることである」（Mayeroff 1971：1）と述べ，主にケアする人が他者をケアすることによって得られた経験を統合し，自己に対する認識を高めていくことによって自律的な決定や他者に対するケアができるようになるという，人格の「成長」を示したメイヤロフのケア論と，ケアされる人もケアする人の受け容れによって，自分自身に目が向けられ，自己実現，自己変革していくと指摘する新茂之のケア論（新 2001）を「ケア」の過程であり，結果でもある「成長」のひとつとして採用した。

しかし，メイヤロフが，応答ができず，「ケア」による「成長」が困難とする脳に障がいをもち，自己を明確に認識し，維持することが困難な人，例えば，重度の認知症があり，寝たきりで意思疎通の困難な人々も，筆者の介護現場の経験を踏まえれば，介護職員など他者の関わりによって精神的に安らぎを得たり，その人にとっての良好な状況に向かう内的な変化の可能性をもっている。特に，自分に対する認識を保つことができなくなってきて不安を抱え，混乱している認知症高齢者にとっては，他者から今の自分の存在を認められ，受け容れられることによって，安心して穏やかにいられたり，現状が肯定でき，自分の居場所を実感できるようになることが，「ケアされる」ことによる何よりも大きな変化である。そして，それまで自分の不安に固執して周りが見えなかったが，次第にともに過ごす利用者や職員に関心が向けられるようになる。メイヤロフや新が示す，「ケア」を通じた経験を統合し自己の認識を高めていくことだけではなく，本人には明確には自覚されていなくても，「ケアされる」ことによって，落ち着きを取り戻し，自分の居場所を見つけられることも，その人にとっての良好な状況に向かう内的変化という意味での「成長」である。

「ケア」については，佐藤正子（2001）が，看護学生と意思疎通困難な患者の排泄に関する看護の関わりから，患者の苦痛からの解放と学生の喜びを見出し，本書と同様に，メイヤロフの示す精神的な意味での自立という成長の概念に依拠せずとも，「ケア」が成立すると指摘している。ここでは，介護職員の，対応困難だった利用者や重度の認知症で寝たきりの利用者との関わりについての語りから，メイヤロフが脳や精神に障がいがあって成長することが困難とする人々の，その人にとっての良好な状況に向かう内的変化という意味での「成長」を改めて確認し，「ケア」のもつ可能性を示したい。

介護職員が対応困難として語った利用者は，その多くに認知症があり，介護を拒否したり，大声を出したりする人であったり，全盲で幻聴や幻覚がみられ暴れたりする人，感情のコントロールができなくてパニックになってしまう人など，メイヤロフが成長することが困難とする状態の人たちであった。しかし，介護職員は，利用者の思い，対応がわからず，拒否され，暴言を受けるなどつらさを感じる中で，それでも，その利用者のこと，利用者の思いをわかりたい，自分のことをわかって欲しいと思いながら，あるいは，ほかの職員に励まされながら根気よく関わり続けていた。結果として，その利用者に受け容れられていると実感したり，その人のことや適切な介護方法が理解でき，関われるようになるまで，短いケースで１か月，長いケースでは３，４年という一定以上の時間を要していた。

しかし，その間にも利用者はその介護職員のことを認識し，名前を呼ぶようになったり，笑顔を見せてくれるようになったり，「あんただったらいい」「あんたが一緒だったら」と，その介護職員を信頼するようになったり，精神的な落ち着きを取り戻しているのである。第３章の考察や前節でも指摘したように，このことは，自分の状況が理解できない，あるいは，介護職員に理解してもらえず，精神的に不安定で他者からの関わりを拒否したり，関係を取り結ぶことができないでいた利用者が，介護職員の働きかけによって安心感を得て，その相手を信頼できるようになり，自分の不安ばかりに向けられていた関心を介護職員にも向けられるようになったことを示している。

また，空腹時に攻撃的になる利用者に対し攻撃が起こりそうな時に，介護職員とお互いにマッサージをし合ったり，好きな話をすることによって攻撃する頻度が減っていったことが語られていた。攻撃の頻度が減った原因は，他者と関わることによって，「ケアされる」ことによって気が紛れたためと言われるかもしれない。しかし，単に気が紛れたということだけではないだろう。自分に向き合ってくれる他者がいて，マッサージをしたり，話をする中で利用者は，つながりの充足感が得られ，安心していたのではないかと考えられる。

重度の認知症で意思疎通の困難な寝たきりの利用者との関わりについての語りからは，介護職員は，利用者も自分たちの働きかけに対し言えないだけでわかっている，わずかながらでも変化やサインがあると確信して関わっていることが示された。意思疎通の困難な寝たきりの利用者が見せる少しの表情の変化や手足の動きは，介護職員からその利用者に向かう声や手の感触，お湯の温かさなどの心地よさや昔の記憶に促された応答である。介護職員の働きかけ，光や風，音やぬくもりなど自然の刺激などによって，意思疎通困難な寝たきりの利用者にも内的な変化は起こっているのである。本人にはそれが何か明確には認識されていないかもしれない。しかし，人には好む（得意な）感覚があり（Feil＝2001），それは，重度の認知症の人も例外ではない。意思疎通の困難な寝たきりの利用者も，自分に向けられる心地よい，なじんだ働きかけや刺激によって，安心感や充足感が得られていると考えられる（種橋 2012）。

どんな人でも介護によって成長する

このように，脳や精神に障がいをもち，メイヤロフが「ケア」による成長が困難とみなす人々には，確かにメイヤロフや新が言うような自己意識を高めて，自己決定や自己を実現していくといった成長を望むことは難しいかもしれない。しかし，その人にとっての良好な状況に向かう何らかの内的変化は起こっており，「成長」しているのである。そして，このような対応が困難だった利用者や意思疎通が困難な寝たきりの利用者の変化は，介護職員の喜びや自信，やりがいにつながり，もっと変化がみたい，声が聞きたいなどと介護職員の介護意欲を引き出している。つまり，その存在自体が介護職員の励みにもなったり，介護職員として，人間としても多くの学びを介護職員に与えている。彼ら，彼女らにはその認識はないだろうが，利用者らが生きる姿そのものが介護職員の「成長」を助ける「ケアする」存在であり，介護職員にとっての「appropriate others」なのである。

しかも，特に，意思疎通の困難な寝たきりの利用者に対する関わりにおいては，介護職員も初めから変化や働きかけが理解されていることを確信しているわけではない。「どうせしゃべれないと思い，淡々と介護をしていたが，利用者の反応や先輩の関わりを見て，自分が間違っていたと思った」「寝たきりの利用者が大きな声かけや音に対して泣くと思っていたが，それもその人の応答であることを先輩に指摘されて，納得した」と語るように，初めは，意思疎通の困難な利用者は話すこともできないので何もわからない，泣くのは大きな声や音という単なる刺激に驚いているだけ，といった認識であった。それが，すでに利用者の変化や利用者がわかっていることを確信している先輩たちの助言や，実際ある程度の期間，その利用者と関わることによってその変化が実感できてはじめて，意思疎通の困難な利用者の「成長」が確信できるのである。ある介護職員は，「少し顔を見せるだけでも利用者には変化があるので，些細な変化に気づくために接しなければならないことを学んだ」と語っており，利用者の関わりによるわずかな変化を理解するためには，日頃から接していかなければならないことを学んでいる。つまり，意思疎通の困難な寝たきりの利用者の「成長」は，介護職員がその人を理解しよう，独自性をもつ一人の人として向かい合おうとしなければ容易には促されず，また，その変化にも気づくこともできないのである（種橋 2012）。

しかし，小車淑子ら（2004）の会話のできない認知症高齢者に対する介護職員の意識に関する調査結果によれば，介護職員は，会話のできない認知症高齢者よりも会話ができる認知症高齢者に頻繁に声をかけ，相手を理解しようと心がけていたという結果が報告されている。この結果は，意思疎通の困難な寝たきりの利用者は，目立った応答がないということで，何もわからない人として生命を維持するためだけの道具的な援助しかしてもらえなくなる可能性が大きいことを示している。

筆者が特別養護老人ホームの生活相談員をしていた時，重度の認知症があり，意思疎通が困難な寝たきりの女性が病院から入所してきた。病院からは日常生活に全面的な介護が必要という ADL の状況とおむつ交換や車椅子への移乗など，介護によって体が動くときには大声が出るということが申し送られていた。われわれは，その大声はきっと今から何をされるかわからないことからくる恐怖によってだろうと考え，少しでも安心してもらおうと介護の度に大きくはっきりした声で，彼女に何をするのか告げて介護を続けた。しかし，告げても，告げても大声は治まらず，食事介護をしていても視点はあわず，まともな応答はないという日が続いた。それでも，話しかけ，関わり続けた。すると，半年が経過するくらいの頃だったと記憶しているが，介護時の大声は治まらなかったものの，食事介助時に介護者の顔を見て一言話すようになったのである。筆者も食事介助時に突然「あんたの顔白いね」と言われて驚いたことを覚えている。会話は成り立たなかったが，状況がわかっていないと思われていた人が関わっている目の前の人に関心をもち，言葉を発するようになったのである。

この利用者の変化は，入所前からの寝たきり生活の中で失われていたと思われた能力が，関わりによって引き出された結果といえる。そしてそれは，わかってくれるはずとその女性の可能性を信じ，根気よく関わり続けたことによると考えられる。入所した時から，何もわからなくて困った人として彼女に向かい合おうとしていなかったら，恐らくこのような変化は見られなかっただろう。

パーソン論を乗り越える

このように，「ケア」においては，メイヤロフや新の指摘する自己の意識を高め，変革し，自己実現していくという意味での成長，変化だけではないことは明らかである。「ケア」の結果を自己実現や自己決定など自律的な活動のみに求めることは，経済合理性を求め，人間の価値を生産性の有無に求める思考と何ら変わらない。それでは，多くの認知症高齢者や障がいをもつ人々の可能性を見失い，彼ら，彼女らの存在，生そのものを否定することになる。新しい能力を身につけることだけではなく，失ったように見えた能力を取り戻すことや，昔なじんだ感覚によって精神的な落ち着きを得ることなど，その人にとっての良好な状況に向かう変化は，誰にも起こり得るのである。

メイヤロフのケア論は，看護領域をはじめ，介護や教育など対人援助の領域に影響を与えている（操 1996；中野 2006）。だからこそ，その存在が見落とされがちな，脳に障がいをもつなどし，自分に対する認識もはっきりせず，自分の思いを的確に相手に訴えられない人々のもつ可能性を見失わないよう，本書では，「ケア」によるその人にとっての良好な状況に向かう変化を，敢えて「成長」という言葉を用いた。

自己意識の有無を人格の基準とするパーソン論について，人間を他の様々な存在とのつながり，関係の下にみない原子論的な人間理解であると批判する浜野研三（1998）は，人間は時間の中で生き，歴史をもった存在であり，植物状態にある人も，その人がその状態になったときにその人生の物語が終結し，植物状態にある身体の物語が始まるというわけではないと，人間の生の連続性についても指摘している。本調査でも介護職員は，「今は，寝たきりになっているが，それまでの過程をみてきたので思い入れがある」「利用者の元気な頃を知っていると，その人に対する思い入れは強くなる」としており，利用者の生の連続性の中で，たとえ障がいが重くなって応答が返せない状態になっても，その人であることには変わりはなく，それまでと変わらない関係性の中でみていこうという志向を示している。

さらに，終末期にあり意識ははっきりしなくなっても，聴覚は最期まで残される感覚といわれている。終末期にある利用者も，傍にいる家族や介護職員の声や触れる手の感触に安心し，つながりの充足感を得るなどし，自分が他者からの関わりによって生かされている存在であることを感じることがあるのではないかと考えられる。

つまり，「ケア」の関係性，相手のために気遣い，助ける相手から，気遣われ，助けられる中で実感される自他の存在のかけがえのなさへの気づきこそがパーソン論を乗り越えるものである。どのような状況であっても，どのような状況になっても，その人であり，自分であることには変わりはない。人間は関わりによって，その人にとっての良好な状況に向かう変化の可能性をもっており，また，同時に相手にとっての良好な状況に向かう変化を与える可能性をもっている。だからこそ，人間は，生きていること，今，ここに存在しているということだけで尊厳があるということが理解できるのである。そして，「ケア」は最期まで，他者とともに生きる，われわれの生を豊かにする可能性をもっているのである。

5 「ケア」の概念，「ケア」における関係性と「成長」

本章で検討したこと

本章では，本書の目的である「ケア」の概念，さらに，もうひとつの目的である「役割や目的を持った時点でケアとは言えない」という鷲田の指摘（1999）を踏まえ，利用者との関係性について検討した。さらに，本調査結果とメイヤロフを中心とした先行文献や筆者の現場経験に基づいた「ケア」概念との異同について検討し，最後に，重度の認知症や意思疎通困難な寝たきりの利用者の，その人にとって良好な状況に向かう内的変化という意味での「成長」を改めて確認し，「ケア」のもつ可能性を示した。以下では，その要点を示す。

介護職員，利用者の互いの関わりに関する語りからまとめられた「ケア」の実態から，介護職員も自分たちの忙しさや未熟さという苦しみや脆弱さに共感する利用者から気遣われ，助けられて（ケアされて）いた。そして，自分たちの働きかけに対する利用者の応答や利用者の姿から学びや自信，あるいは，安心感やともにいることによる充足感などを得て，さらに，その経験や利用者から得た学びを自らに統合したり，関わりを振り返り反省したりして，今の自分や状況を受け容れ，人格的な成長，変化を遂げ，利用者をもっと個人としてみていくという志向や責任感を高めるなど，さらなる気遣いや助け（ケアすること）につながっていると考えられた。

また，利用者も介護職員に自分の存在が認められることや介護職員の存在自体が励みや安心，喜びにつながっていた。そして，介護職員のしてくれることに感謝し，その人となりや専門性を認めることで安心感や介護職員に対する信頼感を得て，ここまでやってこられたなどと現状を受け容れていた。さらに，介護職員を助けようと行っていることや自分の経験を伝えること，さらには自身の生き方や頑張る姿が介護職員に影響を与えており，そのことによって介護職員の学びを促し成長させるだけでなく，自分も学びややりがいを得ていた。そして，利用者も介護職員を気遣い，助ける（ケアする）ことで，若い頃の経験を吟味し自らに統合したり，未熟な介護職員を受け容れ，許容するなど人格的に成長していることが明らかになった。つまり，両者の間で，気遣い，助けることと，気遣われ，助けられること，すなわち，ケアし，ケアされることが循環し，その過程で互いが「成長」しているのである。

これらの実態から「ケア」とは，「相手のことや抱える痛み（脆弱性）を知り，共感することによって，相手にとっての良好な状況に向かうよう働きかけたり，同様な経緯で自分が相手から働きかけられることから始まる相互の関わりの過程において，相手から自分の存在や独自性を認められたり，信頼されることによって，自分に対する信頼や安心感を得たり，相手の存在を認め，信頼すること，また，相手に自信や安心感を与えようとすることを通して，その中で得た経験やその意味を自らに統合し，新たな価値観や指針を獲得したり，自分の居場所を得て現状を肯定できるようになったり，相手にとっての良好な状況へ働きかける意欲を高めるなど，その人にとっての良好な状況に向かって変化していくこと」と言うことができる。こういった「ケア」の関係性の中で得られる信頼感や安心感は一度得られれば達成されるというものではなく，継続的なものである。さらに，他者との関わりを通して存在するわれわれにとって(Kwant =1984)，「『ケアする』こと」「『ケアされる』こと」とは，ともに脆弱性をもつ対等な人間同士が関わりによって，互いに相手のかけがえのなさを認め，相手を生かし，自分も相手によって生かされることである。そして，「ケア」とは，われわれが社会的な存在として生きる営為そのものであり，互いを生かし合っていくことであると指摘した。

場の中にいること

さらに，本調査結果によって示した，両者間における自分の存在が承認される，信頼されるという実感と，その実感によって得られる自分に対する信頼と安心感，さらに，相手に安心感や自信をもってもらうよう働きかける，そしてそういった働きかけや働きかけてくれる相手のことを承認し信頼するといった感情や志向の循環は，メイヤロフのケア論や筆者の現場経験を基にした第１章で示した仮説としての「ケア」の概念では示し得なかった「ケア」による「成長」の道筋を具体的に示すものである。

このような「ケア」の関係性については，介護職員と利用者の出会いが意図的で職業的役割を媒介とし，立場が非対称的なものであっても，介護職員が利用者を自分と同じように同じ痛みを抱える弱さをもつ人間として独自性を認め，互いが知り合っていくことで，また，目的があったとしても，それが利用者の「成長」や利用者にとっての良好な状況に向かうことであれば，結局は職業的役割としてではなく，個人が立ち現れることになり，両者間にケアしケアされる関係性は成立しうる。役割に徹した道具的な援助だけでは，また，役割上の声かけや気遣いでは，「ケア」の関係性は生まれない。役割としてではなく，立ち現れている個人としての介護職員から，同じくともに対等な独自性をもつ人間として自分の存在を認められ，信頼されることによってこそ，利用者は安心感や自分に対する信頼を得ることができるのである。利用者の言葉で言えば，「お上手ではない」「心から」してくれることや言葉でなければ，「ケア」は生まれないのである。

一方で，個人が立ち現れるがゆえに，利用者との関わりの中で傷ついたり，関係性が近づくことによって，節度が保てなくなったり，援助職という自分の立場と個人的な気持ちとの間で迷いが生じることがある。しかし，特に，関係性が近づくことによる介護職員の葛藤は，職業的役割を意識することによって回避されうる。つまり，介護労働者と利用者のケアしケアされる関係は，職業的役割が否定され，個人が立ち現れるところで成り立つが，それ故の葛藤は，逆に職業的役割によって護られる側面ももつことを示した。

さらに，本調査結果と第1章であげたメイヤロフを中心とした先行文献や筆者の現場経験にもとづいた「ケア」概念との異同について検討した結果，メイヤロフは指摘していないが本調査で明らかになった事柄として，「ケアされる」ことによる「場の中にいること」が成立することと，環境の変化による不安を抱える人が多いと推察される施設利用者にとっては，この「ケアされる」ことによる「場の中にいること」の感得が必要であることを示した。

最後に，「ケア」を通して得られる「成長」について，脳や精神に障がいをもつなどして，メイヤロフが示す「ケア」による成長が困難な人としてみなされがちな，重度の認知症で意思疎通困難な寝たきりの高齢者等との関わりを通して，彼ら，彼女らにとっての「成長」，すなわち，その人にとっての良好な状況に向かう内的変化を改めて確認した。そして，どのような状況であっても，どのような状況になっても，人間は関わりによってその人にとっての良好な状況に向かう変化の可能性と，相手にとっての良好な状況に向かわせる可能性を持っており，生きているということだけで尊厳があるということ。さらに，「ケア」が最期まで他者とともに生きるわれわれの生を豊かにする可能性をもっていることを示した。

注

(1)　立山の著書では，「親」「教師」と記されている。

第Ⅲ部

「ケア」の概念の教育の必要性

第7章
介護職員が「ケア」の概念を理解する意義

1 「ケア」の概念と教育

介護職員に対する「ケア」の概念の教育の必要性

第6章で示した「ケア」の概念は，2007年12月～2008年8月にかけて，介護老人福祉施設の介護職員と利用者を対象に実施した双方の関わりにおける認識についてのインタビュー調査を基に明らかにしたものである。本章，次章で報告する調査を実施したのは2013年である。両調査間には5年の隔たりがあるが，その間に2度の報酬改定が行われた。

2009年の改定では，制度施行以降初めて3％のプラス改定となったものの，「加算」という形式での財源の配分であったため，すべての事業所にその効果が得られたわけではなかった（結城 2009）。

続く2012年の改定では，1.2％のプラス改定となるも，2009年に始まった介護職員処遇改善交付金が廃止され，「加算」として組み込まれることになったため，実質は0.8％のマイナスという結果であり，福祉サービス事業所は厳しい経営を余儀なくされた（日経BP社 2012）。帝国データバンクのデータによると2013年の老人福祉事業者の倒産は，制度が施行された2000年以降で最多となった（46件，前年度比58.6％増）。2000年から2013年の間に倒産した事業者のうち，73.3％が10年未満の事業所であり（帝国データバンク 2014），従業員数が5名以下の小規模事業所が70％[(1)]（訪問介護が多い）を占める（東京商工リサーチ 2013）。介護サービス利用者は増加しても一人当たりの利用額は抑えられているため，経営は厳しく，今後もさらなる倒産が予測されている（東京商工リサーチ 2013)。

以上2度の改定に加え，さらに2015年度は，第6期の介護保険事業計画に伴う制度改正が行われ，介護予防給付の訪問介護と通所介護の市町村事業への移行が始まった。このため，福祉サービス事業所の運営の先行きはますます不透明となり，生き残りをかけた顧客確保競争もさらに激化する可能性がある。その上，介護現場では，近年，施設職員等による虐待の件数も増加し続けているなど（厚生労働省 2013a），要介護高齢者や介護労働者（本書では，介護施設の介護職員と訪問介護員を含む介護職者のことを指す）を取り巻く環境は改善されていない。

また，2010年に閣議決定された「新成長戦略」に基づき，「介護プロフェッショナルのキャリア段位制度」が創設され，2013年度から始動した。この介護キャリア段位制度は，介護職員や訪問介護員の職業能力そのものを評価し，人材育成，処遇改善，職員のモチベーションの向上を目指すもので，一定の基準による評価を受け，7段階のレベル認定（当面4段階）が行われるというものである（独立行政法人福祉医療機構 2013)。確かに，介護職の介護技能の標準化や確実性を高めることは，利用者にとっての安心，安全にもつながるため必要なことではある。しかし，やはり，この制度の推進によって介護労働者の道具的な援助重視の傾向に拍車がかかることは免れないだろう。さらに，この制度の活用によって事業所側のサービス水準のアピールにもつながると指摘されており（独立行政法人福祉医療機構 2013），経営を考えれば，この制度も顧客確保競争のひとつの宣伝材料となり，制度の本質を見失う恐れがある。

一方，福祉領域における昨今の「ケア」の概念の研究および実践の動向として，社会構造の変化に伴う生活形態や家族構造の多様化，過疎化や近隣とのつながりの希薄さなど，様々な問題を抱えはじめた地域における要支援者の自立生活支援を目的に，人と人との関わりを基盤とした「ケアリングコミュニティ」の構築が提起されている（大橋 2014；原田 2012)。公領域における支援においては，一対一で展開される「ケア」（「哲学・思想的レベル」のケア）ではその解決には限界があると指摘されている（広井 2013；Brugère =2014)。しかし，公領域におけるケアはシステムとして構築されるため，そのシステムを存続，発展させていくには，どうしても当事者を含めた関係者が，一対一で展開される「ケア」の意味，重要性を理解していることが不可欠になる。そうでなければ，個別性を重視したケアを可能にするとして創設されたグループホームでも虐待が報告されるように（厚生労働省 2013a），時が経過するとともに，「ケア」を基盤とした理由や意義は見失われ，そのシステムの継続だけが目的化する恐れがある。

公領域における「ケア」を検討，展開するのであれば，やはり，その基底となる「ケア」の概念の探求は常に行われるべきであるし，地域においても，介護現場においても，支援に関わる人々に「ケア」の概念の意味や「ケア」の関係性の必要性について共通認識が必要で，そのための教育，研修が必要となる。しかし，いまだ，介護福祉のみならず社会福祉領域における「ケア」の概念の探求，ましてや教育，研修の必要性や方法論に関する議論もみられない。そういった中で，今後，少しでも介護労働者に「ケア」の概念を理解していってもらうためには，「ケア」の概念の教育，研修の必要性を訴えていく必要がある。

先行研究における「ケア」の概念の教育方法

「ケア（ケアリング）」の教育に関する先行研究は，主に小中学生や看護学生を対象に，その対象者たちの「ケア（ケアリング）」の能力を育成することを目的とした，教育現場における教育方法を検討したものや，その効果を明らかにしたものである（細川 2000；下村ほか 2008；田村ほか 2013；尾原ほか 2000；斎藤ほか 2001）。

対象者にどのように「ケア（ケアリング）」を理解させるのか，その方法としては，看護学生の臨地実習での患者と関わった経験から，「ケア（ケアリング）」行動や「ケア（ケアリング）」の意味の理解を促したり（細川 2000；下村ほか 2008；安酸 2011），子どもの異学年児童との交流や動物の飼育を通した経験から他者，および，人間以外の動物への思いやりを学ぶなど（尾身 2000；宮野 2000），実際の他者や動物などとの関わりの経験から学ぶ方法，あるいは，患者の人形を用いたシミュレーションや（田村ほか2013），ロールプレイを用いるなど，「ケア（ケアリング）」の経験を疑似体験させる方法（早川2000），ほかにも，例えば，病や障がいを受け容れていく患者とその家族との関わりについてのVTRや実際の看護過程の事例を用いた，「ケア（ケアリング）」を追体験させる方法が示されている（尾原ほか2000；実藤ほか2013）。

先行研究で示されている教育方法は，実体験かそうでないかといった違いはあるが，いずれも，その行為や関わりにおいて起こった事象や感情を振り返り，その意味や感情自体を吟味し理解させる方法である。「ケア」は，相手との相互作用によって起こる，その人にとって良好な方向に向かう内的な変化であり，日常のあらゆる人間関係や他の生き物との間に存在する事態である。したがって，「ケア」の概念を理解するためにはその経験を再認識し，そこで起こっていることや変化の意味を理解する必要がある。しかし，先行研究で示された方法は，学校という，相手（看護学生の場合は患者，児童の場合はほかの児童や他の生き物など）との関わりの経験の乏しい者の「ケア」の関係性の学びの場でのことであるため，教育には関わりの中での感情を引き起こすための実習やシミュレーションなど大掛かりな仕組みや準備を要している。さらに，教育現場で行われる「ケア（ケアリング）」教育では，学生や児童の就学期間やカリキュラムの兼ね合いから，その取り組みの期間が限定されるため，教育効果は一過性のものになる可能性があり，同じ学生や児童に対する教化の継続性に課題が残る。

介護現場における研修の現状と本調査の目的

一方，本書において「ケア」の概念や関係性の教育，研修を必要とする対象としているのは，すでに利用者との関わりの経験をもつ援助者である介護職員である。介護職となったばかりの職員でなければ今までの利用者との関わりの経験を学びに用いることができ，大掛かりな準備の必要はない。また，介護職員という専門職に実施される教育であるため，その職員がその事業所を退職したり，業種を違えなければ，継続して学習し続けられる可能性は高いと考えられる。

しかし，介護現場においては，勤務時間内に研修を実施するための時間や費用を負担する余裕がない，早期離職者が多く中途採用が多いことから，採用時期や職員によって習得している知識や経験が異なることなど，集団による効果的な研修が難しいといった職員研修に対する課題を抱えている（財団法人介護労働安定センター 2010b）。介護労働安定センターが 2013（平成 25）年に発表した，「平成 24 年度介護労働実態調査 介護労働者の就業実態と就業意識調査」によれば，過去１年間の研修受講回数は訪問介護員，介護職員（入所型，通所型）のうち，研修を受講していない者の割合が，前者は 34.3%，後者は 29.9% という結果であった。また，研修を受講した者でも，「1 ～ 2 回程度」の割合が，前者が 54.3%，後者は 54.5% であった（公益財団法人介護労働安定センター 2013c）。この結果を見れば，介護労働者の専門性の担保や研鑽が図られているとは言い難い。また，近年，介護現場では職員の非正規化が進んでいる(2)。非正規職員の研修に関する問題点としては，勤務日数が少ないため業務を優先する，正規職員の研修が十分ではない中で非正規職員を優先するわけにはいかない，夜間や時間外の研修については不参加が目立つ，正規職員と比較し学習意欲が低いといった事柄が挙げられており（財団法人介護労働安定センター 2010c），過去１年間に研修に参加した割合では，正規職員の 77.3% に比較し，正規職員より所定労働時間の少ない非正規職員の参加した割合は 53.9% であり，20% 以上の差が見られる（公益財団法人介護労働安定センター 2013c）。しかし，雇用形態がどうであろうと，利用者にとっては身近にかかわる職員である。いずれの職員にも専門職としての学習や研鑽が求められる。その上，利用者を支えるケアチームに学習意欲や仕事自体の認識に違いがあるメンバーがいることで，チームの結束や連携に影響を及ぼすことになる。このため，できるだけ研修成果が実践に活かせ，準備や時間調整に負担のかからない，誰もが参加しやすい「ケア」の概念の教育，研修方法の検討も必要となる。

そこで，本章では，今後，介護現場において「ケア」の概念の教育，研修の必要性が理解され，その方法の検討と実践が広く取り組まれるよう，本調査の第一報として，詳細は後述するが，調査対象者である介護職員の今までの利用者との関わりの経験を用いた研修プログラムを実施し，両者にどういったことが起こっているのか「ケア」の関係性の実態と，研修プログラムを終えた介護職員の気づきや認識の変化から介護職員が「ケア」の概念を理解する意義を考察する。

2　調査方法

調査対象者・調査方法

本調査の調査対象者は，A介護老人福祉施設の介護職員10名である。調査対象者は，一日を通して利用者の生活に継続的に関わっている職員が適していると考え，夜勤業務も担っている介護職員を施設が任意に選定した。調査対象者の属性は，男性が6名，女性が4名。年齢は，20代が4名，30代が3名，40代が2名，50代は1名。経験年数は，3年未満が3名，3年以上6年未満が2名，6年以上9年未満が2名，9年以上が3名。資格保持者（複数回答）は，介護福祉士が7名，社会福祉主事が3名，ヘルパー2級が2名。10名のうち，フロアリーダーが2名，サブリーダーが2名であった。

本調査では，「ケア」の概念を理解するための研修プログラムを，津村俊充（2012）の「体験学習の循環過程」を参考に計画した。この「体験学習の循環過程」は，経験からの学習によって獲得した信念やアイデアは固定的なものではなく，さらなる経験によって再形成，修正されるとし，具体的経験と抽象化，省察と試行という弁証法的対立モードを循環し環境との相互作用によって学習していく，その過程を重視したコルブ（Kolb, D. A.）の経験学習理論（experiential leaning theory）によるものである（Kolb, et al. 2009；後小路 1992）。具体的には，体験とそれに続いて自分や他者に何が起こったのか内省・観察（指摘），なぜ起こったのか，なぜそういう気持ちになったのか，自分や他者の認識や言動の傾向などを分析，概念化（分析），さらに，分析で考えたことを活用し次の課題を見つけ行動していく（仮説化）という4つのステップの循環を通し，学習者が経験の中で起こっている過程に気づき，自らの学びを言語化し，取り組むべき課題を見出していくことを目指している（津村 2012）。

津村の「体験学習の循環過程」を参考にした理由は，本調査では，利用者との関わりの中に存在する「ケア」の関係性を理解するために，職員の利用者との関わりの経験を用いること，さらに，「体験学習の循環過程」自体が実際の援助の際の思考過程および，「ケア」の概念の意味づけ，内在化に適すると考えたためである。

研修プログラムは，①具体的な「体験」として，今まで利用者に気遣われ，助けられた経験や利用者を気遣い，助ける経験を振り返る，事前インタビューの実施，②「ケア」の概念や関係性および，経験した関わりの意味を理解するための講義の実施（指摘），③講義後，普段から「ケア」の関係性を意識することを意図した振り返りシートの記入（2 週間に 1 枚，2 か月間），さらに，利用者との関わりを通して得た認識を調査対象者間で共有し，意味づけを行うためのワークショップをワークシート記入の中間時点に実施（指摘・分析），④今後も援助に際して「ケア」の関係性を意識できるよう一連のプログラムを通した自分の認識や利用者への対応の変化，学びを今後にどう活かすのかについての事後インタビュー（分析・仮説化）である。事前インタビュー，講義，ワークショップ，事後インタビュー後に感想などを尋ねた記述式アンケートを記入してもらった。さらに，研修プログラム終了後に，調査対象者同士で自主的にワークショップを実施しており，その主催者を対象にワークショップ開催の動機や研修プログラムを終えての認識の変化，学びをどう活かすのか確認するために追加インタビューを実施した。各プログラムの実施期間や内容は表 7－1，図 7－1 に示した。

分析方法

事前インタビュー，事後インタビュー（追加調査含む）は IC レコーダーに録音し，調査対象者毎に逐語録を作成した。逐語録を精読し，意味上まとまりのある部分を取り出し，一行程度でその内容を要約した一行見出しを作成し，その後，「対応困難な利用者との関わり」「研修プログラムを終えての認識の変

表7-1 「ケア」の概念を学ぶ一連の研修プログラム（調査）概要

	実施期間	プログラム（調査）目的	プログラム（調査）内容	特記事項
事前インタビュー	平成25年７月20日～８月１日	職員が，今までの利用者との関わりを振り返り，「ケア」の関係性を認識すること	利用者から気遣われている，助けられているという経験，そのことによる利用者に対する認識の変化と自分の価値観の変化，対応困難と感じる利用者とのエピソードなど	半構造インタビュー，時 間は42分～76分，ICレコーダーに録音
事前インタビュー後のアンケート	インタビュー後に配布	職員が，今までの関わりを話すことによる自分の認識の変化を理解すること	関わりを語って気づいたこと，感じたことを記入	後日回収
講　義	平成25年８月29日（16：15～17：15），９月１日（19：10～20：15）	職員が，「ケア」の概念，関係性（利用者との相互作用によって双方にとって良好な方向に変化すること）を理解すること	メイヤロフの「ケア」概念と，2008年に筆者が実施した介護老人福祉施設の介護職員と利用者双方の関わりにおける認識についてのインタビュー調査の結果から，明らかにした，両者の間で相手を認め，信頼すること，そのことで自信や安心を得ていくといった「ケア」の関係性について説明	調査対象者はいずれかの日に１回参加することとした。29日に４名，１日に６名が参加
講義後のアンケート	講義時に配布	職員が，「ケア」の概念，関係性を知ることでの認識の変化を理解すること	講義を聞いた感想，意見を記入	後日回収
「ケア」の関係性を意識することを意図した振り返りシート記入	講義時に配布。講義後より，おおむね２週間あたり１枚記入。10月末までの２か月間。	職員が，普段の利用者との関わりにおける「ケア」の関係性を意識し，内在化させること	①利用者に対して気づいたこと（悩みや強み），②自分の働きかけによる利用者の変化，③利用者から信頼される，助けられていると感じたこと，④利用者と関わっていて励まされたり正の感情を得たことなど，４項目について，どのような状況で感じ，どう解釈したのか，認識の変化を記入	後日回収
ワークショップ	平成25年10月５日（19：10～20：40）	職員が，利用者との関わりにおける認識を職員間で共有し，気づきを得ること	利用者との間で感じた相互作用について，利用者との関わりについて情報を交換する	全員が参加。ワークの公平性を保つため，オブザーバー１名（社会福祉学専攻の元院生・第三者）が同席。

ワークショップ後のアンケート	ワークショップ時に配布	職員の，他者の関わりからの気づきを促すこと	他の職員の話から得た気づきや学び，ワークショップに参加した感想	後日回収
事後インタビュー	平成25年11月３日～11月21日	職員が，「ケア」の概念，関係性の理解を深め，今後にどう活かすか考えること	研修プログラムを終えての認識の変化，語られた関わりについての確認，および，「ケア」の関係性を意識することを意図した振り返りシート記入やワークショップの感想，他の職員に「ケア」の概念をどう伝えるか，今回の学びをどう活かすか	半構造インタビュー，時間は46分～64分，IC レコーダーに録音
最終アンケート	平成26年２月初旬に配布	職員が，「ケア」の概念，関係性を意識し実践していたか，振り返ること	研修プログラム修了後，「ケア」の概念を意識し実践していたか，どんな時に意識できなかったのか，研修後に取り組んだこと	後日回収
追加インタビュー	平成26年３月27日	筆者が，自主ワークショップ主催者（１名）の開催の動機や学びを理解すること	自主ワークショップの動機や気づき，一連の研修プログラムからの学びの確認	半構造インタビュー，時間は58分，IC レコーダーに録音

図 7 − 1 体験学習の循環過程における研修プログラムの位置づけ

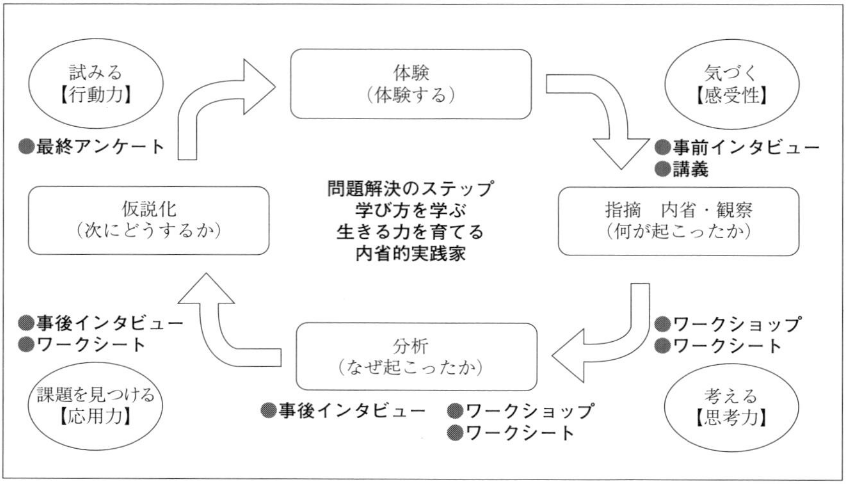

出所：津村俊充（2012 6），筆者が研修プログラムを加筆。

化」といったテーマ毎に分類し，類似した一行見出しをまとめ，見出しを作成した。さらに，類似した見出しをまとめ，ラベルを付与した。「ケア」の関係性の実態を示す，特定の利用者との関わりについての語りは，エピソードとして一行見出しをまとめた。

分析の妥当性を高めるために，調査対象者に語りと一行見出しを書面で渡し，語られた内容の意味を筆者が取り違えていないか確認してもらった。また，ラベルとまとめた見出しは，介護業務経験をもつ，地域包括支援センターに従事する社会福祉士１名に確認してもらった。

本章で用いた調査データは，介護職員が今までの利用者との関わりの経験を振り返るために行った事前インタビューの語りと職員が研修プログラムを振り返り，変化した認識や今回の学びを今後にどう活かすのか考えるために行った事後インタビューと，追加インタビューにおいて確認した気づきや変化した認識，今回の学びを今後にどう活かすのかについての語りである。

事前インタビューは，その結果から「ケア」の関係性の実態を考察するために，３つのテーマ「利用者との間で気遣い，気遣われたり，助け，助けられた経験」「利用者に対する志向」「自分にとっては対応困難と認識する利用者との関わり」を設定していた。

事後インタビューでは，その結果から介護職員が「ケア」の概念を理解する意義を考察するための２つのテーマ「研修プログラムを終えての認識の変化」「研修での学びを今後にどう活かすのか」と，さらに，介護職員が事前インタビューで語った内容の確認とともに，「ケア」の関係性を意識することを意図した振り返りシートに記入した関わりも含め，事前インタビュー以降，事後インタビューまでの関わりの経験を振り返り，「ケア」の概念の理解を深めるため，事前インタビューと同じ２つのテーマ「利用者との間で気遣い，気遣われた，助け，助けられた経験」「利用者に対する志向」も併せて設定していた。このため，この後者２つのテーマについては，事前，事後両インタビューのデータを用いた。

倫理的配慮と調査方法の限界

調査対象者に対し，調査結果は学会報告や論文の形で公表するが，話した内容や基本属性については個人を特定できないようにすること，研究以外の目的に使用しないこと，インタビューや振り返りシートの記入は途中でやめることができること，IC レコーダーで録音した内容は研究終了後に破棄することを説明し，調査に対する同意を得た上で同意書に署名してもらった。本調査に関する個人情報の取り扱いなど倫理的に配慮すべき事柄は，同志社大学倫理委員会の示す内容に従った。なお，文中に引用した職員の語りの一人称は，性別が特定できないよう「私」とした。

研修プログラムにおける講義では，メイヤロフのケアの概念とともに「ケア」の概念を明らかにするための調査で明らかになった概念や調査結果を用いた。また，講義の講師と事前，事後インタビューを実施したのは筆者である。それらのことが調査対象者に筆者に対する遠慮の感情を生じさせる恐れがあったため，講義の際には，今後，「ケア」の概念の教育，研修方法を検討するために率直に意見を言ってもらえるよう伝え，最終アンケートにもその旨を記載した。しかし，筆者と調査対象者の関係がインタビューの語りやアンケートの記述に影響を及ぼした可能性があること。さらに，本調査は一施設の職員10名を対象にしたもので，調査結果に当該施設の組織文化や研修システムの影響がないとは言い切れないという調査方法における限界があった。

3 結 果

(1) 介護職員が認識した利用者との「ケア」の関係性の実態

利用者との間で気遣い，気遣われたり，助け，助けられた経験

上記のテーマからは，「利用者から気遣われ，助けられたと感じるエピソード」「利用者を気遣い，助けるエピソード」「相互作用を実感するエピソード」「先入観が覆ったエピソード」の4つのラベルがまとめられた（表7-2)。

① 利用者から気遣われ，助けられたと感じるエピソード，利用者を気遣い，助けるエピソード

ある介護職員は，新人の頃，利用者の生活より職員の都合を優先する上司の考え方に納得ができず，イライラしていた時に，自分の担当居室で口数の少ない利用者（A氏）が自分の頭をなでて「ゆっくりしいや」と一言声をかけてくれ，その一言のおかげで気が楽になり，今も仕事が続けられていると語った。その介護職員は，その時のことを「でも，その時って，まだ，働いて何年も経ってないから，自分，何ができたわけでもなくて，何もできてなかったと思うんですけど，でも，そんなんでも，あ，見てくれていたんやって思って。【ずっと，見守ってくれてたんかな？】そうですね，その時って，多分まだ，自分自身の価値観であったりとか，介護の価値観というのは，全く，言葉に出せないくらいわかっていない状態でいてて，本当にそういう中で仕事をしている自分にそう言ってくれたんやと思ったら，すごい，ありがたい」と感じており，何かの見返りとしてではない，未熟な自分を受け止めてくれた上でのA

表７－２　分析結果「利用者との関わりにおけるエピソード」

●「利用者との間で気遣い，気遣われたり，助け，助けられたエピソード」

ラベル	見出し
利用者から気遣われ，助けられたと感じるエピソード	・自分のことをあだ名で呼んでくれる利用者が，他の利用者のことや介護方法について教えてくれること ・利用者とある職員のことを可愛いと話していたら，その人との仲を取りもとうとしてくれたこと ・自分がイラついているときに，利用者が，ただ一言，「ゆっくりしいや」と頭をなでてくれたこと ・トイレ誘導時などに自分の日常の話をすると，「うふふ」と笑って受け止めてくれる利用者とのこと ・家族がもってきてくれたお菓子を自分のためにとっておいてくれた利用者とのこと ・第三者的な視点で職員を見ていて，アドバイスをくれる利用者に助けられていること ・夜勤が怖かった自分のために一緒に起きていてくれたり，栄養ドリンクをくれ，励ましてくれる利用者とのこと ・休みの日の出来事を楽しく聞いてくれる利用者とのこと ・自分のために，早起きして洗濯物を畳んでくれる利用者とのこと
利用者を気遣い，助けるエピソード	・自分でできる体調ではないのに，無理をして頑張る利用者に頼って欲しいと思ったこと ・その利用者が大事にしていた鉛筆を探したことで，自分のことを必要としてくれるようになったこと ・友人を亡くし，『死にたい』と口にした利用者に言った自分の一言がその利用者の生きる支えになっていたこと ・娘の体調を心配し相談を持ちかけてきた利用者の信頼に応えたいと思ったこと ・自分がかかわると頑張って歩こうとする利用者とのこと ・利用者から信頼されて援助を頼まれるが，本人のもつ力を奪いかねないので，きちんとできることはしてもらおうと考えていること
相互作用を実感するエピソード	・横に座ると手を握ってくれ，いったん離れて戻ってきてもまた手を握ってくれる利用者に，自分が与えられているのか，与えているのかと感じること ・いつもお手伝いをしてくれる利用者に，他の職員からお礼の言葉がないと不満を言われたが，自分に不満を言ってくれたのは今までのその利用者に対する自分の関わり方が間違っていなかったと思ったこと ・家族に安心してもらうために利用者の生活を伝えたり，教えてもらっていたので，面会時の家族からの声かけに信頼されていることを感じ，頑張ろうという気持ちになったこと
先入観が覆ったエピソード	・普段介助が必要な利用者が，ある朝，布団をきちんと畳んでくれたこと ・数日前から準備していた着物を着ることを拒んでいた利用者が，最終的に着物を着て，「一生の思い出」と言ってくれたこと ・一緒にお風呂に入りに行って喜ばれた上に，帰りに家に寄って一杯やろうと言ってくれた利用者とのこと ・スポンジを渡すと，食器を洗ってくれた認知症の利用者とのこと ・一緒に動物園に行き，周りの環境によってもっている力が引き出された普段介護拒否のある利用者とのこと ・オープンキッチンという日常と異なる働きかけに，利用者が生き生きとしていたこと ・いつも手伝いをしてくれている利用者に「何も無いから寝る」と言われ，その人の意欲を引き出せていなかったと思ったこと

●「自分にとっては対応困難と認識する利用者との関わり」

ラベル	見出し
関係性が築けたエピソード	・他の利用者の居室に入って物をもってくる利用者に対する理解は難しいが，その人を否定せずに関わっていること ・夜中に多動で５分おきにトイレに行きたがる利用者の寂しさを知り，そばにいることで安心されたこと ・もともと持っていなかったものを探して欲しいと言い，自分のことを試した利用者とのこと ・夜勤の時，新人だった自分に罵声を浴びせたり，嫌がらせをし続けた利用者が自分になじんでいったこと ・幻覚や妄想があり，おやつを人に盗られると訴えていたが，一年たって自分のことを覚えてくれたこと ・ご飯やお風呂など気になったことがあると訴え続ける利用者のこと ・頑固で最初は自分を無視していた利用者が，将棋に誘ってくれたこと ・意思表示ができない利用者の食事介助に悩んでいたが，外出時の利用者の表情の変化を感じ，自分たちと同じと思ったこと ・ショートステイ利用当初に，断固として家に帰りたいと言っていた利用者が，次第に施設の方がいいと思うようになったこと ・初めてのターミナル期の利用者と関わって戸惑ったこと ・収集癖があり，他の利用者から煙たがられていた利用者に歌うことを働きかけたら一緒に歌ってくれるようになったこと ・排泄介助中につねったりする介護拒否が見られたが，自分のことを認めてくれていた利用者とのこと ・最初は関わる距離感がつかめず，積極的に関われなかった利用者とのこと ・幻覚のある利用者にうそでごまかしたくないと思うこと
関係性が築けなかったエピソード	・他者の悪口を言う利用者とのこと ・精神科から入所した暴力を振るう利用者とのこと ・反応が返ってこない利用者との関わり ・認知症で自分の体の動きを止められない利用者とのこと ・車椅子の利用者と独歩の利用者のトイレをめぐるトラブルの仲裁で困ったこと ・家に戻るという希望が家庭の事情で叶わず，失意のために亡くなった利用者とのこと

氏の気遣いに救われていた。また，逆にこの介護職員は，８年程前，施設でともに生活していた友人を亡くしたＢ氏が，「もうあかんわ」「死にたいわ」と言うようになり，何と応えてよいかわからず，思わずＢ氏に，「（私の）配偶者を見てもらわないといけないので，自分が結婚するまでは（生きていて欲しい）」と言ってしまった。今は元気になったＢ氏に，「早く死にたいから結婚してくれ」と冗談を言われている。しかし数年前，他の職員から，Ｂ氏が「○○さんに言われたから，私，頑張って生きているんや」と言っていたことを聞いて感動したと語り，自分の一言がＢ氏の生きる支えとなっていたことに喜びを感じていた。

別の介護職員は，本人にとっては困難な押し車での歩行をしているＣ氏が，他の職員の場合にはしぶしぶ行ったり，歩行してもらうことが難しかったりするのに，自分が居室に行くと「△△さんが来てくれたから頑張って押し車でフロアまで行くわ」と言い，進んで歩行に取り組んでくれる。自分は部屋からフロアまで必ず一緒に付き添い，「よいしょ，よいしょ」と応援していると語り，その介護職員の存在がＣ氏の意欲を引き出していた。逆に，その介護職員は，夜勤時にＣ氏と自分が酔いつぶれてどこかで寝ていたなど日常のふざけた話など私的な話をしており，休み明けにはＣ氏に休日の出来事を話しに行っている。自分の話をＣ氏が聞いてくれ，笑ってくれることがうれしい，何を言ってくれるのか興味津々と語っており，その介護職員にとってもＣ氏の存在が意欲を引き出していた。

他にも，愚痴やたあいもない話に「うふふ」と笑って受け止めてくれる利用者に癒されたり，ある利用者に対する食事の提供の仕方を知らずに提供して怒られたときに，前から自分のことを知ってくれていた利用者にその人に対する食事の提供の仕方を教えてもらってありがたかったなど，利用者から気遣われ，助けられるエピソード，逆に，体調が良くないのに無理して頑張る利用者に頼って欲しいし，支えてあげたいと思うことや，利用者が大事にしていた物を一緒に探したり，動きやすいようにベッドの位置を変えたことで，自分のことを必要としてくれるようになったなど，利用者を気遣い，助けるエピソードが語られた。

② 相互作用を実感するエピソード

いつもしてくれるお手伝いを通して，お願いしたとおりにきちんとしてくれると信頼しているＤ氏に，他の職員はお手伝いのお礼を言わないと不満を言われた。しかし，不満を言われるのは，普段からお手伝いをしてくれるＤ氏を労ったりしていた，今までのＤ氏に対する自分の関わり方が間違っていなかったからだと思ったと，信頼していた利用者に信頼され，自分の関わり方は間違っていなかったと安心感を得るエピソードが語られた。

別の職員は，自分が横に座ると手を握ってくれる利用者がおり，いったん仕事でその場を離れて再び戻ってくると，また，手を握ってくれるので，自分を待っていてくれたんだと思う。そのことで，自分が利用者に与えているのか，与えられているのかと何度も思うと，相互作用自体を感じているエピソードを語った。

③ 先入観が覆ったエピソード

ある介護職員は，レクリエーションの一環で，お風呂好きの認知症のあるＥ氏と二人で車に乗ってスーパー銭湯に出かけた。一緒に湯船につかり，「うまいなあ」とビールを飲みながらポロリと涙をこぼすＥ氏の姿を見て，自分もうれしかったが，正直そこまでＥ氏に喜んでもらえるとは思っていなかった。しかし，さらに，帰り道にＥ氏から「家に寄って飲んでいくか？　ビール2，3本もあれば大丈夫やろ」と言われ，Ｅ氏との距離がぐっと縮まったような気がしたと語った。そして，「そうですね，何かすごく一緒にできたこととか，本当に，一つ，一面が見えた時とかもですし，何か，言っている意味がわかった時とかでもですし，その人のサインに何か気づけた時とか，何か，そういった時に，結構，ぐっと変わったりするのがありますね【わかったという時なんですかね？】そうですね，わかったというか，ちょっと知れたなあというか，【うんうん】はい，という時には本当に，恐る恐るから，こう少し踏み込んでいいんだなと思った時とかは，やっぱり，ぐっと変わる気がしますね」と語り，職員は，利用者の異なる側面を知ることで，利用者に対する見方が大きく変わり，その人への働きかけも変わる可能性が示された。

別の介護職員は，いつもは更衣にも介護が必要な認知症のあるＦ氏が，ある朝，何も言っていないのに自分の使った布団をきちんと畳んでくれており，それに感動して，「ありがとうございました」と笑顔で言うと，Ｆ氏もすごい笑顔を返してくれた。後で自分がどうしてうれしかったのか考えたが，Ｆ氏に畳む能力があったことにではなく，単純にＦ氏が自分のしたいことを，主体的にしてくれたことがうれしかったと語った。

他に語られたエピソードも，認知症の利用者との関わりの中やオープンキッチンなど日常と異なる取り組みにおいて，利用者に対する先入観が覆ったエピソードであった。介護職員は普段の業務の中で利用者のことをどうしても，できない人，わからない人と捉えがちである。しかし，何らかのきっかけで，自分たちが見失っていた利用者の本来の力や姿を再認識していた。

利用者に対する志向

このテーマに関する語りは，「利用者に望むこと」「一緒にする・いる」「自分の配慮」の３つのラベルにまとめられた（表７-３)。

介護職員は，「利用者に望むこと」として，安心して欲しい，自分たちに遠慮しないでほしい，生活の中で意欲を引き出したい，希望を叶えたいといった志向を語っていた。これらは，施設では利用者に，安心して自分なりの暮らしをして欲しいという志向である。それらの中に，利用者には笑顔でいてほしい，自分も笑顔を見せたいといった双方に対する志向があった。自分が笑顔を見せることについて，ある介護職員は「時と場合によっては，何で私の顔を見て笑っているの？　とか，感じられる人もいてはるんですけど，やっぱり，何か，自分自身はあなたと接していてすごく楽しくて笑っているということをわかって欲しいという気持ちかな【あなたと一緒にいて楽しい…】楽しいから笑ってる」と語った。また別の職員は，一緒に楽しむという志向（「一緒にする・いる」）として，「この仕事をさせていただいた時の最初っていう，何かその，介護という言葉の響きがあって，お世話をさせていただくんだ，ケアを提供させ

表7－3 分析結果「利用者に対する志向」

ラベル	見出し
利用者に望むこと	・笑顔でいて欲しい ・安心してもらいたい ・不安にさせない・心配をかけない ・嫌な思いをさせない ・遠慮しないで欲しい ・利用者の意欲を引き出したい ・利用者にはできることをやって欲しい，希望をかなえたい ・楽にして欲しい
一緒にする・いる	・一緒に楽しむ ・一緒に時間や感情を共有する
自分の配慮	・利用者のあるがままを受け入れる ・利用者の伝わりにくい思いを考えて援助する ・利用者を尊重する ・一人の人として自分から働きかける ・利用者に対して見ていることを示す ・利用者のことを決めつけない ・利用者を一人の人として捉える ・どの人も同じ人間として，分け隔てなく関わる

てもらう側なんだというイメージがすごく強かったんですけど，【うんうん】今は何か，実際，いろんな利用者さんと関わらせてもらう中で，何か，自分も楽しくていいんだなということをすごく教えられましたね」「一緒にゲームをしてたりとかいうと，普通に楽しくなってくる自分もいてて，利用者さんも楽しんでいたりとかいう，その空間にいるのはすごく居心地がいいというか，楽しいですね」と語り，楽しいという感情や場，時間を利用者とともにすることの喜びを示していた。

他に，利用者と楽しく話をしていても，人生の先輩として言葉遣いに気をつけたり，一人ひとりの好みに合わせた話題を話しかけるようにしているなど，利用者を一人の人として尊重し，配慮する志向（「自分の配慮」）が語られた。

自分にとっては対応困難と認識する利用者との関わり

このテーマに関する語りは，「関係性が築けたエピソード」「関係性が築けなかったエピソード」の２つのラベルにまとめられた。

まず，最終的に「関係性が築けたエピソード」である。ある介護職員は，配属フロアが変わったばかりの時に，Ｇ氏からわざと持っていない物を探してほしいと言われたり，夜勤時は他の職員が帰ったのを見計らうかのようにナースコールを頻回に鳴らされ，試されていると感じた。数か月たった今は名前も覚えてくれ，自分を呼んで相談してくれるＧ氏の信頼を感じていると語った。その間には，Ｇ氏の生活を把握しＧ氏に依頼される前に訪室したり，Ｇ氏は声が小さいため，何を言っているかわからなかったが，周りの状況から訴えの意味を理解し問いかけると，Ｇ氏から「よくわかったなあ」と言われたなど，この職員の努力があった。

別の介護職員は，目が悪く幻覚や妄想があり，他の利用者が自分のおやつを盗んでいくなど，昼夜を問わず訴えるＨ氏の対応に苦慮し，当初は，幻覚や妄想をどうにかすることに必死で，対策をＨ氏と一緒に考えても落ち着く期間は短く，違う物を盗られたと状況は繰り返すばかりだった。しかし，１年後にはＨ氏が声で自分のことをわかってくれるようになって，もっとＨ氏の力になりたいと思ったり，また，自分と話している時のＨ氏には安心感があると感じていた。そして，自分の休日にＨ氏が自分に「もっと言いたかった」と言っていたことを知り，Ｈ氏は，幻覚で，今，誰かがいるということよりも，そういうことがあったということを自分と話したかったのではないかと語った。

他にも，排泄介助を拒否されたり，利用者が同じことを言い続けたり，頑固だったり，関わりが難しかった利用者とのエピソードが語られた。多くの場合，時間の経過とその間の職員の働きかけによって双方に変化が起こっていた。

しかし，ある介護職員は「基本，だから，何か嫌われたら，次に行こうみたいな。いろいろ試すんですよ，私，はい。いろいろ試して，その，一回拒否されたからって，私は折れないですよね。【うん，うん，】何回拒否されても，絶対わかってもらえる日がくるやろうなっていうか」と，その利用者に自分のことをわかってもらうまでのつらさといつかわかってもらえるという自分の信念を語った。さらに，この介護職員は，わかってもらえる日が来るのにそこまでに至らず辞めてしまうのはもったいないとも語っており，対応の難しい利用者と関係性を築くまでの介護職員の負担は大きいことを示していた。

また，対応が困難だった利用者とのエピソードとして，暴力や抑制のきかない行動など精神症状が強く，精神科病院に入院してしまった，精神的な落ち込みが酷く関わりも半ばで亡くなられたなど，最終的に「関係性が築けなかったエピソード」もあり，介護職員からは遣り残したという感情や反省の言葉が語られた。

2 研修プログラム後の認識の変化

それまでの利用者との「ケア」の関係性を振り返るための事前インタビューから，「ケア」の概念の講義，「ケア」の関係性を意識づけるための２か月にわたるワークシートの記入，気づきを共有するためのワークショップという研修プログラムを通した介護職員の認識の変化は，「利用者理解の不十分さに対する気づき」「自分たちの関わり（仕事）に対する気づき」「利用者の思いに対する気づき」「相互作用の実感」の４つのラベルにまとめられた（表７－４）。

利用者理解の不十分さに対する気づき

ある介護職員は研修プログラムを振り返って，「個人的には，利用者の見方，今までは，アバウトに見ていたと言うか，客観的に具体的に見ているつもりだったんですけど，余計に，表情をもっと見たりとか，言動ひとつにとっても考えるようにはまずなったというのがひとつ」と語った。別の職員も「その自分が出した言葉で，どう反応しているというか，いろんなことを考えるというとこまでは，なかなか。多分考えてたとは思うんですけど，実際問題いろんなことを考えてできていたかといったら，ああ，できてなかったなあと思ったんです。客観的に」と語っており，普段から利用者のことを一人の人として見ている，理解していると思っていたが，今回改めて利用者との関わりを振り返ったり，利用者の言動を解釈したりすることで，今までの利用者に対する理解が十分ではなかったことに気づき，もっと利用者のことを見ていきたいといった

表７－４　分析結果「研修プログラムを終えての認識の変化」

ラベル	見出し
利用者理解の不十分さに対する気づき	・今までの利用者のことを見ていたつもりだったが十分ではなかったと気づき，もっと見ていきたいと思う ・利用者のことを仕事の流れやフィーリングで受け止めていたので，しっかり時間をかけて一人の人として関わっていきたい ・援助者側の立場から利用者の悪い面ばかり捉えていたが，認知症の人の援助においては目に見えることで良し悪しを決めるのではなく，その人の思いを理解しないと意味がないと思った ・介護拒否という行為自体を無くそうと思っていたが，もっと思いを理解しようと思った ・利用者の生活リズムは自分たちと同じなので，できるだけしたいと思うことはしてもらいたい ・ワークを通して，改めて利用者が施設の中で自分を抑えて生活していることに気づいた ・以前とは解釈が変わって，今ならもっと利用者を人として見ていける ・ワークをした今では，意思疎通の難しい利用者の小さな反応もキャッチしていきたいと思う
自分たちの関わり（仕事）に対する気づき	・自分の行う介護は単に手助けという認識だったが，そうではなく，もっと一人ひとりに関わりたい ・自分のやっていたことを解釈してもらって，良いことだったんだと思った ・やってきていることを話して自信がついた ・他の研修で示された援助事例においても，「ケア」の関係性が意識でき，重要性が理解できた
利用者の思いに対する気づき	・利用者の言葉はその場の言葉だと思っていたが，受け入れるようになった ・利用者は自分たちのことを助けたいという気持ちがあると思う ・若い男性職員のことを気遣い可愛がることは，利用者にとって生きがいになっていると思う ・いろんな職員がいることがよいと思う ・利用者の思いを知ることができてよかった
相互作用の実感	・相互作用を実感する ・相互作用を認識しての関わりの変化

語りが複数なされた。

また，行動・心理症状を呈する利用者に対し，その行為をやめて欲しいとばかり思っていたが，今は行為の意味を考えるようになり，さらに認知症の人の伝え難い思いを理解したいと意欲を高めたり，生活リズムなど利用者も自分たちも同じと感じたり，あるいは，幻覚，妄想のある利用者との関わりを振り返って，今はその利用者に対し，病気と理解した上で一人の人として見られるようになってきていることが語られており，利用者に対する捉え方や理解の仕方に変化がみられた。

自分たちの関わり（仕事）に対する気づき

ある職員は，「まあ，こういうことがなかったら，利用者さんのことって，ただ業務的な感じにしか思ってない自分があったっていうのは，何か，この今回の研修ですかね，で，思いました」「だから，ケアということ，まあ，一番初めの方で，資料ももらって，いろいろ，こう，まあ教えていただいたんですけども，やっぱり，自分の中ではケアというのは，本当にただ単に手助け，まあ，介護という風にしか思ってなかったんでね，何かあの話を聞いてね，何か，そうじゃないんやなっていうことは，あの後，新しく自分の中でね，認識が得れたなあという」と語り，「ケア」の概念を知ることで，手助け，作業としての介護の仕事，業務的な利用者との関わりといった，今までの自身の仕事に対する認識に気づき，その認識を変容させていた。そして，実際に利用者との関わりや理解に時間をかけるようにしたところ，利用者から「ちょっと聞いてよ」と愚痴のようなことを言われるまでになったと語っていた。

他に，研修プログラムにおいて，自分が何気なくしてきたことの解釈を聞いて良いことなんだなと思った，自分のやってきたことをインタビューで話して自信がついたことが語られた。

利用者の思いに対する気づき

ある介護職員は，従来の職員研修は利用者に対する接し方ばかりだったが，今回，「ケア」の概念についての講義を聞いて，「利用者さんからも私らのことをどう見てくれているかというのが初めて聞けた場だったので，で，その時に利用者の方がこの職員に対して，こんなに愛情をもって接してくれているんだなって改めて感じて，そう，やはり，人生の先輩としてみてくれているところがあるんやなというところで，そういうことで，何というのかな，そう大先輩として接していかなければならないなと，はい」「（利用者が）そこまで考えてくれているとは思ってなかった，その，私の中では，その利用者さんとの普通の会話とかも，ただの日常の会話なだけの話だったんで，まあ，そこだけの話だととっていたんですよ，私は。でも，その後も私のおらん時とかでも，ちゃんとこう，出勤してるかとか，今日，休みなのかって，いっぱい言ってくれてるんやなあと思って，すごいありがたくなりました」と，人生の先輩として自分を気遣い，助けてくれる利用者に感謝の気持ちを示していた。別の介護職員も「研修を受ける前まではそんな感じ（その場しのぎ）で，『ありがとう』って，『とんでもないです』みたいなこう，本当に普通の会話みたいな感じで，多分，終わったかもしれないですけど，でも，研修が終わって，やっぱり，それがどういう思いで言ってくれているんだろうとか，そういう風にいろんなことを考えるようになりました」と語った。このように介護職員は，研修プログラムを通して，利用者の自分たちに対する思いを知り，日常の関わりにおいて，利用者の示す言動の意味を考えるようになっている。

さらに，ある介護職員は，ワークショップで利用者が若い男性職員のことを心配したり，彼らの私的な話を楽しみにしていたり，自分とは異なる関わり方を知り，「それだけね，可愛がられているというか，また，利用者さんにとってそういうことをすることが昔を思い出せるというか，生きがいになってらっしゃると思うんですよ。【若い子をみていたら自分の生き直しというんですか？】そうですよね，まあ，自分も子供を育てて，とかね，あの，もう一回ね，こう振り返られているような感じかな」と語った。そして，介護職員と利用者はそれぞれに関係を作っているので，利用者にとっては施設には多様な職員がいた方がよいと述べている。

ほかに，利用者の何かしようとする行為から，利用者は自分たちを助けたいという思いをもっていると感じたことや，今回，改めて利用者との関わりを考えることで，利用者はまだ自分を抑えて生活していると感じるといったことが語られた。

相互作用の実感

ある介護職員は，「単純にその，与えと言ったらすごくあれな言い方ですけど，与えて，でも，与えられてというのは，なんかすごい意識するようになりました」と語った。別の職員も「ケアその介護の中のケアというのは，やっぱり職員だけで行っているだけじゃなくて，やっぱり，利用者さんとの相互作用の中で生まれてくるもんなんやなあっていうのは，やっぱり，その，研修をやりながら実感していきました，やっぱり，あの，どうしてもその，やる前は，一方通行の方が多かったのかなっていうのを振り返ることができましたし」あるいは，「【今までは，その，相互作用ってあったんやろうけども】そうですね，教えてもらってから，余計に特に，感じ，考える，感じるということを意識できたかなあと思いますね，はい」と語っており，今回の研修プログラムによって「ケア」の概念や関係性について改めて言葉によって学ぶことにより，介護職員は，日常の業務の中で利用者との相互作用を意識したり，実感するようになり，理解を深めていた。さらに，利用者が自分のことをこう思って言ってくれているんだなというように，相互作用を実感することによっても，自分に対する利用者の思いを考えるようになっていた。

また，別の介護職員は「だから，ケアのところで勉強をさせてもらった，ほんまに，日々，何か，勉強というか教えられているし，ま，利用者さんと接することで本当に，んー，あの，育てられているなっていうのをほんとに感じますね」「利用者さんのことを本当に人として，自分も，んー，教えられているなとか，考えることでやっぱり，すごい，声のかけ方も考えるようになりましたし」と語り，他の介護職員も，自分のことを知って，見てくれているから，自分もその人のことを一生懸命知ろうと思う，自分を信頼して相談を持ちかけてくれているから全力でそれに応えたいと語っており，利用者との関わりの中で利用者の自分たちに対する思いや応答を認識することで，利用者に関わる意欲を高めたり，責任を強く感じるようになっていた。

３ 「ケア」の関係性を意識することを意図した振り返りシート（ワークシート）に記述された利用者との関わりにおける介護職員の認識

研修プログラムにおける「ケア」の関係性を意識することを意図した振り返りシート

「ケア」の関係性を意識することを意図した振り返りシート（以下，ワークシート）は，４つの項目で構成されている。一つ目は，利用者の痛みに共感し，気遣い助けること，あるいは，利用者の強みを知り，敬意をもって働きかけること（職員が利用者をケアすること）を意識するための質問「利用者について気がついたこと（強みや人となり，悩みごとや生活のしづらさなど）あるいは，教えられるなあ，すごいなあと感じたこと」，二つ目は，職員の気遣いや助けを受けて，利用者がどう変化したか（ケアされることによる利用者の変化）を意識するための質問「あなたの働きかけによって利用者に変化があった，正の感情や認識（例えば，安心した，自信をもった，励まされたなど）をもってもらったと感じたこと」，三つ目は，利用者から気遣われ，助けられる，あるいは，信頼されること（利用者からケアされること）を意識するための質問「利用者から信頼されている必要とされている，あるいは，利用者が自分のために言ってくれている，してくれている，気遣ってくれている（助けてくれている）と感じたこと」，四つ目は，利用者の気遣いや助けを受けて，自分がどう変化したか（ケアされることによる自分の変化）を意識するための質問「利用者と関わっていて，自分が励まされたり，自信を得たり，安心したりするなど，正の感情を感じたり，認識をもったこと」である。認識の変化は，出来事や経験に起因するため，いずれの項目にも「どのような状況（場面，利用者の言動）で気づき，それをどのように感じ，解釈しましたか」「その実感によって自分の気持ちや利用者に対する認識，利用者に対する関わり方・援助についての考え方に変化はありましたか，あれば，どのような変化でしょうか」といった２つの問いを立てている。これは，「体験⇒内省・観察⇒概念化⇒仮説化」といった体験学習の一連の流れにも対応している。

ワークシートは，2013年8月29日と9月1日に実施した「ケア」の概念についての講義の際に一人あたり4枚配布した。記入期間は，職員の勤務状況によって数日のずれはあるものの，おおむね9月1日から10月31日の2か月間で，2週間に1枚を完成するペースで記入してもらった。

「ケア」の関係性の形成等

「ケア」の関係性を意識づけるためのワークシートの記述内容のいくつかは，事前インタビュー後の利用者に気遣われ，助けられた経験，利用者を気遣い，助けた経験として事後インタビュー時に語られた。ここでは，それら以外の記述内容で，「ケア」の関係性の形成や関係性による利用者支援に資する解釈，認識について示す。

一つ目は，「利用者について気づいたこと」である。ある利用者は，立位は不安定であるが，車椅子の自走は少しずつ行っている。職員は残存能力の維持のために，その利用者に対し車椅子の自走を促しているが，当の本人は，夜勤時に「いつも私は職員においていかれる」「私のことをいじめる」などと話すこと（事実）に対し，「職員の考え・意識は利用者と捉え方が違い，無理をさせているように感じました。また，本人の意思に関係なく促しているように感じました」（解釈）と，利用者の痛みや不安を解釈，認識していた。他に，恋愛相談に真剣に考えてくれたこと（事実）に対し，「やっぱり，経験者はすごいなと思った」（認識），あるいは，毎食時の献立を記録し続ける利用者，毎日洗濯物を畳んでくれる利用者に対し（事実），「忍耐力や継続という力がすごいと思う」「一日も休まれることがないのです，すごいことだと思いました」（認識）と記しており，利用者のもつ力や，生活習慣を継続させることの大切さに気づく認識を得ていた。

二つ目の「自分の働きかけによる利用者の変化」では，ある利用者が暗い顔をしているため，出勤時に常に「どうしましたか？」と声掛けをしていると，「いつも心配してくれてありがとう」と悩みを相談してくれたこと（事実）に対し，「利用者の方にとって安心で，少しでも心を許せる人（居場所）になれたのかなと思いました」（解釈）と，利用者にとっての自分の存在の意味に気づく認識を得ていた。他には，病院受診の際の排泄方法を利用者と一緒に考え，利用者自身がパットの大きさも決めたところ，受診後，今日は漏れなかったと安心していたこと（事実）に対し，「自身の尿量と，漏れないかを実際手にとって見ていただいて一緒に決めていくことで，○○さんにとって安心につながったのではないかと思った」と解釈していた。これは，自分のことを自分で決めるということの意義の理解につながる解釈である。

三つ目の「利用者からの信頼や，自分のために言ってくれたりしてくれること」では，利用者が夜勤の時に「ちょっとは寝えや」，あるいは，独身なので「しっかり食べているか？」などと声をかけてくれること（事実）に対し，仕事の大変さを理解し，本気で心配してくれているなどと認識し，今後は，利用者が安心してくれるよう体調管理はしっかりしようと心配させないようにする志向が示されていた。他にも，ある職員は，利用者から「私も手伝ってもらっているばっかりじゃなくて，お兄ちゃんも頑張っているから頑張ろう」と言われ（事実），「自分が一生懸命働いていることをわかってくれていると感じた」（解釈）としていた。さらに対応として，「互いに頑張っていることを声掛け合って，利用者と介助者という立場ではなく，人と人という立場で信頼関係ができるような援助」と記しており，利用者に対し対等な人としての関係性を志向していた。

四つ目の「利用者と関わっていて励まされたり，正の感情を得たこと」である。以前の配属フロアに行った時にある利用者に声をかけられたこと（事実）に対し，「1年以上そのフロアから離れているのに顔を見ただけでわかってくださるのは（当時）積極的に話しかけていたからではないか」と解釈し，利用者に対し懐かしい気持ちと顔を覚えてもらっていたことに対し大きな励みになると記されていた。これは，ともに時間を過ごすことで形成した関係性のかけがえのなさへの気づきにつながる認識である。また，工夫して介護をしたがうまくいかず，「うまくいかなくてすみません」と謝ると利用者に「いいよ，大丈夫」と言われたこと（事実）に対し，「本当に申し訳ないと思っていること

表7-5 分析結果「研修の学びをどう活かしていくか」

ラベル	見出し
フロアで学びを共有する	・自分の関わりを見てもらうことで信頼関係や利用者の思いを伝えたい ・話を聞いたら意識が変わると思うので，他の職員にも話したい ・フロアで今回のワークのようなものを取り組んでみたい ・利用者の援助は一人ではなし得ないのでチームワーク，連携をとれるようにしたい
利用者との関わりを深める	・利用者の気持ちを受け止め，利用者が自由にできる介護がしたい ・利用者に対し見落としている部分を改善し，信頼関係を築いていきたい ・一人ひとりの利用者と一人の人としてじっくりと関わっていきたい ・最期まで好きなものを食べてもらうようにしたい
学びを忘れない	・関わりの中で実感することは大事なことなので忘れないようにしたい

が伝わったのではないか」と解釈し，何もかもうまくいくことばかりではないが，その時に自分のベストを出し切ることで利用者に認めてもらえる，許してもらえることもあるということがわかったと記している。この認識は，真摯に自分の非を認め，利用者に対し対等な人として向き合ったからこそ得られたものと考えられる。このようにワークシートに記された利用者との関わりで得た認識や解釈の多くは，利用者の抱える痛みや，援助の価値に関する事柄であった。

研修の学びをどう活かしていくか

研修プログラムを終え，自分が感じたこと，学んだことを今後にどう活かしていくのかという問いに対する語りからは，「フロアで学びを共有する」「利用者との関わりを深める」「学びを忘れない」の3つのラベルがまとめられた(表7-5)。

一つ目は，「フロアで学びを共有する」ことである。ある介護職員は，「ま，こういったこと，自分だけ，まあ，フロアとして，感じたので，こういったことを共有というか，チームとして共有していったら，もっと利用者に対しての，ケアとしての充実というか，生活の質につながるのかなあと思いました。うん，また，多分，私が，あの，今回接してきたことで出てきた内容と，多分，そこで違った内容もたくさん出てくると思うんです，それが良いか悪いかではないんですけど，いろんなことをして，まあ，いろんな，あの，反応だったり，出てくると思うので，また，そういったことを情報共有だったり，一回集約して，フロアで考えて，またそれをフォローして利用者さんに返すという，ま，いろんなことを考えて，チームとしてやっていければよいと思いましたね」と語っている。他にも，信頼関係を築いている自分の関わり方を見てもらいたい，自分一人では無理なので連携できるようにしたいなど，同じフロアの介護職員にも利用者に働きかけることでの双方の変化や利用者の思いや助けを知ってもらい，一緒に利用者理解や支援に取り組んでいくことがあげられた。

二つ目は，「そうですね，多分，話が変わるかもしれないですけど，自分がこの（ワーク）シートをした時に細かいことを見落としているというのを実感できたので，そういうのをあの，たくさん拾って，何か，身近な，信頼されるような関係を作れたら……」など，自分の関わりを振り返って，利用者理解や関わり方について，今後，自身が「利用者との関わりを深める」ために，努力していきたいことである。

三つ目は，「やっぱり，今，感じていることって，すごく大事なことじゃないかなと思うので，それは，何年か先であっても，絶対忘れたらだめだなって言う風には思っているので，ちょっと忘れずにいたいなというのは思っています」といった，今回の学び自体を忘れないようにすることであった（「学びを忘れない」）。

4　考　察

「ケア」の関係性の実態

①　「ケア」の関係性の普遍性

利用者は，上司の考えに納得できずイライラしていた介護職員に声をかけたり，介護職員のことを受け止め，話を聞いてくれたり，新人だったり，フロア異動したばかりで介護方法がわからない介護職員に教えるなど職員を気遣い，助けていた。「ケア」は，相手の脆弱さに共感することから始まるとされる（清水哲郎 2005）。本調査においても，「ケア」を受ける存在とみなされがちな利用者も例外ではなく，未熟さや不慣れなど介護職員の脆弱性に共感しての気遣いや助けであったと考えられる。一方，介護職員は，利用者に助けられた内容以上に，利用者が自分のことを見てくれている，自分のために言ってくれていること自体に感じ入っており，未熟な自分を受け入れた上での利用者の気遣いや助けは，介護職員には，自分の存在そのものへの承認として認識されていた（Honneth =2003）。そして，介護職員は，そのような気遣いや助けが自分の支えになったり，気遣い，助けてくれる利用者に対して感謝したり，尊敬の念を抱いたりしており，その利用者を一人の人として承認することにつながる可能性が示唆された。

逆に，大切な人を亡くした，歩行が難しいなどの利用者の痛みに共感した職員の専心的な働きかけによって，利用者は生きる意欲を取り戻したり，歩行に取り組んでいた。そういった利用者の，「○○さんが言ってくれたから」「△△さんが来てくれたから」という言葉から，利用者はその職員の役割遂行能力より，心から心配してくれたり，いつも傍にいて応援してくれるなど，その職員が自分を見守り，支えようとする意図，つまり，職員の人となりを信頼していたと推察される（山岸 1999）。そして，そんな利用者からの応答や信頼が，職員には自分の関わりが間違っていなかったという安心感や自信となって，さらに，その利用者に対して関わる意欲を高めるなど，介護職員は利用者との関わりを通して「成長」していた。

同時に，本調査では利用者を対象に調査を行ってはいないが，介護職員の語りからは，上記にあるように，利用者も介護職員の専心的な働きかけに対する安心感を得たり，そうしてくれる介護職員を信頼し，生活意欲を高めたり，介護職員との関係性の中に居場所を見出したりしていた。また，逆に，介護職員の私的な話を受け止め応答することで，介護職員の意欲を高めるなど，介護職員を見守りながら子育ての経験や今までの自分の経験を自分に統合させていることがうかがえ（Erikson, et al. =1990），利用者も介護職員との関わりによって

「成長」していると推察される。

「ケア」の概念を明らかにするための調査と本調査の実施時期には５年という時間の隔たりがある。しかし，互いの気遣いや助けを通した，相手の存在の承認，信頼がさらに，相手の自信や安心感を増しながら，それぞれにとって良好な状況に向かい互いが「成長」する「ケア」の関係性は，「ケア」の概念を明らかにするための調査の調査対象者である介護職員や利用者と同様（第３章，第４章），本調査における介護職員と利用者の関わりの中にも等しく存在していた。このことから，「ケア」の概念は普遍性をもつものであり，両時期の介護職員と利用者は人として同じ，「ケア」の関係性を通じて支え合い生きる存在と考えることができる。

②　気づきにくい「ケア」の関係性

前の①において，介護職員と利用者の間に「ケア」の関係性が存在することを示した。しかし，いつも利用者との間で，助け，助けられたり，ともにあるという認識が得られるわけではない。実際，介護現場では，利用者の介護職員に対する感謝の気持ちや気遣う思いが介護職員には通り一遍の言葉としてしか受け止められていないこともある。そのことを語った介護職員らからは，「今まで（の研修）は，私らの利用者さんの接していき方，ばっかりだったですけど……」と，職員研修では介護職員から利用者への一方向的な関わり方が教育されていることや，「ねえ，何かちょっと（利用者から）助けられることに慣れていない，そういう，何か感じるのに慣れていないというか，逆に気を遣うみたいな感じはありますね」と，利用者からの気遣いや助けを受け容れることに対するためらいがうかがえる語りがなされた。このことは，従来から役割として期待されている「ケア」を提供する者という介護職員の自己認識が，介護職員に対する利用者の思いの受け止めを妨げていることを示唆している。

ある介護職員が，講義で利用者の思いを聞けたことがよかったと語ったように，介護職員は今回の研修プログラムを通して，改めて自分たちに対する利用者の思い，利用者の気遣いや助けによって自分たちが励まされたり，利用者に育てられているなど相互作用の実感を深めていた。また，ある職員の，「（ワークシートの）記入がね，確かに結構しんどいなあと思ったりしたりとか，今週はそんなに思うこと（相互作用を感じること）があったかなあとかいうのは，すごくあったんですけど，考えたりすることがあったんですけど，何か結構思い出すと，ああ，そうか意外とそういうことがあったなあとか，結構あったりとか」という語りが示すように，日常の関わりにおいて，確かに介護職員と利用者の間には互いを支える相互作用，「ケア」の関係性は存在している。しかし，それは，関わりを振り返ったり，相互作用を意識していないと気づけない可能性が示された。

「ケア」を提供する役割を担う介護職員にとって，自分たちが利用者からしてもらうことや，利用者の介護職員に対する感謝の気持ち，気遣い，助けたいという思いは素直に受け容れにくく，気づきにくいものと推察される。このため，利用者との間に「ケア」の関係性を形成し，利用者を支えていくためには，介護職員に「ケア」の概念，および，関係性の理解が必要であると考えられる。

「ケア」の概念を明らかにするための調査と本調査における介護職員の認識の比較

「ケア」の概念を明らかにするための調査では，利用者とともに過ごしていること自体に癒されたり，楽しいという介護職員の認識が語られていた。本調査では，介護職員が笑顔を見せることで，利用者に一緒にいて楽しいという思いを伝えたい，自分が楽しむことでその思いが利用者にも伝わるということで，一緒に楽しむという志向が示されていた。両調査における認識の表現の仕方は異なるが，いずれも，利用者とともに過ごしていて楽しいという感情を得ているという意味では同じである。

一緒にいて楽しいと感じている時は，楽しんでいる事柄や場，時間，そして楽しいという感情を共有していることにおいて立場や能力など双方の持つ属性などは関係がない。自分とは異なる独自性をもつ，対等な一人の人として相手の存在を受け止め，その人と時間や感情を共有していることの喜びである。それは，メイヤロフ（1965； =2003）が，相手に対し自分とは別個の対象と感じ捉えているが，同時に，相手と一体をなしているとも捉えている関係として指摘する「差異の中の同一性（identity-in-difference）」を示している。本調査において，銭湯に行った介護職員とＥ氏の間には，メイヤロフ（1965；=2003）が，その関係における感覚として示す，「自分たちを包んでくれている何ものかに，自分たち双方がともにかかわっているという感覚」が存在していたと思われ，Ｅ氏の自分に対する対等な働きかけに，介護職員は距離感がぐっと縮まったとしている。その介護職員が，「やっぱり，あの，対応にもちろん差が出てはいけないなあとは，思うんですけど，その，自分自身の好き嫌いの感情で言ってしまうと，やっぱり，そうやって一緒に出かけさせてもらった人と，そうやって言われる方（人の悪口を言う別の利用者のこと）と比べたら，やっぱり，好き嫌いの感情はどうしても自分の中で出てしまいますけど，もちろん差は出てはいけないだろうし，そういったところはすごく，気持ちの面で折り合いをつけるのは難しいなとは思いますね」とも語っており，ともにいると実感できる利用者に対する自分の認識に変化を感じている。

そういった，「差異の中の同一性（identity-in-difference）」の実感の積み重ねも，相手を自分にとっての「相応しい対象（appropriate others）」に変えていくものと考えられる。

一方，本調査では示されなかったが，「ケア」の概念を明らかにするための調査では，利用者が自分ですることを待てるようになった，待つことができないことに対する反省など，「待つ」ということ，すなわち，利用者自身や利用者のもつ力に対する信頼についての認識が示されていた。「ケア」の概念を明らかにするための調査は概念を明らかにすることが目的の調査であったため，調査対象者に対し関わりにおいて得た認識について尋ねていた。本調査では，ケアし，ケアされる経験を振り返るために，そういった経験をエピソードとして語ってもらったため，「待てない」という自分ができなかったことについて言及されなかったのではないかと考えられる。

しかし，いずれの調査においても，とりわけ「ケア」において重要な感情である「信頼」については，介護職員が利用者から「信頼される」ことは語られたが，介護職員が利用者に対し「信頼する」「信頼している」といった言葉で明確に語ることは，ほとんどなかった。唯一語られたのは，本調査において，利用者（D氏）に，自分が洗濯物を畳んでいることに対し他の職員のお礼がないと不満を言われたという，相互作用の実感に関するエピソードである。その介護職員は，最初はD氏が洗濯物を畳むことができるのか心配だったが，今はきちんとしてくれることを信頼して洗濯物畳みをお願いしていた。D氏も仕事を任されることで生き生きとし，自信につながっていると語っていた。

このように施設において介護職員は，日常的に利用者に仕事を依頼したり，利用者と一緒に作業に取り組んだりしている。そして，その際には，利用者のできることを考えて依頼したり，実施していることから，利用者の実行する力や意欲を理解し，信頼していると考えられる。しかし，このエピソードは，この介護職員が講義の感想としてアンケートに「まず，利用者の方を信じて信頼されるようになり……」と記述していた。そのため，事後インタビュー時に，筆者がその調査対象者に対し，利用者を信頼するということがあるのか尋ねたときに初めて語られたもので，自発的に利用者を信頼しているエピソードとして語られたわけではない。

他にも，本調査において利用者を「ケアする」経験に関する語りとして，利用者にとってつらい押し車での歩行時に一緒に付き添って応援しているというエピソードがあった。それも，頑張って歩こうとする利用者の意欲や歩くことのできる力，可能性を信頼していたからこそ，その介護職員もその利用者を応援していたと考えられる。そして，利用者もその支援に応えようとしていた。しかし，介護職員から利用者を「信頼する」という言葉は語られていない。従来から，介護福祉領域では介護の目標として利用者の自立支援が掲げられ，利用者の残存機能の維持，向上が図られてきた（大塚 2002；黒澤 2009）。このため，介護職員の役割として利用者の残存機能の維持のために，利用者にしてもらう行為の遂行にこだわるあまり，介護職員は利用者の遂行意欲や能力に対する自分の信頼感を意識していないのではないかと推察される。

また，ワークシートの記述内容に，車椅子の自走を介護職員に促される利用者が，自分は職員に「おいていかれる，いじめられている」と話してくれたというエピソードがある。それを記入した介護職員はそれを利用者と介護職員の考えのずれ，痛みとして捉え，介護職員が利用者の意志に関係なく促しているように感じると記していた。このことから，利用者に対して言葉で行為を促すだけでは，その行為に困難さを感じ，「できない」と痛みを感じている利用者には，利用者がもっている力に対する介護職員の信頼は伝わっていないことがわかる。しかし，介護職員が利用者に信頼されることで，利用者に認められていると励まされるように，利用者にも利用者のもつ力や人となりを信頼していることを伝えることで，利用者も自分のことが理解されていると励まされたり，信頼に応えようと意欲を高めたり，自信を得るなど，利用者にとっての「成長」を促すことができると考える。介護職員が「ケア」の概念を理解し，関わりの中で利用者の強さを見出し，利用者に信頼していることを伝えることが必要である。

対応困難な利用者との関わりにおける「ケア」の関係性の適応

介護を拒否したり，精神的に不安定であったり，介護職員が対応困難と認識していた利用者との関わりでも，「ケア」の概念を明らかにするための調査結果同様，利用者から罵声を浴びたり，叩かれたり，改善しない状況に時には苛立ったりしながら，それでも介護職員は試行錯誤で数か月に及んで利用者に働きかけ続けていた。しかし，多くの場合，関わりの過程で，起床時だけは優しい，または，私的な話をしている時は訴えがないなど，利用者の異なる一面や生活リズムを知り，関わりの糸口を見出していた。そして，働きかける時間の経過とともに利用者に名前や顔，声を認識されるようになり，最終的には相談を持ち掛けられるようになったりしていた。介護職員は，その時の喜びを利用者に自分のことを覚えてもらった，信頼されたと語っていた。この双方の変化の過程についても，「ケア」の概念を明らかにするための調査の結果と同様である。自分に向けられる介護職員の継続した専心的で受容的な働きかけによって，利用者も少しずつ介護職員のことを知り，介護職員を信頼できるようになり，安心感を得て，関係性を形成していくものと考えられる。言うなれば，この変化の過程は，利用者が介護職員との相互作用によって，抱える問題に起因する不安やこだわりから解放され，本来の自分を取り戻す過程であり，利用者にとっての「成長」である。

ある介護職員が，「そういう人（拒否する人）って根本に寂しいというのがあると思うんですよね。【なんとも自分で表現もできない……】そうです，だから，強がってなのかわからないですけど，『わー』って言って，周りの職員さんから怖がられてしまって，怖いから近寄らんとこうみたいな」と語るように，対応困難な利用者の呈する言動は，その多くが認知症や抱える問題，あるいは介護職員の技量によって，自分が自分であることの危うさや自分の思いがわかってもらえない不安やいらだちの現れである（小澤 2005）。それを介護職員が理解した上で働きかけなければ，双方が相手のことを理解できないまま，「ケア」の関係性は成立し得ない。そのため，ここで必要なことは，介護職員は利用者の痛みを理解し，利用者の能力や障がいにこだわらない存在自体の承認と，変わることができる利用者の力を信頼して働きかけていくこと，つまり，介護職員から「ケア」の関係性を作り出すことであり，介護職員や他の利用者とともにいる，今，ここを心からくつろげる自分の居場所（メイヤロフの示す「場の中にいる（in-place）」）として感得してもらうことを志向する働きかけである（種橋 2015）。行為としてできないことを補完するだけの介護では対応することはできない。利用者の実存的な痛みや「ケア」の関係性を理解していなければ，いつまでも利用者の言動に振り回されて疲弊し，利用者の呈する症状を単に抑え込むという思考に陥りかねない。

ただ，「ケア」の関係性の形成に取り組んだとしても，状況に変化がみられるまでには，数か月から数年かかることもある。その間の介護職員の拒絶される，わかり合えないといった精神的負担は大きい。介護職員の継続的な支援を支えるために，職員間で利用者の見せた異なる一面や言葉など，利用者理解の手がかりとなる情報の共有や支えあい，言わば，職員間の「ケア」の関係性も必要である（種橋 2015）。

介護職員が「ケア」の概念を理解する意義

①　利用者と自分の存在に対する認識の変容

介護職員は，研修プログラムを通して，利用者のことを見ていたつもりだったが，さらに表情を見たり，言動ひとつについても考えるようになったなど，利用者に対する理解の不十分さに気づき，利用者を一人の人として捉え直そうとしていた。

さらに，利用者が人生の先輩として見てくれている，利用者の行動を見ていて自分たちを助けたいという思いをもっているなど，利用者の気遣いや思いに気づき，感謝し，利用者を大先輩として接していきたい，利用者の言動の奥にある思いを考えるようになったなど，利用者や関わり方に対する認識を変容させていた。われわれが他者の痛みや嬉しさなどあらゆる感情に共感したり，他者の感情を類推できるのは，同じ生物として同じ種に属し，高度に近似した身体構造を共有しているからであるという（葛生 2011）。このため，今まで介護を要する人としてしか認識していなかった利用者の，自分たちに対する気遣いや失っていると思っていた能力を再認識することによって，障がいや能力にこだわらない尊厳ある対等な一人の人としての認識に変容させられたと考えられる。これが介護職員が「ケア」の概念を理解する意義の一つ目といえる。

また，与え，与えられていると意識するようになったなど相互作用を実感したことについての語りやワークシートの記述内容が示すように，互いが与え合い，存在を成り立たせているという介護職員の認識の変容は，利用者によって与えられて支えられる自分への気づきを促し，役割上管理的になりがちな介護職員の思考の緩和にもつながると考えられる。このように，介護職員は「ケア」の概念や関係性を理解することによって，気遣い助ける存在としての利用者に気づき，介護を要する利用者であっても自分たちと同じ一人の人としての認識が得られる可能性が示唆された（種橋 2015）。

さらに，互いが与え合い，存在を成り立たせているという認識は，自分の存在が利用者に安心を提供するなど，介護職員自らの存在のかけがえのなさへの気づきにつながるものである。介護職員は，その役割の遂行のためにどうしても自分たちを「ケア」することを怠りがちになる。特に，チームメンバーの年代が近かったり，残業が可能な家庭環境だったり，属性が似通っている場合，チームメンバー間の凝集性が高くなり，利用者の介護を優先し，知らず知らずのうちに自分たちに無理を強いる恐れがある（種橋 2008）。その結果がバーンアウトであり，離職である。

自分の能力を知り，自分の「ケア」ができなければ相手を「ケア」することはできない（Mayeroff 1971）。自分の存在があってこそ，利用者に居場所を与え，利用者の安心した暮らしを支えられる。利用者にとっての自分の存在の有意味性を理解し，心身ともに健康を心がけるなど，かけがえのない自分の存在も大切にするといった視点が得られると考えられる。これらの利用者や自分に対する認識の変容は介護職員にとって，介護職員としての「成長」にとどまらない，他者とともに生きる社会的存在である人間としての「成長」とも言えるものである。

② 自分たちの仕事の意義の理解

二つ目の意義は，自分たちの仕事の意義を感じられることである。今まで介護を単なる手助け，利用者に対しても業務としか思っていなかったが，そうではなかったと仕事に対し新たな認識を得た職員は，時間をかけて利用者と関わることで，利用者に「ちょっと聞いてよ」と言われるようにまでになったと語っていた。このことは，その介護職員が「ケア」の概念を理解し，関わり方を変容させたことによって，利用者との間に「ケア」の関係性を築くことができた可能性を示している。第１章でも示したように，われわれ人間の意識や精神と身体とは区別されるが，日常における見る，聞く，感じる，語るという体験は意識や精神による体験ではなく，身体も含めた体験であり（足立 1994），身体の状態と無関係な心の状態はなく，その逆も同じであるとされる（福井 1994）。また，「ケア」の概念を明らかにするための調査結果では，ある利用者が介護職員について，介護を仕事（単に道具的な援助，作業）としてやっているのかどうかは態度や言葉でわかると語っていた。これらのことから，上記のように介護職員が「ケア」の概念を理解することで，自分たちの仕事に対する認識を変容させ，利用者に対する関わり方も変化すれば，利用者もその介護職員に対する見方を変え，「ケア」の関係性の形成も促されるようになるのではないかと考えられる。

さらに，ある介護職員が利用者との関わりを振り返り，その意味を解釈することで自分のしていることが良いことであると自信を得たり，利用者に助けられたりして，こんなに楽しく仕事ができると語っており，自分たちの仕事の意義も感じていた。介護職は，その専門性に対する社会的評価が低いといわれている（日本学術会議社会学員会 2011）。しかし，このように介護職員が「ケア」の概念を理解することで，その関係性を基盤とした介護の意義，すなわち，自分たちの仕事の意義を感じることができ，利用者に対する介護の質や職員の仕事のやりがい，継続意向にも影響を与える可能性が示唆された（種橋 2015）。

今後の課題としてまとめられた，「フロアで学びを共有する」など３つのラベルは，利用者との関わりの中で感じたことや，他の職員が感じたことを共有したい，相互作用について話がしたいなど，他の職員と今回の学びを共有し，他の職員にも「ケア」の概念，関係性について理解を促す志向や，自分の利用者に対する関わりの不十分さに気づき，関わりを深めていきたい，学んだことを忘れないようにしたいという，自身の援助姿勢の向上に資する志向であった。佐伯胖は，「知識というものは，頭の中でわかっていても，それが現実場面で生かされていなければ，真に『身についている』とは言えない」（佐伯 2004：24）と述べている。今後の課題としてまとめられたこれらの３つの志向（ラベル）は，あくまでも，「今回の学びをどう活かすか」という問いに対する語りであり，語られた時点で実践されているわけではない。しかし，ある介護職員が「研修（講義）をしたじゃないですか，あそこでの利用者さんのいろんなコメントがすごく現実感があって，ああ，そうやなあって（笑）という，ほんまそんな感じやって。【ああ，ああ】それは本当にたぶん取り組みをずっとさせてもらう中で一番，強く思いました。はい」と語っていたが，介護職員は研修プログラムを通し，改めて利用者との相互作用や利用者から助けられていることを実感し，今までの利用者との関わりにおける経験と講義での説明を結びつけたり，比較することで，「ケア」の概念や関係性の意味とその理解の重要性について得心したものと考えられる（山鳥 2002；佐伯 1975)。だからこそ，ともにチームケアを実践していくメンバーである他の職員にも知っておいて欲しい，あるいは，他の職員の利用者との関わりにおける経験や思いを知り，共有したいといった志向や，自分自身がしっかり実践していくという志向を高めたと推察される。このことは，「ケア」の概念を理解することによる介護職員としての「成長」として捉えることができる。

一方で，介護職員の中には，洗濯物をたたむなどの利用者の介護職員に対する手助けを当然のこととし，お礼も言わず，利用者の気分を害している人もいると語られていた。このことは，「ケア」が人間の存在様式だとしても，人は全くの習慣として「ケア」するわけではないというローチ（Roach =1996）の言葉を裏づけるものである。しかし，こういった介護職員にも「ケア」の概念について教育していくことで，本調査の対象者のように利用者理解や仕事の意味に対する認識が変化する可能性はあると考えられる（種橋 2015)。

5 「ケア」の概念を理解することによる介護職員の「成長」

本章の目的は，ある介護老人福祉施設の介護職員 10 名に対して実施した研修プログラムにおける利用者との関わりや研修プログラムを終えての気づきや認識の変化に関するインタビュー結果から，介護職員と利用者の「ケア」の関係性の実態と介護職員が「ケア」の概念を理解する意義を考察することである。

結果として，介護職員と利用者の間には，互いに相手の痛みに共感し，気遣い，助けることで相手に自分が受け容れられているという安心感や自信を与え，逆に，気遣い，助けてくれる相手を認め，信頼することで，またその相手に自分のしたことが間違っていなかったなど安心感や自信を与え，意欲を高めるなど，「ケア」の関係性が存在し，互いの存在を支え合っていた。しかし，いつもそういった感覚が得られるわけではなく，利用者の介護職員に対する感謝の気持ちや気遣う思いが介護職員には通り一遍の言葉としてしか受け止められていないこともある。それは，役割として期待されている「ケア」を提供する者という介護職員の自己認識故に，利用者の思いに気づき難いことを示した。

また，問題を抱え他者との関わりが難しい利用者が，根気強い介護職員の働きかけによって変化していく過程は，「ケア」の関係性によって利用者が本来の自分を取り戻す過程であり，利用者にとっての「成長」である。このため，介護職員は利用者の痛みを理解し，介護職員から「ケア」の関係性を作り出すこと。さらに，介護職員の利用者に対する「信頼」に関する語りの乏しさから，介護職員は利用者自身や利用者のもつ力に対する自分の信頼感を意識していないことが推察される。そのため，利用者の「成長」を促すために，利用者に対し信頼していることを伝えることの必要性を示した。

介護職員が「ケア」の概念を理解する意義として，利用者に対する認識を自分たちの痛みに共感し，助けようとする対等な一人の人としての認識に変容させることと，自分たちの仕事の意義を感じられることを示した。この２つの意義は，介護職員にとっては，「ケア」の概念を理解することによる介護職員としての「成長」であると同時に，他者とともに生きる人間としての「成長」でもあると言える。

しかし，「ケアする」人としての役割をもつ介護職員に対する道具的な援助への期待が強まれば，今以上に介護職員は自分たちに対する利用者の思いにも気づけず，提供する介護も作業になる恐れがある。とりわけ，施設生活によって，他者との交流の機会が乏しくなっている利用者にとって，社会的存在として生きていくために介護職員との「ケア」の関係性は不可欠である。このため，介護職員にとっても利用者にとっても，その人にとっての「成長」が促される「ケア」の関係性を形成していけるよう，介護職員には「ケア」の概念の理解が必要であり，そのための教育，研修が求められる。

第８章では，引き続き本調査結果に基づき，介護職員にとって負担が少なく取り組みやすい「ケア」の概念の教育，研修方法とその課題を検討する。

注

⑴ 2013年1月から10月期のデータ。

⑵ 公益財団法人介護労働安定センター（2013c）「平成24年度介護労働実態調査」によれば，訪問介護員の80.1％，介護職員（入所施設，通所施設）の42.1％が非正規職員である。

第8章
介護職員に対する「ケア」の概念の教育，研修方法とその課題

本章の目的は，介護現場における「ケア」の概念についての教育，研修方法の確立に向けて示唆を得るために，今回実施した一連の研修プログラムの感想や認識している他の介護職員に「ケア」の概念を伝えていく方法，調査対象者が研修プログラム終了後に実施したことなどから，介護職員にとって負担が少なく取り組みやすい「ケア」の概念の教育，研修方法とその課題を考察することである。

1　調査方法

調査対象者と調査方法

調査対象者は第7章と同様，A介護老人福祉施設の介護職員10名である。

調査方法については，第7章で示した通りである。本章で結果を示す研修プログラムのワークショップ，最終アンケートの詳細は以下の通りである。実施日時は第7章の表7-1に示した。

①　ワークショップ

ワークショップは，ワークシートに記入した関わりやその関わりにおいて得られた認識などを共有することを目的にワークシート記入開始後，おおむね1か月が経過した時期に実施した。場所は，A介護老人福祉施設内のホールである。ファシリテーターは筆者が行い，ワークの公平性を保つため，オブザーバー1名（社会福祉学専攻の元修士課程院生・第三者）が同席した。

②　最終アンケート

介護職員が「ケア」の概念を意識して業務を行えていたのか振り返るととも

に，実際に学んだことを活かして取り組んだことや，取り組もうとしていることを確認することを目的に，研修プログラムが終了してから2か月後に実施した記述式アンケートである。

分析方法と倫理的配慮

事後インタビュー（追加調査含む）はICレコーダーに録音し，調査対象者毎に逐語録を作成した。逐語録を精読し，意味上まとまりのある部分を取り出し，一行程度でその内容を要約した一行見出しを作成した。その後，各プログラムに対する感想や他の介護職員に伝えていく方法について尋ねるためにあらかじめ設定した「ワークシート記入の感想」「ワークショップの感想」「他の職員に『ケア』の概念や関係性をどのように伝えていくのか」の3つのテーマに分類し，類似した一行見出しをまとめ，見出しを作成した。さらに，類似した見出しをまとめ，ラベルを付与した。テーマ「今までに参加した研修で学んだことについて」は，分析時に類似した一行見出しがまとめられたため，新たにテーマとして設定した。

なお，ワークショップ後のアンケートにおける「ワークシート記入の感想」「ワークショップの感想（ワークショップに参加した感想や学んだこと，他の参加者の話を聞いて感じたこと，学んだこと）」の記述内容は，同じテーマに関する語りの一行見出しと合わせて，類似した内容のものを見出しとしてまとめた。

分析の妥当性を高めるために，調査対象者に語りとそれに付与した見出しを書面で渡し，語られた内容の意味を筆者が取り違えていないか確認してもらった。また，ラベルとまとめた見出しは，介護業務経験をもつ地域包括支援センターに従事する社会福祉士1名に確認してもらった。

倫理的配慮は，第7章で示した通りである。

表８-１　分析結果「ワークシート記入の感想」

ラベル	見出し
記入による理解の深まり	・書くことで利用者，自分に対する理解が深まる ・シート記入によって相互作用を実感する
記入することによる振り返り	・振り返ってシートを書くことで心の整理ができる ・シート記入により，普段の介護の振り返りができた ・振り返ると相互作用を感じる関わりは結構あった
書かれたものを読み返すことでの振り返り	・ワークシートを記入してそれを見てもらうことで相互作用を意識できた ・書いたものを読み返すと，感覚を再認識したり，客観的に考えることができる ・関わりを振り返ることは大事と思う
記入の難しさ	・シートの項目がわかりづらい ・記入する期間が短かかったり，同じフロアでの仕事なので記入内容が同じになってしまう ・書いて表現することに難しさを感じた ・相互作用は意図しない関わりの中で感じるので記憶に残したり，的確に記入することは難しい ・書くことを意識しすぎて，利用者に対して自分らしく関われない
記入自体の負担	・忙しいときや毎日となると書くことが負担 ・学びと思うと記入はしんどくなかったが，毎日だとしんどいと思う
記入の仕方	・業務中はメモを取り，家に帰ってから書いていた ・メモをして業務内に記入した
ワークシートの継続に向けて	・普段のケース記録に援用できればよいと思う ・気づきのまとめ方の工夫で継続させられると思う ・リーダーとして率先して記録を示したい

２　結　果

ワークシート記入の感想

テーマ「ワークシートの感想」からは「ワークシート記入による理解の深まり」など６つのラベルがまとめられた（表８-１)。データは，事後インタビューの「ワークシート記入の感想」に関する語りと，「ワークショップ後のアンケート」における「ワークシートの感想」を使用した。文中での調査対象者の語りは「____」，アンケート等の記述は『____』で示した。

① ワークシート記入内容の概略

ワークシートの記入内容の分析は第7章で報告したが，本章ではワークシート記入に対する感想が分析対象であるため，ワークシートと記入内容の一例を示す。

『面会に家族だけではなく親しかった友人が一緒にこられ，午後の数時間を一緒に過ごされ会話も弾んでいるようでとても楽しそうにされていたＡ氏，これまでも夜間覚醒されることはあったが，面会があった夜は何度も「友達が待っているから」「友達のところに行く用事がある」等と布団から出ようとされていた』（事実）⇒『日中の面会がよほど楽しかったのか，久しぶりに会った友人を懐かしく思い，また会いたくなったのではないか』（解釈）⇒『滅多に会うことができない友人等との関係もその人の入所以前の生活の中では，とても大切なものであることを再認識した。特に口に出してそのことを言われなくても，その人の友人や近所の人といったその人がこれまで関わってきた人の話題もその人を知るためには大切』（自分の認識の変化，今後の援助）といったものである。記された認識や解釈の多くは，関わりの振り返りにより，利用者のもつ力や生活習慣を継続させることの大切さに気づくなど，利用者の抱える痛みや援助の価値にあたる事柄であった（第7章）。

一方で，『排便時，出ているか出ていないかを常に気にしておられる。しっかりと量や状態を伝えることで，「安心して眠れます」と話してくれたとき』（事実）⇒『排便漏れがないようにきちんとオムツを丁寧に巻いていきたい』（今後の援助）のように，利用者の言動や関わりにおいて得た認識をどう解釈したのか記述を求めているにもかかわらず，その記述はなく，援助の手立てや事実のみが記されているものがあった。

② ワークシート記入に対する感想

ワークシート記入を振り返って，ある職員は，「以前だったらそこまで深く多分考えてなかったと思うんですよ，その利用者さんが，私が接した言葉に対して，反応というか，出てきた言葉に対して，まあ，いい介護ができている，悪い介護ができているって，何かそういうのを考えなかったんですけど，今回，振り返りワークシートを書かせてもらって，まあ，そういった場面とかいろんな場面を書かせてもらって，あ，こういう関わりをして，こういう反応があるんだというのを，深く知ることができたのですごい良かったなあと思います」と語るなど，ワークシートに経験を記入することによって，今まで以上に利用者との関わりや，自分に対する気づきや理解を深めていた。他にも，アンケートでは，『自分たちは「ケア」する側だが，与えるだけでなく，実に多くのことを与えてもらっているのだと思いました』『利用者の方と接することで，自分を知ることが出来，成長できるのだと感じた』といったように，利用者との相互作用，「ケア」の関係性について実感し，理解を深めたことを示唆する記述があった（「ワークシート記入による理解の深まり」）。

また，記入したワークシートを読み返すことで相互作用について意識できると思う，あるいは，書いたものを後で見ることで客観的に考えることができるなど，「記入されたワークシートによる振り返り」がまとめられた。ある介護職員は，「途中から書いた分（ワークシート）を返していただいたじゃないですか。そしたら，本当に日々の中でどんどん忘れていっていたりとか，（記憶が）薄くなってたりとかはすごくあって。ああ，そんな風に見ていたのかとか，その，４週間という短い期間なのに，何か思ってしまって（笑）」と語り，ワークシートを読み返すことで当時の感覚を追体験していた。また，別の職員はワークシートではないが，事前インタビューの一行見出しの確認のために筆者が渡した見出し付の逐語録を読んで，自分の語った内容を再認識して自分に取り入れたと語っていた。さらに，今後はこういったワークシートの記入内容を，普段のケース記録に書き込んで振り返ることができたらという意見も語られた（「ワークシートの継続に向けて」）。

一方で，ワークシート記入については，「何か多分どこかしら負担に思ってしまっているのかなとは，思います。やることに対して，いいなあとか，あ，そうやなあとか思っていても，結構，実際にやることは手間といえば手間なことが大概なので，はい，いざやっていると本当はそうした方がいいんだろうけど」「言ったら，まあ，私は２週間に１枚しか書いていないわけなので，これが毎日となると，多分，これは，いくら自分の学びであろうが，ちょっとしんどいと思うんですけど」と，書くことの意義は理解していても，「記入自体の負担」が語られた。他に，関わりにおいて得られる感覚は予期しないことであるため，的確に書くことが難しい，ワークシートの項目がわかりづらい，期間が短い（2週間に1枚）と書く出来事がないこともあるなど「記入の難しさ」があげられた。

「記入の仕方」については，介護職員のほとんどが忙しく，業務内での記入はできていなかった。関わりにおいて気づいたことをメモに取り，ワークシートは業務後，あるいは，家で記入していた。そして，書いている時は，「その日に，すごく印象的なことがあったら，家に帰って，ああこういうのもあった，ああ，前にもこういうことがあったというのは，で，書きました」と過去の経験と照らし合わせたり，夜に書こうとしても書くことを考えすぎてまとめられなくなるので，メモをしてひとまず寝て翌朝に記入していた。

ワークショップの感想

ワークショップ後のアンケートの記述や事後インタビューで語られた，ワークショップに参加した感想や学びは，3つのラベルにまとめられた（表8-2）。データは，事後インタビューの「ワークショップの感想」に関する語りと「ワークショップ後のアンケート」における「ワークショップの感想」，筆者の「ワークショップ時のフィールドノート」を使用した。文中での調査対象者の語りは「____」，アンケート等の記述は『____』で示した。

「ワークショップに参加した感想」として，『同じ施設であっても他フロアの利用者のことはまったくわからなかったが，他フロアの職員の話を聞けたことで，利用者のことを具体的にイメージできた。当然のことながら一人ひとり異なる感じ方や考え方を知ることができた』『最終的に目指すところ（利用者のより良い生活のために……）は同じでも，アプローチの仕方や視点など，皆，いろいろな考えをもっているのだと感じました』など，他の職員と関わりにおける認識を共有することで自分と異なる考え方を知ったり，「ああ，そんなんある

表8-2　分析結果「ワークショップの感想」

ラベル	見出し
ワークショップに参加した感想	・他の職員の話に共感したり，異なる意見が聞けた ・自分だけ感じていることではないことがわかり安心 ・職員が利用者のことをどれだけ思っているのかがわかった ・自分の考えを発表する機会が持てて良かった ・自分の至らなさに気づく ・ワークショップを続けたい ・フロアでこのような意見交換がしたい
関わりに関して得た認識	・利用者が見てくれていることの再認識 ・利用者と人同士のとしての関わりの中での言葉の重要性を感じた 人と人同士としての関わりの大切さ ・コミュニケーションをとることが困難な利用者に対し働きかけることの大切さ ・認知症の方の話を聞いて，感覚に働きかけることでの変化を感じた ・他の職員の話に触発され，自分も疑問をもった
ワークショップの課題	・ワークショップの人数は小規模が話しやすい ・ワークショップのメンバーは，同じような経験年数の職員で行なう方が話しやすい ・ワークショップは，職員だけで行なったらもっと発言できると思う ・話しやすいワークショップのために何回か実施したり，KJ 法を用いるとよいと思う

んやって，すごく思うことがたくさんあったので，はい」と他の介護職員の関わり方や考え方に共感したり，新たな気づきを得ていた。また，他の人も自分と同じ認識をもっていることも確認でき，安心感につながっていた。

2回目のワークショップを主催した介護職員は，再度実施した理由について，このような経験によって自分の仕事に対するモチベーションが高まったため，もう一度メンバーで集まって話をすることで，他の職員もモチベーションが上がると思ったと語っていた。

他に，感想として『意見を交換しあう場が新鮮で，自分の考えを発表する機会をもてたことは大変良かった。職員一人ひとりが利用者のことをどれだけ思っているかがわかった』『日ごろのケアに対する考えなど，なかなか聞くことができなかったり，フロアが違うと話す機会が少なかったり，いろいろな特色や，その人ならではの関わり方等があるのだと思いました』などと記されており，ワークショップの感想はおおむね介護職員にとって良好なものであった。

さらに，ワークショップでは職員間の情報共有によって，利用者に対する関わりについて新たな認識を得たり，他の職員と利用者とのやりとりを聞いて利用者が自分たちを見てくれている，気にかけてくれていることを再認識していた（「関わりに関して得た認識」)。

しかし，筆者はフィールドノートに，「職員はインタビューを通したり，ワークシートを見てみていろんなことを感じてはいるが，その意味を解釈，吟味するということが少なく，感じたことからすぐどうするという次の援助方法（手段）につなげようとしている。援助者としての役割遂行が強く求められているのか，人としてどうなのかと一般化，概念化することがないと感じた。感じたこと，その意味を内在化させないまま，次の支援につなげているので，せっかく人間観，援助観につながる実感を忘れていくのではないかと思った」と，事前インタビューやワークシート記入を経た，ワークショップ時の印象として書きとどめていた。

介護職員のあげる「ワークショップの課題」には，小規模なのがよい，同期であったら話しやすいかもしれない，筆者など第三者がいない方が話しやすいのではという指摘があり，ワークショップのメンバー構成に課題が提起された。

他の職員に「ケア」の概念を伝えていく方法

データは，事後インタビューにおける，「他の職員に『ケア』の概念や関係性をどのように伝えていくのか」に関する語りを使用した。文中での調査対象者の語りは「＿＿」，アンケート等の記述は『＿＿』で示した。

①　今までに参加した研修で学んだことについて

このテーマに関する語りからは，2つのラベルがまとめられた（表8-3)。今まで研修で学んだことを実践しようとしたり，取り組んだ経験をもつある介護職員は，研修の時はすごく勉強して，自分の情熱もそこに注がれていたかもしれないが，業務をしていく中でそれが薄れていってしまうと語っていた。別の職員も，「4週間終わって，5週間目くらいまでは何とかいけるけど，その先は，

表８－３　分析結果「今までに参加した研修で学んだことについて」

ラベル	見出し
研修での学びを忘れないようにすることの難しさ	・思想や価値は，人によって伝わり方も違い，学んだことも忘れることもある ・日々の業務の忙しさに研修で学んだことを活かす気持ちが薄れていく ・研修による取り組みは期間を過ぎると継続は難しいので難しいことをしたら続かない
研修での学びを忘れないようにするには	・学びを忘れないようにするには職員間で話をすることや記録を継続して実施していくこと ・取り組んでいくときにはリーダーが怠ってしまうと示しがつかない ・今回の学びを継続させるための参加メンバー選出 ・相互作用について忘れないようにするには，利用者の反応などをメモしてその意味を考える ・人と人としてかかわることを意識することが大切 ・人を知ることが大事ということを意識する

あれっていうのが結構多かったりもするので，持続を何か，どうやって持続するのかなというのはすごく考えるんですけど，だから，あまり，こう，難しいことをしてしまったら本当に続かへんのかなって思ったりして」と語り，「研修の学びを継続して実践していくことの難しさ」を示している。

また，利用者の尊厳や人権，職業倫理など「ケア」の概念と同じ，価値や倫理に関する職員研修での学びについて，ある職員は，「一番難しいじゃないですか，こういうところって伝わり……【そうそうそうそう】伝わっているかなと思っていても伝わり方もちょっと違ってたりとか，人によって違っていたりとか，ニュアンス，とり方って，あると思うんで，すごい難しいところなんだろうなって」と語っている。経験年数の浅い別の職員は，理念や倫理の研修について，「んー，はっきりと理解しているわけではなくて，ニュアンス……。【ニュアンスと言う感じで】ふんわりと。【伝わっているかなって……】自分の中で多分しっかりと捉え切れていない部分が多いので。【言葉として難しい感じがある？】そうですね，言葉だったらすごく固く感じて，もうちょっと自分の中で砕いていかないと，だめだと思うんです，入らないんです」と語った。さらに，価値や倫理に関しては介護技術とは異なり，研修で例示されたケースが現場で起こったことにあてはまらないと利用者の支援にどう応用していいのかわからないとも語られ，援助の価値や倫理の伝わり難さが示された。

また，「研修の学びを忘れないようにするには」として，利用者体験や研修で感じたことは日々薄れていくため，継続的に職員間で話すなど情報を共有する必要性や，リーダーが行うことを忘れるとチームメンバーの志気にも関わるため，率先して行い続けるなどの志向が語られていた。今回学んだ「ケア」の概念については，利用者と関わって，その反応をメモしておいて考えたい，人を知るということが大事であると意識したいなどと語られた。

② 「ケア」の概念を他の介護職員にどうやって伝えるのか

このテーマに関する語りからは，7つのラベルがまとめられた（表8-4）。ある介護職員が，「こんなことがあったよっていう，話を，何か共有する，本当に10分くらいでもいいのかなと思うんですけど，申し送りとかで業務的な内容を引き継ぐのもちろん大事なんですけど，ちょっとくらい，本当にお茶を飲みながらでも，今日，こんなことがあってさあ，利用者さん，こんなんで，自分の時はこんなことがあって，という，（略）何かそういうのを本当に共有は多分できないと思うんですよ，一人ひとりの関わりが違うから。【はい】共有はできへんけど，何かその，それぞれの関わりを何か知るという，多分，思い的なものはみんな絶対一緒やと思うので，それが何かそういう概念を意識するじゃないですけど，みたいなことにつながったりはするのかな，とは思ったりしました」と語るように，それぞれの介護職員の介護観や関わり方の違いを認めた上で話し合う，ノートに記すなど方法は異なるが，利用者とのやりとりの様子や反応，感じたことなど「他の職員と情報や経験，感情を共有すること」があげられた。

また，利用者との「ケア」の関係性は言葉では伝わらないので率先して関わる姿を他の職員に見せ，何か感じて欲しいというように，利用者に対する自分の関わり方を見てもらうことがあげられた（「関わりを見せる」）。さらに，仕事が忙しく，相互作用を感じたこともわからなくなっているようなので，今回の研修をやってみたらよい（「講義形式の研修の実施」），あるいは，振り返って思

表８－４　分析結果「『ケア』の概念を他の職員にどう伝えるか」

ラベル	見出し
他の職員と情報や経験，感情を共有すること	・価値や理念，気づいたことを他の職員に口頭で伝える ・フロアミーティングの場で伝える ・雑談の中ででも気づきや利用者のことを伝えて共有する ・利用者の悪い部分ばかりが目に行く職員もいるが，利用者の異なる一面を伝えたい ・今日の出来事や利用者の反応についてケース記録に落として共有する ・職員の声かけや働きかけの良いところを付箋に書き出し，集約し，感覚を共有する ・経験を伝え合うことが大切と思う ・一対一で認識を聞き取ったり，互いの認識を話し合えたらと思う ・何でも情報を出し合うことが大事だと感じた
関わりを見せる	・自分の関わり方を他の職員に見てもらい相互作用の理解を促す ・他の職員に自分の利用者との関わり方を示し教えることは，自分の強みになると思う
ワークシートの記入	・ワークシートを記入して，人対人の関わりであることを意識づける
問いかける	・人と人としての関わりを意識づけるために，フロアのスタッフに利用者との関わりについてどう思ったか問いかける
講義形式の研修の実施	・互いの関係性や一人ひとりの利用者思いを理解させるためには講義形式の研修を行なう必要がある
事例による振り返り	・関わりの中で感じたことは忘れてしまうことがあるので，事例として振り返るのもよいと思う
とにかく関わってみる	・とにかく利用者と関わってみて欲しい

い出すこともあるため事例検討するのもよいと語られた（「事例による振り返り」）。

さらに，自分がワークショップで聞いた他の介護職員と同じ働きかけをした時の利用者の反応から，こういうことでよかったのだと感じたため，利用者に「とにかく関わってみる」こと，「ケア」の関係性は人対人ということを意識づけるために，今回実施した「ワークシートの記入」や，感じていることを他の介護職員に「問いかける」ことが語られた。

研修プログラム後（事後インタビュー後）に取り組んだこと

事後インタビュー終了後からおおむね２か月の間に介護職員が「ケア」の概念を実践に活かすこととして実際に取り組んだこと，近々取り組みたいことを記入してもらった。その結果，実際に取り組んだ人は４名，近々取り組みたいことを記入したのは５名であった。１名は「もう少し勉強が必要で，伝える側にまだ立ててない気がする」と記され，取り組みについては言及していなかった。データは，「最終アンケート」の「『ケア』の概念を実践に活かすこととして実際に取り組んだこと，近々取り組みたいこと」についての記述を使用した。文中での調査対象者の語りは「＿＿」，アンケート等の記述は『＿＿』で示した。

具体的に取り組んだこととして記されたことは，『フロアで利用者さんのとの関わりがこんなことがあった，こんな話をしてくれたというような話を職員間で伝えるようにしています。自分がいろいろと話すと周りにもこんなことがあった，こんな話をしてくれたと業務的でない話が増えたように思います』『今までは，小さな気づき（例えば，「自分がこれをしたらねぎらいの言葉をかけてもらえた」等）があっても，自分自身の体験としてだけでとどめていたが講義後はフロアのメンバーに伝えるようになった』など，関わりにおける経験や利用者の言動などの情報を職員間で伝え合うことであった。

また，ある職員は，『フロアミーティング等で利用者の方の思いについてもっと考えていくように話し合った。研修（「ケア」の概念についての講義）での，職員のことを利用者の方がどう思っているのかを話してみた』として，講義で学んだ利用者の介護職員に対する思いを伝えていた。

近々取り組みたいこととして記入された回答のひとつは，『とりあえず利用者の方と話し，その方の生活が楽しくなるようにしたいと思います。ご自身でやれることはやっていただき，できないことは助け，頑張っていただいたときには「褒める」を大切にしていきたい』といった利用者に対する働きかけや利用者の努力を承認することであった。ほかは，『研修に参加した職員と振り返りを行い，どのように感じたか，相互作用をどのように解釈したか，また，記録の方法など意見交換し，その結果をフロアに伝えていこうかと考えている（自主ワークショップとしてこのアンケートの翌月に実施）』『学んだことを今の状況で実行するのは難しいですが，自分に余裕ができたら必ず取り組みたいと思います。フロアのメンバーに伝えるというところは，自分の中でも課題となる部分なので，失敗の繰り返しですがよき方法を探していきたいと思います』『このワークシートを実施したこと，また，◎◎研修で学んだことをスーパービジョン，コーチングしていこうと思っています。具体的には利用者の方と関わった中で良かったアプローチの仕方など声かけの仕方を利用者と接する前や後に伝えたりしていく』といったように，研修での学びであったり，「ケア」の関係性の中で得られたことの意味や，利用者にとって良好な状況に向かうような働きかけを他のフロアメンバーに伝えることを志向するもの，ほかに，『私が夜勤リーダーの際に何かあったときに適切な対応ができるように対応の仕方，助言を頂いた後の対応を記していきたいと思う』と記され，自分の学びとして適切な対応を記述することがあげられていた。

3　考　察

介護職員に対する「ケア」の概念の教育のあり方

今までに参加した援助の価値や倫理等の研修では，人によって伝わり方が違う，研修で話された事例は，実際に出合うケースと異なるとどう応用してよいかわからないなどと語られていた。

畑村洋太郎（2008）は，世の中の事象は要素とそれが絡み合う形で，必ずある構造を作り出しており，われわれが事象を理解するときには，頭の中で要素や構造を作り出している。そして，新しい事象が自分の頭の中にもっている要素と構造（畑村はテンプレートと呼ぶ）と一致するときに「わかる」，一致しないときは「わからない」となると指摘する。さらに，伝えるときも同様で，伝えたい内容が伝えられる人のもつテンプレートと一致しないとうまく伝わらない。しかし，「わからない」が，「わかりたい」と思った時には，そこで検討が始まり，新たなテンプレートを構築することで「わかる」ようになる。このため，相手に伝えようとするならば，相手の「わかりたい」という意欲，新たなテンプレート構築の必要性の理解が必要となるとしている（畑村 2008）。

この畑村の指摘を踏まえると，援助の価値や倫理の研修については，やはり抽象度が高く，数値など明確な基準を示すことが困難で，講師のテンプレートと受講する介護職員のテンプレートが一致しづらいために，人によって捉え方が微妙に異なり，同じように伝わらないということではないかと推察される。

山鳥重（2002）によれば，われわれが見聞きしたこと，経験することは，すべて出来事として記憶される（出来事の記憶）。そのうち，何度も繰り返し経験することで，その経験の共通特徴が抜き出され，その特徴（イメージ）を名づけることによって，他の特徴と区別される意味の記憶として保持される。知識も意味の記憶である。他に，繰り返し行為を行うことで，その手順は大脳の神経の流れに組み込まれ，意識には上らなくなるが，手や体が覚えていることなど意識に呼び出しにくい手続き記憶がある。新たな情報がこれらの記憶と結びつけば「わかる」，そうでなければ「わからない」となるという。そして，「わかった」ことは，自分の言葉や文章，図で表現できるようになったり，応用して活用することができるようになるとされる（山鳥 2002）。

第７章で示したテーマ「研修プログラムを終えての認識の変化」にまとめられた介護職員の語りに，「多分，そういう思い（職員を助けたい）があって，日頃のしてくれはることとか，そういうことがあったりするんだろうなというのがすごく感じました。（略）【その前の講義で聞いたときの利用者さんの思いというのがこういうことで，表してくれているんだなと思うってことですね】実際のフロアの利用者さんでも，何かそういう気持ちが絶対あるのやろうなというのをすごく思いました」というものがあった。この語りを上記の記憶に関する記述に照らせば，単に講義によって「ケア」のもつ意味と言葉の対応がついたのではなく，「ケア」の関係性の経験はすでにその職員の中にあり，今までの経験を通して感覚として知っていたことや言語化できていない事柄が，「ケア」の概念や利用者の思いを言葉として聞いたことで結びつき，「やっぱり，そうか」と確信（わかる）に変わっていったことを示している。

一方，価値や倫理といった事柄は，介護現場では正しいこと，知っておくべきことである。そのため，何度も理念や目標として目にし，耳にして，言葉としてそのまま記憶されてはいくが，それを自分の既知の事柄や経験と結びつけて吟味することがなければ，その事柄の意味や原理が「わかる」までに至らず「わかったつもり」になっており（山鳥 2002），研修で聞いた事例と異なる場面では応用できずに悩んでしまうのではないかと考えられる。

第７章で示したように，役割として，一方向的に介護を提供することを期待される介護職員にとって，利用者の介護職員への気遣いや感謝の思いは気づきにくく，「ケア」の関係性は普段は意識され難いものである。しかし，本研修プログラムでは，介護職員自らが経験を語ること，ワークシート記入，ワークショップというように，自分と利用者の関わりの経験を様々な形で何度も振り返って吟味し，それが講義で聞いた理論（知識）が結びついたことで，「ケア」の概念や利用者の思いが「わかる」につながっていると推察された。したがって，介護職員に対する「ケア」の概念の教育方法としては，今回の研修プログラムで意図した通り，利用者との「ケア」の関係性はすでに介護職員の中に経験としてあるという前提で経験を振り返り，そこで得た感情や認識と講義で示した理論や既知の事柄とを結びつけ，概念化して感覚的に認識していたことを確信に変え，理解や内在化を促す方法が適していると考えられた。講義形式の一方向の研修では，「ケア」の概念の理解は難しいと考えられる。

ワークシートとワークショップの効果と課題

介護職員はワークシートを記入することで，利用者や自分に対する理解を深めていた。今回のワークシートは，多くの場合，業務の間に感じたことをメモに取り，終業後や翌朝など一旦時間を空けて記入されていた。さらに，介護職員の語りからは，書き込んでいく過程において，自らの過去の経験を思い起こしたり，その時の感覚や認識，状況が整理されていったと推察される。

また，介護職員は，記入されたワークシートや事前インタビューの自分の語りを読み返すことで，当時の関わりから相互作用の理解を深めたり，関わりを追体験したり，自分自身の考え方を吟味し，自らに統合するといったことが語られており，「ケア」の概念や実際の関係性を理解するために記入したり，記入されたものを読み返すことの意義は大きい。今後については，普段のケース記録に相互作用を実感したやりとりや感じたことを振り返れるように書ければ，という意見もあり，日常の記録に「ケア」の関係性の視点をもって書き込むことにより，「ケア」の概念のみならず，利用者に対する理解の深度を高めることを期待していることがうかがえた。

しかし，ワークシート記入自体の負担が複数の介護職員から指摘されており，今後，このワークシート記入を継続していくには，いつ書くのか，どのくらいの期間で書くのかということを検討する必要がある。さらに，ワークシートは自分の都合の良い時に読み返し，振り返ることはできても，あくまでも自分の経験の振り返りが主体となるため，自分の経験以外からの気づきは得られず，気づきのバリエーションが広がらないという欠点もある。

一方のワークショップは，自分の都合の良い時に繰り返し振り返るということは不可能だが，複数の職員が同時に話題を共有することで展開されるため，自分とは異なる複数の経験を追体験することができる。また，他者の経験を聞くことで自分の経験も触発される。つまり，出来事の記憶として頭の中でとどまり，普段思い起こされなかった経験の記憶が，他者の経験が糸口になって引き出されるのである。そして，その時，単にその経験を語るだけではなく，他者の経験と自分の経験の意味を比較，吟味し，概念化することによって「わかる」へ移行するため，他の介護職員と話すことで経験を共有することは「わかる」への契機ともなる。

さらに，複数の介護職員で他者の経験を共有することで，ある職員の経験や話が他の職員にも影響を与えることもある。利用者の介護の仕方について，ある介護職員が語った働きかけと同じことをしていてうまくいった経験が語られたり，ある介護職員の発した言葉が気になり，自分なりに考えてみたりといった具合に，今まで自分の中になかったやり方や疑問が新たに生まれるのである。

それもまた，絶え間ない新しい情報とのやりとりで，自分のものになったり，自分なりの解釈から確信へとつながっていくものと考えられる。

また，『職員一人ひとりが利用者のことをどれだけ思っているかがわかった』『日ごろのケアに対する考えなど，なかなか聞くことができなかったり，フロアが違うと話す機会が少なかったり，いろいろな特色や，その人ならではの関わり方等があるのだと思いました』といったアンケートの記述が示すように，介護職員はワークショップで意見を交換することで，チームメンバーの考えや人となりを理解することが可能である。チームケアを実施していくにあたって，チームの結束のためにもワークショップは重要な機会となる。

一方，介護職員が指摘したメンバーの人選という課題があった。そのことについては，ある介護職員が，「でも，若いからっていって，なんですか，できてない人とできている人とすごいですよ。【わかります，わかります】大学出て，ね，そういう福祉の方の勉強をしっかりされて出てきている人は，やっぱりよくわかってますよ」と語るように，関わりにおける認識や気づきは介護技術とは異なり，必ずしも経験年数に比例して豊かになるものでもない。したがって，ワークショップ開催にあたっては，目的や専門職同士の研鑽であることを明確にすること，さらに，回数を重ね，慣れることで，人選の課題は回避できると考えられる。

チームで「ケア」の概念の研修を行う際の課題

ほかの職員に「ケア」の概念や関係性を伝えていく方法として多かった意見は，書いて伝える，話し合いをして伝えるなど手段は異なるが，利用者との関わりで感じた感情や利用者の反応，情報を共有することで，職員間で「ケア」の関係性や利用者の理解を深めることであった。研修プログラムを通して学んだことを実践に活かすこととして取り組んだことについても，同じフロアのメンバーに自分の体験や利用者のことを情報交換するなど，他の職員と話すことで経験をわかち合い，「ケア」の関係性や利用者の理解を促すというものであった。これらの結果から，介護職員にとって負担が少なく，自分たちで取り組める「ケア」の概念の研修方法は，利用者との関わりの経験や得られた認識，利用者の言動など情報をフロアメンバーと話すことでわかち合い，意味づけるという方法が考えられる。

施設におけるチームケアの最小単位としてのフロアメンバーと経験や情報をわかち合うことは，集まる場所や時間も調整しやすく，対象者である利用者も介護環境も同じで，状況も容易に理解し合えるため，現実的な方法である。

① 職員同士で共有された経験や認識を概念化できるか

しかし，その形式での研修を実施していく上での課題として，本調査結果を踏まえ危惧されることが2点ある。一つ目は，職員同士で，共有された経験や認識を概念化できるかである。ある介護職員がフロアメンバー間での情報の共有の場について，「<u>ちょっとお茶を飲む時にでも</u>」と語っていた。これは，些細な時間でも情報の共有の必要性を語ったものではある。しかし，雑談の中で経験を共有し，「ああ，そうか」とその場で共感するだけでは，忙しさに紛れてその場で得られた認識も意識できなくなる可能性がある。「ケア」の関係性の中で起こっていることを「わかる」ためには，経験や認識したことを吟味し，意味づけて概念化することが必要となる。

筆者はワークショップのフィールドノートに，介護職員には利用者との関わりにおいて様々な認識を得た経験が豊富にあっても，それらを概念化することがないと感じたと記していた。介護現場における介護職員の経験はそのまま出来事の記憶として他の情報と結びつけたり，振り返ったりしなければ，意識化されずに頭の中に保たれたままである（佐伯 1975）。そこで，その記憶を引き出し，解釈と意味づけを促すファシリテーターの役割が重要となる。津村俊充は，体験学習におけるファシリテーターの役割の一つである「一般化の促進」について，「ファシリテーターがモデルや理論なども紹介したりしながら，体験したことから個人やグループの中にどのような原理や法則が働いているかを引き出す働きかけが大切になる」（津村 2012：41）と述べている。研修の中核となる職員は，単に，職員間で経験をわかち合い，共感や個人の気づきを促すだけにとどまらない。自分たちや利用者の働きかけやそれによる認識の変化を解釈し，概念化するために，例えば，福祉援助や人間の心理に関する理論を理解しておくことや今までの自分の経験から確信を得たことを言語化しておくことが求められる。

しかし，介護職員は「いろんな声かけをしていって，出てきた反応とかを，大事にメモをしておいて，それをもっと，考えていきたいですね，もっと細かく細分化，頭は痛くなるかもしれないですけど，また，いろんなことを考えて，うん，したいですね」，あるいは「ああ，もうたぶん，本当に職員の数も多いですし，たぶんいろんな解釈の仕方が出てくると思うので，それをまあ，いいようにもっていけれるようにする，んー，にしないといけないなと思いますね」と語ったり，別の介護職員は最終アンケートに，「もう少し勉強が必要で，伝える側にまだ立ててない気がする」と記しており，ファシリテーターとしての役割を担うことの必要性は理解しながらも，自信のなさがうかがえた。

介護現場の職場内研修の課題として，研修の時間や日数の問題やカリキュラムの問題とともに，指導者の育成の問題があげられているが（財団法人介護労働安定センター 2010b），本研究においてもこのファシリテーターの技量が課題として示された。

②　ただちに援助方法を検討することの是非

二つ目に危惧されることとして，職員間の経験や利用者の反応の共有によって，ただちに援助方法を検討することに重点が置かれてしまうことである。

ある介護職員が，「ケア」の概念をどう伝えるかの問いに対し，「その当日，出勤してきた職員に，今日こんなことがあったんですよ，で終わりなんですけど，じゃなくて，今日はこんなんがあったから，次，どうしたらいいかということをノートにちょっと細かく，まあ，見ていない人はいてないんですけど，ちゃんと細かく書くことによって，ほんじゃあ，前もこういうことがあったから，じゃあ，次はこうしてみようかとか，やっぱ，次の段階を踏める糧になるんじゃないのかな，材料になるんじゃないのかなって思うんで，（略）」と語り，情報共有に続いて，ただちにこうしてみようと援助方法の検討が言及されている。確かに，職員間で利用者の思いを共有することで，利用者の現状に対する理解が深まり，今後の支援の手立てが見通せるようになる。また，対応困難なケースにおける「ケア」の関係性の形成過程の時期であれば，こういった情報共有から試行錯誤の働きかけの検討になる場合が多いと考えられる。利用者の情報を得て，支援方法を検討することを否定するわけではない。

しかし，「ケア」の概念の理解の意義は，利用者の個人としての理解といっても，顕在化した利用者の言動そのものの理解ではなく，その根底にある利用者の痛みや利用者のもつ強みへの気づきである。ワークシートでは，利用者の痛みや強み，自分が助けられたことなどについて，介護職員が認識したときの状況とそれをどう解釈したか，それに気づいたことによる認識の変化とその利用者に対しどう援助をしていこうと思ったかを問い，次の援助を考える前に事実に対する解釈を位置づけた。このため，結果の冒頭に示した記録の場合，この介護職員は，利用者の昼の様子と夜の言動を照らし合わせて，考察，解釈したことでその利用者にとっての友人の大切さ，現在の生活では思うように得られない友人との時間のかけがえのなさ，施設の暮らしではその時間をもてないという痛みを理解している。これらの理解によって，この次の友人との交流の機会には，その日よりもさらにくつろげる場の準備をといった手立てが想起されるだろう。これが，利用者の痛みに共感し，利用者にとって良好な状況に向かうような気遣いすること，すなわち，「ケア」することである。利用者を援助するためには，顕在化された言動から利用者の痛みや強み，大切にしていることなど利用者の思いを解釈し，一人の人として実存を支えていくことが求められる。

しかし，実際，今回のワークシートの記入において，利用者の言動や関わりにおいて得た認識をどう解釈したか記述を求めているにもかかわらず，その記述はなく，援助の手立てが記されているものもあった。ここでも介護職員にとって，利用者の困りごとにただちに対応しなければならないという役割意識の強さと一つ目の課題である概念化の難しさが推察された。

組織レベルの「ケア」の概念の教育，研修へ

本調査の結果から，現場において職員が取り組みやすいと認識する「ケア」の概念を伝える方法として，フロアレベルでの話し合いによる経験のわかち合い，意味づけがあげられた。その方法に取り組む際の課題として，フロアにおいて語られる介護職員の関わりにおける経験や利用者の応答に対する概念化を助け，「わかる」を導くことができるのかということ，さらに，「ケア」の関係性を振り返ることで得た利用者の情報の共有からただちに対応方法への検討に移行してしまうことを指摘した。

そこで，今後，介護現場において介護職員が負担のない形での「ケア」の概念の学びを継続させる研修方法として，リーダークラスのある介護職員の語りを手がかりに検討した。その介護職員は今回の研修プログラム参加者の人選をしてくれた人物である。人選については，「このお話を頂いたときにも，どうせと言ったらおかしいですけど，言い方が悪いですけど，やるからには，絶対持続したいし，つなげたいし，というのは，私は個人的には思っていて，やっぱり一人でやるよりも，人数が多い方がよいので，と言う振り分けを考えたときには，バランスよく，していきたいなというので，今回のああいうメンバーになったというか，にはしたんですよ」と語り，性別には偏りはみられるものの，施設の全フロアから２名ずつ，かつ全体として経験年数や立場にバラツキをもたせた人選をしていた。ワークショップについても「やっぱり，継続してやっていきたいので，もう一回ちゃんと10人がしっかりしたものを，もち続けるというか，というのを再認識したいというか。【繰り返し，もっと確認して確認してってことを，】そうですね。【だからしゃべったり，みんなで，出し合う方がいい】そうですね，たぶん，この，見方というのが，ほんまに慣れる部分もあると思うんですよ，なので，そういうのを植えつけるというか，もち続けるためには継続的に，ああいう集まりが，（いい）かなとは」と語っており，「ケア」の概念を理解するための取り組みを継続させたいという意志が読み取れる。研修で学んだことを現場において活かしていくことについては，難しいことに取り組むと続かない，あるいは，忙しさに紛れて研修の時に思った

情熱も消えていくといった指摘もあった。そういった現実があるからこそ，この介護職員は調査のためだからではなく，研修を継続することを自分たちの課題として，本研究の研修プログラムに参加してくれたと考えられる。

その介護職員の考え方を示せば，「ケア」の概念をフロアメンバーに教示するコアチーム（本調査対象者）を作り，ワークショップ形式でコアチームメンバー間の理解した「ケア」の概念や利用者との関わりにおける相互作用を確認し合い，また，所属するフロアにおいて，話し合いの形で概念を伝えていくという形式である。

この形式を継続させるとすれば，ファシリテーター集団であるコアチームとコアチームメンバーの所属するフロアといったように，二種類のチームが二段構造として設定されることになる。まず，コアチームの集まりで，コアチームメンバー間で「ケア」の概念の理解にぶれがないか理論を学び，確認し合う。その上で，コアチームメンバーは各自のフロアにおいてファシリテーターとしてワークショップ形式のミーティングを催し，フロアメンバーの利用者との関わりの経験の振り返りと共有，概念化を行う。そして，フロアミーティングの内容や結果をコアチームの集まりに持ち帰り，フロアミーティングで概念化した事柄の確認やフロアメンバーへの概念化の促し方や伝え方などを検討し，次のフロアミーティングに備えるのである。このように，コアチームメンバーが体験学習の過程にそってフロアミーティングの場でフロアメンバーを教育し，自分たちも，フロアメンバーへの教育を具体的体験とした体験学習の過程をたどり，自らの「ケア」の概念の理解とフロアメンバーの「ケア」の概念の理解を促進していくといった，一つの研修システムとして考えることができる（図8-1)。

ファシリテーター（コアチームメンバー）が目標を一つとしたチームであることで，ファシリテーター間の相互作用によって自分たちの「わかる」を促進するだけではなく，研修の継続可能性も高められると考えらえる。また，本調査で人選にあたった介護職員の考え通りに，1フロア2名のファシリテーターを配置することができれば，課題としてあげたフロアでの情報共有の場での解釈

図8-1　二段構造の研修システム

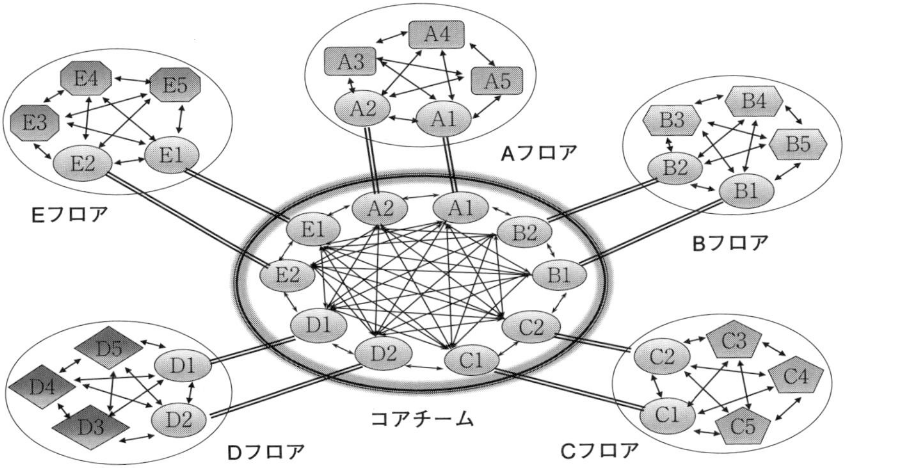

出所：筆者作成。

や概念化も協議が可能となる。また，情報の共有からただちに援助方法を検討してしまうという問題点も，その際に２名で指摘することができるなど，課題についての対策もとりやすいと考えられる。

そして，実際の研修プログラムには，例えば，年に１回の講義と一定期間の経験を振り返り，ワークシートを記入し，みんなで解釈するといったように，本調査において一定の効果のあった教育方法も組み込み，概念の理解の深度を確認したり，研修にメリハリをつけることでマンネリ化を防ぎ，より「ケア」の概念や関係性を意識づけられると考える。

しかし，実際，施設においてコアチームを中心に研修に取り組み，それを継続させていくのであれば，施設も組織である以上，メンバーの自主的な活動ではなく，何らかのプロジェクトとして，あるいは，役割として組織の承認も必要となる。できるならば，管理者をも巻き込み，「ケア」の概念を援助関係の基盤として，利用者と介護職員，職員同士の「ケア」の関係性を醸成し，互いの存在を認め合うというような，施設の組織文化の生成，あるいは，変容が図られることが望ましい。

組織文化には，成員の思考パターンの均質化といった問題も指摘されるが，ある一定の価値観や行動基準の共有によって，成員同士のコミュニケーションの円滑化，モチベーションの向上や学習活動の促進，心理的安定感の獲得など，成員に対し様々な良好な影響を及ぼすとされる（山浦 2011）。現在，介護現場では，福祉教育を受けていない無資格の人も介護職員として就業が可能で，職員研修受講の機会が少ない非正規職員の数も増加しつつある（財団法人介護労働安定センター 2010b）。しかし，そういった人たちも，「ケア」の関係性を醸成する組織文化の施設で従事する中で，その考え方が身についてくると考えられる。

したがって，利用者，介護職員双方にとって，互いの関係性において，今，ここを，心から安心し，信頼できる居場所とすることできる施設を作っていくためには，施設の理念の一つに「ケア」の関係性の醸成を掲げ，施設全体でその関係性の維持や促進を促す体制や仕事の仕方，研修の設計などの取り組みが求められる。

4 介護職員にとって負担が少なく取り組みやすい「ケア」の概念の教育，研修方法

本章では，ある介護老人福祉施設の介護職員に対して実施した研修プログラムにおけるワークショップ，ワークシート記入に関する感想や，「ケア」の概念をどのように伝えるかといったことを尋ねた事後インタビューと「最終アンケート」の結果から，介護職員にとって負担が少なく取り組みやすい「ケア」の概念の教育，研修方法とその課題を考察した。

その結果，普段の介護業務の中で意識しにくい「ケア」の概念を教育する方法として，すでにその関係性が介護職員の中に経験としてあるという前提で，経験を振り返り，経験を通して自分が得た感情や認識を講義で示した理論や既知の事柄と結びつけて，意味づけ，概念化する。そして，感覚的に認識していたことを確信に変え，理解や内在化を促すといった方法が適しており，講義形

式の一方向の研修では，「ケア」の概念の理解は難しいことを指摘した。

介護の現場において介護職員にとって負担が少なく取り組みやすい「ケア」の概念を伝える方法として，フロアレベルでの話すことによる経験のわかち合い，意味づける方法があげられた。その方法に取り組む際の課題として，フロアにおいて語られる介護職員の，関わりにおける経験や利用者の応答などの概念化を助け，フロアメンバーの「わかる」を導くことができるのかということと，介護現場においてはその役割の必然性から，利用者の情報の共有から直ちに対応方法への検討に移行してしまうことを示した。

さらに，具体的な「ケア」の概念の教育，研修システムとして，今後も研修プログラムでの学びの継続を考えていた介護職員の語りから，ファシリテーター集団としてのコアチームとコアチームメンバーが所属するフロアにおけるコアチームメンバーのファシリテートによる，フロアメンバーの経験の共有と概念化といった二段構造で「ケア」の概念の理解を深める方法を示した。さらに，この研修システムの継続のために，「ケア」の関係性の醸成を施設の理念の一つとして採用することや，そういった組織文化の生成と変容に取り組むことを提案した。

終　章
介護現場で「ケア」を実践していくために

本書は，高齢者福祉サービスへの市場原理の導入，営利化によって，援助者との関わりを通して利用者の主体性や成長を援助することを目的とした，社会福祉における援助の形骸化が懸念されたところに端を発する。そして，その本来の援助を形骸化させないために，広井良典（1997）が指摘する社会福祉基礎構造改革や介護保険制度という「制度・政策的レベル」のケア，介護現場で実践されているケアマネジメントや介護技術などの「臨床的・技術的レベル」のケア，そもそもケアとは何かといった「哲学・思想的レベル」のケアという3つのケアの枠組みのうち，前者2つのケアの基盤となる「哲学・思想的レベル」のケアを「ケア」として，その概念を介護老人福祉施設の介護職員と利用者双方の日常の関わりにおける認識から明らかにすることと，介護職員が「ケア」の概念を理解する意義，および，介護職員にとって負担が少なく取り組みやすい「ケア」の概念の教育，研修方法とその課題の考察を行った。

本章では，全体のまとめとして，本書で行った2つの調査から得た知見に基づき，介護現場で「ケア」を実践していくために必要な援助の視点と制度・政策に対する視点，介護現場における「ケア」の概念の教育の必要性について，最後に「ケア」の概念を理念とした組織作りについて述べる。

1　2つの調査から得た知見

「ケア」を通して支え合う介護職員と利用者

「ケア」は，ケアする人，される人がともに脆弱性を抱える人間として対等な存在であることを基盤として，相手の抱える苦しみや弱さを自分のものとして捉え，その苦しみや弱さに応えようとするところから始まる営為である。「ケア」の概念を明らかにするための調査では，利用者が介護職員の仕事のつらさや若さゆえの未熟さに共感し，助けてあげたいといった志向が語られていた。介護職員も利用者の老いの現実を自分の問題として捉えたり，子どもがいない介護職員は，自分と同じ境遇の利用者のさみしさに共感できると語っていた。

特に，対応の困難な利用者との関わりに関する介護職員の語りでは，最初は利用者とわかり合えず，つらさを感じながらも，利用者のことをわかりたい，自分のことをわかってもらいたいとつながりを希求しながら関わり続けることで，利用者の気持ちが理解できるようになったり，利用者に自分の存在が認識してもらえたり，信頼されるようになっていた。そして，介護職員にはそのような経験によって視野を広げたり，利用者に働きかける意欲や責任感を高めるなどの「成長」が見られている（第3章）。

利用者も，気の合う介護職員との関わりの中で，家族のように大事にしてくれる，自分のことを受け止めてもらえるなど，自分の存在が認められていることを実感していた。そして，介護職員が気遣ってくれるから自然と自分も気遣うようになると語るように，利用者も介護職員のことを心配し気遣っていた。ある利用者が，自分が頑張っているのは，気の合う介護職員が勢いをつけてくれるから，そして，その介護職員には，「常に笑っていたら福が来るから，つんとした顔をしないように」と言い，互いが慰め合っていたと語っていた。その語りからは，利用者が介護職員から気遣われ，助けられる（ケアされる）ことにより，自信や自分の居場所を得て，相手に対する気遣いや自律的な活動への志向が高めていることがうかがえた（第4章）。

このように介護職員，利用者がともにケアし，ケアされる関係性の中で，互いを知り合い，互いの存在を認め合うことによって，自分に対する信頼や安心感を得たり，相手とのつながり感を実感している。そしてさらに，今の自分のことや相手のことを受け容れたり，また，ケアしケアされる中で得られた経験や学びを統合させることによって，新たな活動へと動機づけられたり，相手の信頼に応えようとしたり，他者に対し気遣い助けようとする（ケアする）志向を高めるなど，ケアする人，される人がそれぞれに人格的に成長していく。このプロセスこそが「ケア」である。換言すれば，他者との関わりを通して存在するわれわれにとって（Kwant =1984），「ケアする」こと，「ケアされる」こととは，対等な人間同士が関わりによって，互いに相手の独自性を認め，生かし，生かされることである。そして，「ケア」とは，われわれが社会的な存在として生きる営為そのものであり，互いが生かし合うことであると言うことができる（第6章）。

また，この「ケア」の関係性においては，相手を自分とは異なる独自性を持った人であると認めるがゆえに，ケアする人もされる人も職務や役割を超えた個人が立ち現れるものである（第5章）。だからこそ，その相手から，役割からではなく，個人として自分を認めてくれている，信頼してくれていると強く実感することで，「成長」の基盤となる自信や絶対的な安心感が得られるのである。役割に徹した道具的な援助だけでは，あるいは，役割上の声かけや気遣いでは，「ケア」の関係性は生まれないのである（第6章）。

したがって，生活上に問題を抱えているために自信をなくしていたり，不安を抱えたりしている利用者を援助していくためには，単に障がいによってできなくなっている動作を援助したり，その場を取り繕ったり，言葉だけでなだめて不安を取り去ろうとするだけでは十分ではないことは明らかである。この「ケア」を基盤にして援助を行い，利用者が自信や安心感を得て，新たな生活を築いたり，心穏やかに暮らしていけるように，利用者の「成長」を助ける関わりが必要なのである。そのためには，介護職員は，利用者をともに脆弱性をもつ対等な独自性をもつ存在として認識し，自分も利用者や家族など他者からケアされた経験や援助のプロセスを振り返り，自分が得られた認識や学び，自分や相手の変化について再吟味するなどして，ケアしケアされることの意味やダイナミズムを理解し内在化させていくことが求められる（第7章）。

「ケア」の関係性の中で生きる利用者への援助の視点

本書では，「ケア」は相互補完性という特性をもち，従来のケア／ケアリング概念研究においては，ケアされる人として扱われてきた被援助者（操ほか1996；藤田 2005）も，援助者を気遣い，助ける（ケアする）ことに着目し，ケアする人としての利用者の実態を示した。

利用者は，立場上ケアする役割を担う介護職員を心配したり，助けたりしていた。それは，利用者が介護職員自身や介護職員の置かれた状況を理解し，共感して行っていることで，介護職員の抱える痛みや若さという脆弱性に利用者が引き寄せられて気遣いや援助が始まっていることを示している。とりわけ，利用者は年長者として自分の経験を踏まえ，介護職員の体調を心配したり，不適切な対応をする介護職員にも，その介護職員の状況や立場を慮り，介護職員の今後の変化や「成長」の可能性を信じて介護職員を許容し受け容れていた。それらの志向からは，利用者が介護職員を同じ痛みを抱える人間として，対等な存在として認識し，経験者として，年長者として経験の少ない若い介護職員を思いやり，護る気持ちと同時に，利他的な思いがうかがえた。そして，利用者はその気遣いや許容の過程において，自分の人生や若い頃のことを振り返り，その経験を吟味し，自分自身に統合させていると考えられた（Erikson, et al. =1990）。

このように利用者は，自分より若い世代の介護職員を助けたり，自分の経験を伝えることで利用者自身も学びや「報酬」を得ており，利用者は介護職員から「ケアされる」ことによってだけではなく，介護職員を「ケアする」ことによっても自信ややりがいを得て「成長」しているのである（第4章）。

また，利用者の送ってきた人生における経験や知識，現在，生きづらさを抱えながらも他の利用者や介護職員を気遣い，つらさを受け止めようとする利用者の生きる姿や最期に向かう姿は介護職員に影響を与え，利用者に対する敬意を引き出すとともに，人生に対する指針を与えていた。つまり，そこに意図があるかないかは関係なく利用者の存在そのものが，若い世代である介護職員に人生や生きることを教え励ますケアする存在なのである（第3章；第7章）。

一方，介護職員は利用者が自分のことを理解し，助けてくれていることや自分のことを見てくれていること，さらに，自分を必要としてくれていることにうれしさを感じ，利用者との関わり自体からも充足感や自信を得て，意欲を高めていた（第3章）。ところが，介護職員には利用者を援助する役割があるため，自分たちが利用者に気遣われたり，助けられたりしてケアされていること自体に，気づきにくかったり，受け容れにくいところもある（第7章）。

しかし，利用者は確かに介護職員をケアし，「成長」させる存在である。介護職員は利用者からケアされていることを認識することはもちろん，介護が必要で自信を失ったり，不安を抱える利用者にも，その人が生きるその姿や存在そのものが他者の励みとなっていることを知ってもらう必要がある。そして，介護職員は利用者を単に介護を一方向的に受ける人としてのみ捉えるのではなく，自分たちと同様，他者をケアすることで「成長」する存在でもあることを認識し，利用者が他者を「ケアする」ことを保障することも必要となる。その場合，「ケアする」相手は介護職員である必要はない。ケアしケアされてともに生きる人間として，他者から「ケアされる」経験や他者との関わりをもっていることが重要なのである。それが，社会的存在として利用者が生きることを助けることであって，忘れてはならない援助の一つの視点である（第6章）。

その視点はもちろん意思疎通の困難な寝たきりの利用者にも該当する。ただ，彼ら，彼女らはコミュニケーションを図ることが難しいがゆえに介護職員の不安を高め（松山ほか 2004），介護職員に十分に向き合ってもらえない可能性が高い（小車ほか 2004）。意思疎通の困難な寝たきりの利用者の反応は，介護職員がその人を理解しよう，独自性をもつ一人の人として向かい合おうとしなければ容易には促されず，また，その変化にも気づくこともできない（種橋 2012）。しかし，意思疎通の困難な寝たきりの利用者も「ケアされる」ことによって，その人にとっての良好な状況に向かう内的に変化する可能性をもった「成長」する存在であり，他者に影響や学びを与える「ケアする」存在である。したがって，最期まで他者とともに生きる存在として，利用者の生を支えていくためには，ある介護職員が「何かね，人間って何か（返答が）返ってこなかったら不安になるじゃないですか，そこをとっぱらわんことには，ああ，無視されたって思うやろう，でもね，無視じゃないねんって，うん，何かそこに興味を示す内容がなかったりとか，自分の中で合うポイントがなかったりとか，今じゃないとか，眠たかったとか，きっといろんな理由があって，返答がないっていう結果論なんですけど，」と語るように，応答が無いことに対する不安を乗り越え，自分たちから働きかけ続ける姿勢が必要である（第6章）。

また一方で，利用者の中には認知症や抱える問題により，精神的に不安定で，介護拒否や暴力，暴言などを呈し，介護職員にとって対応が困難と認識される方も存在する。そういった利用者との関わりにおいて介護職員は，利用者のことがわからないという思いの一方で，利用者のことをわかりたい，自分のことをわかって欲しいという思いを抱えていた。そして，試行錯誤ではあるものの，介護職員の専心的で受容的な継続した働きかけによって，利用者も少しずつ介護職員のことを知り，その介護職員を信頼できるようになり，安心感を得て関係性が形成されていた。このような関わりによる変化の過程は，利用者にとっては，介護職員との相互作用によって，抱える問題に起因する不安やこだわりから解放され，自分の痛みのみに向けられていた関心が他者にも向けられるようなるなど，本来の自分を取り戻す過程である（第3章；第7章）。

このため，介護職員が対応困難と認識する利用者に対しては，その利用者の痛みや強みを理解し，利用者のもつ能力や障がいにこだわらない，利用者の存在自体の承認と，変わることができる利用者の力を信頼して働きかけ，利用者に対し安心感と自信を与え，信頼できる職員や他の利用者とともにいる，今，ここを心からくつろげる自分の居場所として感得してもらうこと，すなわち，介護職員から利用者との間に「ケア」の関係性を作り出すことが必要である（第7章）。

しかし，利用者との間に関係性が形成されるまでには時間を要し，最終的に関係性が形成できない場合もある。その間の介護職員の精神的負担は大きい。介護職員の離職やバーンアウトを防ぐためにも，職員間での情報の共有や支え合い，言わば，職員間の「ケア」の関係性も必要である（第7章）。

2　得た知見からの提言

「ケア」を実践するための制度・政策に向けて

序章において，社会保障制度・政策は「ケア」の概念を基盤とし，それが実現できるものであるべきことを述べた。ここでは，本書で得た知見から，介護現場で「ケア」を実践可能なものにするための制度・政策に向けての視点を示したい。

まず，高齢者福祉サービスの商品化についてである。ゴルツ（Gorz, A.＝1997）の示す商品的活動の基準に照らせば，介護保険制度では，要介護認定による利用者の規格化と介護度による区分限度額によるサービスの必要性の規格化，さらに，サービス内容自体も時間換算が可能になり，高齢者福祉サービスは商品化されたといえる。しかし，本書における知見からも明らかなように「ケア」は文脈依存的であり，また，利用者もケアする存在であって，介護職員との相互補完的な関係性において成り立っている。したがって，「ケア」は，利用者に対し商品として規格化された，できないことを補完するためだけの道具的な援助を一方向的に行うだけでは成り立たないものである。さらに，利用者がケアしケアされることによって「成長」に向かうプロセスは，もちろん時間換算できるものではない。このように，本書で指摘した「ケア」の概念や「ケア」の特性を考えれば，「ケア」は商品になじむものではないことが理解できるだろう。

確かに，要介護高齢者に対する一方向的な道具的な援助によって，その人の日常生活を成り立たせることはできる。しかし，利用者の語りからは，利用者が自分のことを見ていて欲しい，本音を言って欲しいと望んでいたり，介護職員とのつながり感を失いたくないと思っていることがわかった（第４章）。また，介護職員の介護について利用者が，その人が仕事（単に道具的な援助，作業）としてやっているのかは態度や言葉でわかる，何でも心からしてくれる，丁寧な言葉ではなく気持ちが大事などと語るように（第４章），利用者は介護を受ける日常生活の中で介護職員と向き合い，自分の存在を認めて欲しいと望んでおり，介護を通してそれを実感することで，自信や安心感を得ている。そして，さらなる意欲が引き出されたり，他者に対する「ケア」の志向を高めたりするなど「成長」しているのである。

もちろん，その「成長」はそれぞれの人によって異なっている（第4章；第6章）。したがって，介護労働者が利用者の自律性の向上や「成長」を助けることを目的として介護を行っていくのであれば，その介護は，本来，時間換算したり，利用者やニーズを規格化したりするような商品としては捉えることはできないものなのである。

また，「ケア」は相手と自己の相互の関わりがダイナミックに変化していく過程であり，自分の心の喜びのためなど，「ケアする」ことの動機が自分の感情に置かれていても，相手との関わりの中で修正していく柔軟性があれば，相互の関係は発展していくという水野（1991）の指摘を引いて，介護職員には利用者の自立した生活を援助目標として利用者を援助するという役割が期待されており，その役割の遂行を一義としていても，その役割における関わりの中で，互いを知り合い，存在を認め，信頼し合っていく中にあって，相手の「成長」を助けることを志向していくのなら，結果として役割を超えて個人が立ち現れてくることを指摘した（第6章）。このような文脈からすれば，例えば，株主への配当を一義とした営利法人による介護サービスにおいても，介護労働者と利用者の間に「ケア」の関係性が形成されるということができるだろう。

確かに，営利法人の事業所に所属する介護労働者と利用者の間でも，互いが知り合い，存在を認め合っていくことで，利用者の成長に向かう「ケア」は展開されると考えられる。しかし，事業所の顧客確保と利益追求のために，ケアマネジャーも所属する事業所の同組織内のサービス利用や必要以上のサービスの提供を事業所側から要求されたり（沖田 2002；伊藤 2003；高良 2007），報酬の少ないホームヘルパーの家事援助を敬遠するなど，事業所側主導の援助も展開されるといった問題がすでに指摘されている（小川 2002）。

このように結局，組織が利益の追求を一義とし続ける以上，その組織の目標と学校や研修等で学んだ福祉援助の目的，すなわち，利用者の自律性を高め，「成長」を促すこと，本当にその利用者にとって必要な援助を行うといった目的の間で介護労働者は役割葛藤という負荷を抱え込んでしまうことになる。

準市場化，営利化された介護現場での「ケア」

また，鈴木和雄が，接客サービス労働者の労働過程における意識されない疎外状態について「自己の感情管理が管理者による顧客統制という他人の営利目的のために行使され，その行使を管理者たる他人に強制されることが，自己の意識の中で顕在化せずにあるいは少なくとも問題化せずにむしろ労働者がこれを積極的に受容している状態」（鈴木 2006：27）と述べている。

この指摘を準市場化，営利化された介護現場に照らしてみる。例えば，事業所側が顧客確保のために顧客満足度を高めることを目的に，介護労働者は利用者から頼まれたことは積極的に応じるというような規制を介護労働者に強いる場合を考えてみよう。この場合，介護労働者も本来なら残存能力を維持するために利用者が自分ですべきことを相手の要求のままに手伝ったりすることで，利用者から喜ばれたり，サービス満足度調査での高い評価も得られる。さらに，このような利用者からのフィードバックは介護労働者の満足感や自信につながるため，介護労働者も事業所側の掲げる利己的な規制を自らが喜んで遂行してしまうのである。つまり，無意識のうちに介護「労働者の人格やパーソナリティが商業主義の道具に変容される」（鈴木 2006：26）恐れがあるのである。

結局，事業所や組織の目的が自らの営利ではなく，利用者の自律性や成長を助けるという利他的な目的であって，それを遂行していけるだけの環境が整っていなければ介護労働者と利用者の間に「ケア」は成立しないのである。また，この問題は，株主の配当を一義とする営利企業が最もその素養をもっていると言えるが，もちろん営利企業だけに言えることではない。準市場化や営利化が進んだ結果，事業所間競争が激しくなったことに加え，介護報酬も低く抑えられていることから，いずれの供給主体においても，表向きには利用者の自立を目的としていても，実質，事業所の利益を一義としているならば同じことである。

また，同様の理由で介護労働者の労働環境も悪化もいずれの供給主体でも深刻な問題になってきている。確かに，介護職員が忙しく働いている姿に利用者が共感し，ケアする気持ちが起こることも事実である。しかし，利用者の語りからは，介護職員が忙しいので，どうしてもという時ではない時は介護を頼むのを我慢しているといった，介護職員の忙しい状況に≪合わせる≫という実態がまとめられており，度が過ぎれば必要な介護まで頼めずに遠慮せざるを得ない状況となる。さらに，一緒に話をしたり，ともに過ごす時間がなければ「ケア」の関係性の成立も難しくなってしまう。また，介護労働はもともと仕事の負担が高い上に引き下げられた介護報酬によって賃金も低く抑えられており，社会的評価も高くない。このため，介護職員（正規職員）の離職者のうち，勤務年数が3年未満の者が70％を超え，職員の定着が難しいことが問題となっている（公益財団法人介護労働安定センター 2016a)。本調査では，利用者は介護職員が変わるとどんな人かわからないので，ずっといて欲しいなど介護職員との間の≪つながりを維持したい≫と思っていた。しかし，「ここもね（施設のこと），忙しいさかい，（職員が）辞めたり入ったりしてはるからね，そりゃやっぱりちょっと都合の悪いときもあります」と語られるような状況では，利用者にとっては，せっかく築いた介護職員との関係性を失ったり，新たに関係性を形成することが難しくなってしまう。それは，利用者が社会的存在である人間として生きることを妨げることを意味する。

このように制度上，事業所や組織が自らの利益を追求せざるを得ず，また，労働環境や待遇の悪化につながっているような，介護労働者が安心して働くことができないシステム下では，結局は利用者の「成長」を助けることを目的とした「ケア」の実現は困難なのである。本書では，「制度・政策的レベル」のケア，「臨床的・技術的レベル」のケアの基盤となる「ケア」（「哲学・倫理的レベル」のケア）とは何か，その概念を明らかにすることであったため，「制度・政策的レベル」のケアについて新たに制度・政策を提言するまでの検討は行っていない。しかし，介護現場において「ケア」を実践していくために，制度・

政策の立案に際して，介護労働は経済合理性を追求する労働ではないことを認め（Gorz =1997），日常的な介護行為や気遣いを通して相手の「成長」を助ける「ケア」を基盤とした介護労働が可能となる労働環境を整えられるような制度・政策，および施設マネジメントなどの仕組みづくりが必要であることを述べておきたい。

「ケア」の概念の教育の必要性

2014年6月に開催された日本ソーシャルワーク学会で大友信勝氏が社会福祉士国家資格のカリキュラムの科目名の中から，「福祉」という言葉が消え，「社会福祉原論」の科目がなくなったことを憂慮していた。介護福祉士国家資格も同様で，科目名から「福祉」という言葉が消え，「介護概論」「社会福祉概論」「社会福祉援助技術」の科目がなくなった（上之園 2008）。そもそも社会福祉とは何か，介護とは何かといった，社会生活を営む人間の理解，そういった人々の援助の価値に関わる科目がなくなったのである。

介護福祉士の場合，価値や倫理に関する科目は「人間の尊厳と自立」という独立した科目となったものの，テキストは用語の説明が中心になったもの，介護事例や倫理4原則と関連付けて説明がなされたものなど著者によって伝え方が異なり（白澤ほか 2013；橋本ほか 2013；黒澤ほか 2009；黒澤ほか 2016），教育現場では人生経験の少ない学生に「尊厳」をどう伝えていくのかが課題となっている（石橋ほか 2011；溝部ほか 2010）。2009年度から始まった介護福祉士国家資格の新カリキュラムが，介護福祉士に対して看護師やセラピストの助手的機能を期待しているようにうかがえると指摘されていることはすでに示したが（西村 2008），社会福祉士も同様である。例えば，「高齢者に対する支援と介護保険制度」「障害者に対する支援と障害者自立支援制度」という科目名を見るだけで，社会福祉士に行政の代わりに制度の紹介とサービス管理の機能を期待しているものと推察される。

しかし，繰り返し述べてきたように介護労働者の道具的な援助だけでは生活に課題を抱えた人々を援助できるものではない。逆に，道具的な援助だけでそういった人々を援助しようとするから信頼関係が築けずに，介護労働者はいら立ちを募らせて不適切なケアや虐待をしてしまったり，バーンアウトしてしまうのである。今，現に，施設の中に，地域の中に，尊厳が脅かされている人が存在するわけである。喫緊の課題として，社会福祉専門職養成の場や介護現場における援助の価値や倫理の教育のあり方，方法についての議論や実践が必要である。

本書では，介護職員が「ケア」の概念を理解することによって，今まで，自分たちの行う介護を単に手助けとしてしか捉えていなかったが，そうではなかったと自分たちの仕事に対する認識を変容させたり，利用者に助けられたり，育てられていることを深く感じ入り，利用者に対する認識を変容させ，互いの存在が互いを支え合い，成り立たせていることを実感するきっかけとなっていた（第7章）。「ケア」は尊厳という価値の相互確認であるといわれる（葛生 2011）。このような介護職員の認識の変化や気づきは，利用者の存在のかけがえのなさだけでなく，利用者に気遣われ助けられてある自分，そして，利用者を支え，安心を与える自分の存在のかけがえのなさへの気づきを促し，利用者との「ケア」の関係性において，利用者に対する責任感と自信に繋がっていく可能性を示した（第7章）。

一方で，「ケア」の概念は，特に利用者に「ケアされる」ことについて，ケアする役割をもつ介護労働者にとっては気づきにくかったり，素直に受け止めにくい側面もある（第7章）。しかし，「ケア」の概念は，すでに利用者との関係の中に存在しており，関わりを振り返ることで理解が促され，互いの存在のかけがえのなさを感得できる。このため，利用者に対する人としての対等性や尊厳など援助の価値について理解を深めるには，最適な教育内容であり，理解しておかなければならない事柄である。介護現場において「ケア」の概念の理解の必要性が広く認められ，その教育や研修の検討，実施がなされるように伝えていく必要がある。

また，第7章で示したように，地域において人と人のつながりが希薄になっている昨今，ともに生き，相互に支え合うことができる地域として「ケアリングコミュニティ」が構想されている（大橋 2014；原田 2012）。しかし，地域社会において，例えば，自分たちと何の利害関係のない，援助の必要な高齢者や障がいをもつ人たちに対して，彼ら，彼女らの抱える痛みを自分たちの痛みとして捉え，地域でともに生きる存在として助け合う，お互い様という意識は涵養できるのであろうか。まずは，一対一の関わりの中での相互作用，他者に気遣われ，助けられて生きている自分の存在を実感できなければ，相手の痛みを受け止め，気遣い，助けることもないだろう。地域における福祉教育においても，「ケア」の概念の教育が展開されていくことが望まれる。

「ケア」を実践する働きがいのある組織作りへ

昨今，介護現場では介護職員の人材不足や離職の問題（厚生労働省 2014a），全ての施設ではないにしろ介護職員による施設内での虐待の問題が取り沙汰されている

2016 年 4 月に，塩崎恭久厚生労働大臣によって介護職の賃上げに要する費用を来年度予算で工面する方針が発表された（厚生労働省 2016）。これは，介護職の給与水準が他産業に比較して低いことから，離職理由としてあげられる賃金の問題への対応策の一つとして実施されるものである。この対策が継続的に実施され，最終的に介護職の給与水準の底上げが図られるのであれば，求職者の就業意欲にも好影響を与える可能性はある。しかし，離職の問題は賃金や休暇取得などの労働条件を改善するだけでは解決しない。

公益財団法人介護労働安定センター（2016b）の「平成 27 年度介護労働実態調査 介護労働者の就業実態と就業意識調査」によれば，介護職の離職理由は収入が少ないといった賃金の問題よりも人間関係や事業所の理念や運営のあり方への不満という問題の方が多い[(1)]。

また，職場での人間関係などの悩み事，不安，不満として「ケアの方法等について意見交換が不十分である」「部下の指導が難しい」「自分と合わない上司，同僚がいる」「経営層や管理職等の管理能力が低い，業務の指示が不明確，不十分である」といったことがあげられている[(2)]（公益財団法人介護労働安定セン

ター 2016b）。これらの離職理由や悩み事からは，介護現場においては，利用者の援助の方向性も曖昧なまま，それぞれの介護職員の考えで，これでよいのか不安を抱えながら，ばらばらに仕事をしている状況がうかがえる。

このような状況を改善し，介護職員にとって働きがいのある組織を目指すために，「ケア」の概念を組織の理念として採用し，利用者と介護職員間，あるいは，介護職員同士，介護職員と管理職員間など人と人の関係性において「ケア」の関係性を醸成する組織作りを目指すことが有効であると考える。

利用者のケアプラン作成に際しても，どんな手段で援助を行うか援助方法を検討する前に，抱えた問題に対する利用者の痛みや強みは何か，第6章で示した他者との関係性の中で循環する4つの感情（認識）を手掛かりに，利用者が今，置かれている状況や思いを理解，あるいは推察するようにする。そのことで，援助の方向性や安心感や自信など利用者に感得してもらいたい感情が明確になり，それを充足するための方法や援助者の姿勢を検討すればよく，対症療法的な援助も避けることができる。また，採用した方法がうまくいかない場合でも，目指すべき方向性が決まっていることで，方法は一つではなく，そこに向かって様々な働きかけが提案できる。援助方針としてはっきりと方向性を示すことができ，それが利用者の「成長」につながるものであれば，介護職員も自分たちの援助に対する迷いや不安による負荷は軽減され，自信も得られると考えられる（音山ほか 1997；種橋 2007；2008）。

また，担当するフロアの職員間で，利用者とのそれぞれの関わりにおいてみられた利用者の言動や状況，自身の認識の変化を振り返り，気づいたり，感じたことをカンファレンスの場で共有し，意味づけする過程において，利用者のことだけではなく，それぞれの介護職員の利用者との関係性や認識を知ることになる。そのことは職員同士の理解を促進し，同じ目標に向かう同志としての関係性の向上も期待できると考える（第9章）。

そして，介護職員にとって働きがいのある組織となるために最も重要なことは，この「ケア」の概念を基盤とした援助を遂行することができるのか。つまり，事業所のトップである管理者や介護職員の取りまとめ，ケアプランの責任者など中間管理職にあたる職員が「ケア」の概念を理解し，一貫して，利用者の「成長」，ひいては介護職員の「成長」に向かう組織運営を行えているかにかかってくる。利用者の幸福を理念と掲げながら，収益性や効率性を求めるあまり，対応が困難な人の利用を敬遠したり，必要な支援を控えさせたりしていないか。逆に，生活施設での対応の範疇を超える人を利用させたり，利用者や家族の望むままの支援をさせていないか。他にも，利用者支援や支援体制に関して方針が定まらず，その場しのぎになっていたり，解決しなければならないことを先送りにしたりしていないだろうか。

介護職員が，所属する組織を居場所と感じ，利用者の「成長」に向けて取り組む意欲を高めていくには，介護職員が所属組織のありようを認め，信頼できることが必要である。そのためには，管理職が「ケア」の概念を理解し，一貫して利用者の「成長」を目指す援助方針を示し，それを実践させるための職員体制の整備，役割や責任の所在の明確化など労働環境を整えたり，スーパーバイズの実施，研修の機会の保障など，利用者に向き合う介護職員をケアすることが必要で，ぶれないリーダーシップが求められる。もちろん，組織はリーダーのリーダーシップだけでは成り立たない。リーダーを支え，与えられた役割を責任を持って果たす部下のフォロアーシップも求められる（Kelley 1992）。つまり，管理職や中間管理職などリーダーと部下である職員が，ともに目標に向かう中で，互いの課題を知り，相手の「成長」のために気遣い助けることを通して，互いの存在を認め合い，信頼していくことで，所属する組織を自分の居場所としてともに発展させる意欲を高めていく，「ケア」の関係性が成り立っていることが必要なのである。

事業所において，「ケア」を組織の理念や援助方針とし，職員間，職員と利用者間で「ケア」の関係性をつくりだす組織風土を醸成させることで，虐待など利用者を軽視する姿勢を許さない，介護職員にとっては働きやすい，やりがいのある職場となり，離職意向や虐待に至る負荷を軽減できるのではないかと考える。このためには，事業所の管理職，さらに法人幹部にこそ「ケア」の概念の理解とそれを実践していく意志が必要である。

3　本書の意義と今後の課題

本書で明らかにした「ケア」の概念は，介護職員と利用者の関わりにおいて得られた認識から明らかになったものである。したがって，得られた知見については介護現場で働く介護職員であれば，日頃から実感されることであり，特別に何か新しいことを指摘したわけではない。しかし，メイヤロフが「ケア」による成長が困難とする，自己に対し明確な認識をもつことが難しい認知症高齢者や意思疎通困難な寝たきりの高齢者も，「ケアされる」ことによって，心から安心できる居場所が得られることやこだわりから解放されるといった「成長」があり，また，介護職員の「成長」を助ける存在であることを示すことができた。

そして，利用者を単に介護を要する人という見方ではなく，ケアする人でもあると捉え，ともに生きる独自性をもった存在として再認識するための手掛かりを示した。

さらに，どの様な状況であっても，どの様な状況になっても，人間は関わりによってその人にとっての良好な状況に向かう変化の可能性，そして，相手にとっての良好な状況に向かわせる可能性をもっており，生きているということだけで尊厳があるということ。そして，「ケア」が最期まで他者とともに生きるわれわれの生を豊かにする可能性をもっていることを示すことができたことが，本書の意義である。

今後の課題は，介護現場における「ケア」の概念の理解，そして教育の必要性を広く伝え，実践につなげることである。そのためにも，介護職員で取り組みやすい「ケア」の概念の教育，研修の方法を確立させたいと考えている。現在（平成29年3月現在），本書での調査対象施設とは別の介護老人福祉施設の介護職員を対象に再度，研修プログラムを実施しており，本書で明らかになった，関わりの経験をどう意味づけるのか，概念化の困難さについて，調査対象者とともに対策を検討する予定である。「ケア」の概念の内在化を促進する方法を追求し，組織において理念とした「ケア」をどう浸透させ，実践していくかといったモデルの開発にも取り組んでいきたいと考えている。

現在，我が国では，高齢者ができる限り住み慣れた地域で最期まで自分らしい生活を送ることを目指し，地域において医療，福祉，保健といった高齢者の生活に関わる領域が連携し，住まい・医療・介護・予防・生活支援を一体的に提供し支援を行っていく地域包括ケアシステムの構築を進めている（三菱UFJリサーチ＆コンサルティング2016）。しかし，提供されるサービスの運営主体は様々で，高齢者の生活支援に対する共通の理念や視点があるわけではなく，サービスの質の担保は事業所ごとの裁量に任されている。

「ケア」とは，他者との関わりの中で，互いが気遣い，助け合い，様々な学びを得ながら自分を確立していくプロセスであり，他者から認められ，信頼されることで，自他を受け容れ，自分の居場所を見つけていくなど，人として「成長」していくプロセスである。まさに，われわれが他者とともにあり，ともに生きていく営為そのものである。誰もが最期まで，社会的存在として地域の中で他者と関わりをもち続け，今，ここにいること自体に喜びを感じられる暮らしができるよう，あらゆる人に「ケア」の概念が理解され，「ケア」の関係性が醸成される社会になることを願ってやまない。

注

(1)　公益財団法人介護労働安定センター（2016b）「平成27年度介護労働実態調査　介護労働者の就業実態と就業意識調査」によれば，「介護関係の仕事をやめた理由」（複数回答）の14項目のうち，最も多かった回答は「職場の人間関係に問題があったため」(25.4%)，次いで「法人や施設・事業所の理念や運営のあり方に不満があったため」(21.6%) であった。「収入が少なかったから」は (17.0%) であった。

(2)　公益財団法人介護労働安定センター（2016b）「平成27年度介護労働実態調査 介護労働者の就業実態と就業意識調査」によれば，「職場での人間関係等の悩み，不安，不満」（複数回答）10項目のうち20%を超える項目とその割合は，「ケアの方法等について意見交換が不十分である」(21.4%)，「経営層や管理職等の経営能力が低い，業務の指示が不明瞭，不十分である」(20.8%)，「自分と合わない上司や同僚がいる」(20.6%)，「部下の指導が難しい」(20.5%) であった。

参考文献

足立叡（1994）「『わかる』ということ」早坂泰次郎編『〈関係性〉の人間学』川島書店，79-93.

上之園佳子（2008）「養成制度改正における介護福祉教育」西村洋子・太田貞司編『介護福祉教育の展望——カリキュラム改正に臨み』光生館，81-96.

秋山昌江（2005）「介護におけるケアリング」『聖カタリナ大学人間文化研究所紀要』10, 99-122.

相澤譲治（1984）「ケアワーク（社会福祉施設処遇）の概念的整理——身体障害者療護施設の処遇を手がかりとして」『ソーシャルワーク研究』10(1), 55-61.

相澤譲治（1989）「ケアワークに関する文献研究」『ソーシャルワーク研究』15(2), 120-126.

相澤譲治（1994）「介護福祉援助技術」奥田いさよ・平塚良子編『現代人の社会福祉——福祉・看護・保育のために』川島書店，195-204.

安藤清志（1986）「対人関係における自己開示の機能」『東京女子大学紀要論集』36(2), 167-199.

安酸史子（2011）「ケアリングをいかに教育するか」『看護研究』44(2), 172-180.

新井恵雄（1970）『ハイデッガー』清水書院.

蘭千壽（1992）「自己開示」遠藤辰雄・井上祥治・蘭千壽編『セルフ・エスティームの心理学——自己価値の探求』ナカニシヤ出版.

有賀美和子（2011）『フェミニズムの正義論——ケアの絆をつむぐために』勁草書房.

朝倉輝一（2005）「ケアリング・功利主義・対話的普遍性」『理想』675, 97-107.

新茂之（2001）「『ケアリング』によって促される人間の『成長』」『研究紀要（中部学院大学）』2, 50-60.

新茂之（2014）「第１章 人間の尊厳と自立　第１節 人間理解と尊厳」日本介護福祉士養成施設協会編第１巻編者田中博一・小坂淳子『人間の尊厳と自立／社会の理解』法律文化社，13-20.

馬場純子（2000）「『ケア』『ケアする行為』とは何か——その問題提起と『ケアする行為』の社会学的基盤を探る」『人間福祉研究』3, 59-73.

Berelson, B.（1952）*Content Analysis*, Ford Foundation.（＝1957，稲葉三千男・金圭煥訳『内容分析』みすず書房.）

Bottorff, J. L. and Morse, J. M. (1994) Identifying types of attending : patterns of nurses'work, *IMAGE Journal of Nursing Scholarship*, 26(1), 53-60.

Bowers, B. J., Fibich, B. and Jacobson, N. (2001) Care-as-Service, Care-as-Relating, Care-as-Comfort : Understanding Nursing Home Residents' Definitions of Quality, The Gerontologist, 41(4), 539-545.

Boykin, A. and Schoenhofer, S. O. (1993) *Nursing as caring : A model for transforming practice*. National League for Nursing Press. (＝2005，多田敏子・谷岡哲也監訳『ケアリングとしての看護――新しい実践のためのモデル』ふくろう出版.)

Brown, L. J. (1986) The experience of care : patient perspectives, *Topics in clinical nursing*, 8(2), 56-62.

Brown, S. J. (1992) Tailoring Nursing care to Individual client : Empirical challenge of a Theoretical Concept, *Research in nursing & health*, 15, 39-46.

Brugère, F. (2011) *Léthique du《care》*, Presses Universitaires de France. (＝2014，原山哲・山下りえ子訳『ケアの倫理――ネオリベラリズムへの反論』白水社.)

Cohen, J. A. (1991) Two portraits of caring : a comparison of the artists, Leininger and Watson, *Journal of Advanced Nursing*, 16, 899-909.

Cox, C. L. (1982) An interaction model of client health behavior : Theoretical prescription for nursing. *Advances in Nursing Science*, 5(1), 41-51.

Cronin, S. N. and Harrison, B. (1988) Importance of nurse caring behaviors as perceived by patients after myocardial infarction, *Heart and Lung*, 17(4), 374-80.

独立行政法人福祉医療機構（2013）「介護人材の育成と定着に向けて――キャリア段位制度が本格的に始動」『月刊 WAM』8月号，2-7.

Elo, S. and Kyngäs, H. (2007) The qualitative content analysis process, *Journal of Advanced Nursing*, 62(1), 107-115.

榎本博明（1997）『自己開示の心理学的研究』北大路書房.

Erikson, E. H., Erikson, J. M. and Kivnick, H. Q. (1986) *Vital Involvement In Old Age*, W. W. Norton & Company (＝1990，朝長正徳・朝長梨枝子訳『老年期――生き生きしたかかわりあい』みすず書房.)

Erikson, E. H. and Erikson, J. M. (1997) *The Life Cycle Completed*, W. W. Norton, & Company (＝2001，村瀬孝雄・近藤邦夫訳『ライフサイクル，その完結（増補版)』みすず書房.)

Eriksson, K. (1992a) Nursing : the caring practice "being there", Gaut, D. A. ed., *The presence of caring in nursing*, 201-211.

Eriksson, K. (1992b) Different forms of caring communion, *Nursing Science Quarterly*, 5(2), 93.

Feil, N. (1993) *The validation breakthrough : Simple Techniques for Communicating with People with "Alzheimer's-Type Dementia"*, Health Professions Press.（=2001, 藤沢嘉勝監訳，篠崎人理・高橋誠一訳『バリデーション――痴呆症の人との超コミュニケーション法』筒井書房.）

Flick, U.（1995）*Qualitative Forschung*, Rohwolttaschenbuch Verlag Gmbh.（=2002, 小田博志・山本則子・春日常ほか訳『質的研究入門――〈人間の科学〉のための方法論』春秋社.）

Forrest, D.（1989）The experience of caring, *Journal of Advanced Nursing*, 14, 815-823.

Fromm, E.（1976）*To have or to be?*, Harper & Row Publishers（=1977，佐野哲郎訳『生きるということ』紀伊國屋書店.）

藤野好美（2008）「養護老人ホームの女性入所者にとっての『老い』とケアの課題について――インタビューを基にした内容分析」『社会福祉学』49(2), 97-109.

藤田真理子（2005）「『介護』の人類学　特集の序文」『文化人類学』70(3), 327-334.

福井雅彦（1994）「事実性としての他者―自己」早坂泰次郎編『〈関係性〉の人間学』川島書房 , 94-112.

福井康之（1990）『感情の心理学――自分とひとととの関係性を知る手がかり』川島書店。

船曳宏保（1982）「社会福祉としてのケアワークの構成――社会福祉方法論の再検討」『社会福祉研究』30, 111-116.

古瀬徹（1987）「ケアワーカーの専門性と独自性――『介護福祉士』創設の意義と今後の課題」『社会福祉研究』41, 38-43.

Gilligan, C.（1982）*In a Different Voice : Psychological Theory and Women's Development*, Harvard University Press.（=1986，岩男寿美子監訳『もうひとつの声』川島書店.）

Gorz, A.（1988）*Mètamorphoses du travail Quête du sens : Critique de la rasion économique*, Galilee.（=1997，真下俊樹訳『労働のメタモルフォーズ――働くことの意味を求めて』緑風出版.）

Graneheim, U. H. and Lundman, B.（2004）Qualitative content analysis in nursing research : concepts, procedures and measures to achieve trustworthiness, *Nurse Education Today*, 24 105-112.

Gregg, M. F. and Magilvy, J. K.（2004）Values in clinical nursing practice and caring, *Japan Journal of Nursing Science*, 1. 11-18.

浜野研三（1998）「物語を紡ぐ存在としての人間――パーソン論に代わるもの」加藤尚武・加茂直樹編『生命倫理学を学ぶひとのために』世界思想社，119-128.

Happ, M. B., Williams, C. C., Stumpf, N. E., et al.（1996）Individualized care for frail elders : Theory and Practice, *Journal of Gerontological Nursing*, 22(3), 6-14.

原田正樹（2012）「地域福祉の基礎づくりの視点」岩間伸之・原田正樹『地域福祉援助をつかむ』有斐閣，138-148.

Harrefors, C., Sävenstedt, S. and Axelsson, K.（2008）Elderly people'sperceptions of how they want to be cared for : an interview study with healthy elderly couples in Northern Sweden, *Scandinavia Journal of caring science*, 23, 353-360.
橋本正明編（2013）『人間の理解（第2版）』メヂカルフレンド社.
畑村洋太郎（2008）『みる　わかる　伝える』講談社.
早川裕隆（2000）「ロール・プレイングによる道徳授業」林泰成編『ケアする心を育む道徳教育――伝統的な倫理学を超えて』北大路書房，147-160.
林泰成（2014）「第一章 人間の尊厳と自立　第一節 人間理解と尊厳」日本介護福祉士養成施設協会編第一巻編者田中博一・小坂淳子『人間の尊厳と自立／社会への理解』法律文化社，9-13.
狭間直樹（2003）「公共サービスにおける品質概念と第三者評価――東京都福祉サービス第三者評価システムを中心に」『同志社法学』54(6), 2208-2252.
Heidegger, M.（1927）*Sein und Zeit.*（＝1994，細谷貞雄訳『存在と時間（上・下)』ちくま学芸文庫.）
広井良典（1997）『ケアを問い直す――〈深層の時間〉と高齢化社会』ちくま新書.
広井良典（2000）「ケアの哲学」『仏教』51, 18-26.
広井良典（2013）「いま『ケア』を考えることの意味」広井良典編『ケアとは何だろうか――領域の壁を越えて』ミネルヴァ書房，1-30.
廣末利弥（2002）「介護保険導入後の高齢者福祉労働」真田是監修『社会福祉労働の専門性と現実』かもがわ出版，119-144.
廣末利弥（2007）「高齢者は『介護サービスの消費者』ではなく，人間らしく生きる『権利の主体者』」『福祉のひろば』10月，21-22.
Honneth, A.（1992）Kampf um Anerkennung : Zur moralischen Grammatik sozialer Konflikt, Suhrkamp Verlag.（＝2003，山本啓・直江清隆訳『承認をめぐる闘争――社会的コンフリクトの道徳的文法』法政大学出版局.）
Honneth, A.（2000）Das Andere Der Gerechtigkeit : Aufsätze zur praktische Philosophie.（＝2005，加藤泰史・日暮雅夫ほか訳『正義の他者――実践哲学論集』法政大学出版局.）
保良昌徳（1988）「『介護』の概念に関する一試論」『東北福祉大学紀要』13. 107-121.
堀江剛・中岡成文（2005）「臨床哲学とケア」川本隆史編『ケアの社会倫理学――医療・看護・介護・教育をつなぐ』有斐閣選書，181-200.
細川順子（2000）「臨床におけるケアリング教育――倫理的で探求的な臨床実習のために」『神戸大学医学部保健学科紀要』16, 59-68.
蓬莱元次（2004）「ISOと人事管理制度1――利用者満足を尊重した施設をめざして」『月刊福祉』9月号，72-75.
Hutchison, C. P. and Sr. Bahr, R. T.（1991）Types and Meanings of Caring Behaviors

Among Elderly Nursing Home Residents, *Image : Journal of Nursing Scholarship*, 23(2), 85-88.

Huggins, K. N., Gandy, W. M. and Kohut, C. D. (1993) Emergency department patient' perception of nurse caring behaviors, *Heart & Lung*, July/August, 356-364.

兵庫等（2001）「礼儀・マナー検討委員会を設けマニュアルづくり」『総合ケア』11(4) 37-41.

兵庫県ヒューマンケア研究機構（2002）「平成13年度ヒューマンケア研究会報告書　ケア（ケアリング）論の現状とヒューマンケアの暫定的定義の試み」.

一番ケ瀬康子・井上千津子・鎌田ケイ子ほか編（2005）『新・セミナー介護福祉 11 ―介護概論』ミネルヴァ書房.

池辺寧（2004）「ケアの倫理――相互依存と責任」『奈良県立医科大学短期大学部紀要』8, 8-23.

池辺寧（2007）「Heidegger における気づかいの概念――ケア論への応用をめぐって」『介護福祉学』14(1), 17-26.

今井友緒子（2001）「選んでいただける施設を目指して――接遇委員会の取り組み」『総合ケア』11(4), 42-45.

井上千津子（2000）「介護とは」一番ケ瀬康子監修『新・介護福祉学とは何か』ミネルヴァ書房，1-17.

井上千津子（2003）「介護とは何か」井上千津子編『新版介護概論――生活の視点から導く介護の本質』みらい，11-29.

井上千津子（2013a）「生活を支える介護の視座」井上千津子・澤田信子・白澤政和・本間昭監修，井上千津子編『介護福祉士養成テキストブック 4　介護の基本（第 2 版）』ミネルヴァ書房，1-6.

井上千津子（2013b）「介護実践の展開」井上千津子・澤田信子・白澤正和・本間昭監修，井上千津子編『介護福祉士養成テキストブック 4　介護の基本（第 2 版）』ミネルヴァ書房，7-33.

一般財団法人日本品質保証機構（2014）「ISO 認証制度とは（HP）」https://www.jqa.jp/service_list/management/management_system/（2014/12/14）

石橋真二・片桐幸司・小林光俊ほか（2011）「座談会――介護現場の実際と介護福祉士教育の方向性」『介護福祉教育』16(2), 108-123.

石田一紀（2000）「介護福祉労働の一般的特長と専門性」一番ケ瀬康子監修，日本介護福祉学会編『新・介護福祉学とは何か』ミネルヴァ書房，71-91.

石田一紀（2002）『介護における共感と人間理解――その人らしさを大切にし伸ばすこと』萌文社，222.

伊藤恭彦（2005）「正義の倫理とケアの倫理」浜渦辰二編『〈ケアの人間学〉入門』知泉書館，163-179.

伊藤周平（2003）「介護保険ケアマネジメントと利用者の権利　その2」『賃金と社会保障』1343, 22-39.

伊藤周平（2007）「介護保険サービスと要介護者の権利保障（上）」『賃金と社会保障』1449, 4-21.

岩間伸之（2004）「権利擁護とソーシャルワークの特質」秋山智久・井岡勉・岡本民夫ほか『社会福祉の思想・理論と今日的課題』筒井書房，30-39.

岩本テルヨ（1997）「看護師のケアリング行動と患者の反応」『山口県立大学看護学部紀要』創刊号，9-20.

Jecker, N. S. and Reich, W. T.（1995）Care : Contemporary Ethics of Care, Reich, W. T. ed., *Encyclopedia of bioethics, 3rd edition*, Macmillan, 336-344.

Jenny, J. and Logan, J.（1992）Knowing the Patient : One aspect of clinical knowledge, *Image*, 24(4), 254-258.

Johansson, I., Holm, A., Lindqvist, I., et al.（2006）The value of caring in nursing supervision, *Journal of nursing management*, 14, 644-651.

城ヶ端初子（2007）『ケアとケアリング――看護観をはぐくむはじめの一歩』メディカ出版.

城ヶ端初子・樋口京子・脇本澄子ほか（2008）「ケア・ケアリング概念及び看護理論の現状と課題」『大阪市立大学看護学雑誌』4, 1-10.

介護福祉士養成講座編集委員会編（2016）『人間の理解（第3版）』中央法規出版.

梶田叡一（1988）『自己意識の心理学（第2版）』東京大学出版会.

鎌田ケイ子（2001）「痴呆介護の基本的理念・原則」高齢者痴呆介護研究・研修センターテキスト編集委員会編『高齢者痴呆介護実践講座Ⅰ』第一法規，181-194.

鎌田ケイ子（2005）「介護の働き」一番ケ瀬康子・井上千津子・鎌田ケイ子ほか編『新・セミナー介護福祉 11　介護概論』ミネルヴァ書房，9-38.

神奈川県保健福祉部高齢福祉課（2009）『高齢者・家族の心に耳を傾けるケアをめざして』

金井一薫（2004）『ケアの原型論（新装版）』現代社.

加納光子（1989）「ソーシャルワークとケアワークの相違点――現段階における相違点について」『ソーシャルワーク研究』15(3), 173-176.

加納光子（2000）「社会福祉学と介護福祉学」岡本千秋・小田兼三・大塚保信ほか編『介護福祉学入門』中央法規出版，137-139.

笠原幸子（1999a）「介護福祉教育における価値・思想の重要性」『介護福祉教育』4(2), 45-47.

笠原幸子（1999b）「介護福祉の本質と価値」秋山智久・高田真治編『社会福祉の思想と人間観』ミネルヴァ書房，207-223.

柏木惠子（1992）「自己認識と自己制御機能の発達」柏木惠子編『パーソナリティの発

達』金子書房.
堅田知佐（2012）「介護福祉士養成の課題」『総合社会福祉研究』41, 33-43.
加藤直克（2005）「ケアと情念」『自治医科大学医学部紀要』28, 1-10.
加藤伸司・西田トシ（1998）「特別養護老人ホーム職員の痴呆性老人に対する介護ストレス研究」『高齢者問題研究』14, 69-86.
加藤薗子（2002）「社会福祉政策と福祉労働」真田是監修『社会福祉労働の専門性と現実』かもがわ出版，14-35.
勝山貴美子（2004）「看護の質とケア」平山正実・朝倉輝一編『ケアの生命倫理』35-59.
川井太加子（2014）「第１章 介護の基本Ⅰ　第１節 介護とは何か」川井太加子・野中ますみ編『介護の基本／介護過程』法律文化社，3-10.
川本隆史（1995）『現代倫理学の冒険――社会理論のネットワーキングへ』創文社，198.
川本敏郎（2005）『簡単便利の現代史――高密度消費・情報社会の行方』現代書館.
Kelley, R. E.（1992）*The Power of Followership*, Doubleday Business.（＝1993，牧野昇監訳『指導力革命』プレジデント社.）
木立正敏（2000）「福祉教育における『ケアの思想』の意味」『東洋大学大学院紀要』37, 387-403.
Kittay, E. F.（1999）*Love's Lavor Essey on Women, Equality, and Dependency*, Taylor & Francis.（＝2010，岡野八代・岸田和恵監訳『愛の労働――あるいは依存とケアの正義論』白澤社.）
Knowlden, V.（1986）The meaning of caring in the nursing role, *Dissertation Abstract International*, 46(9), 2574A.
Kolb, A. Y. and Kolb, D. A.（2009）*Experiential leaning theory : A dynamic, holistic approach to management leaning, education and development*, Armstrong, S. J. and Fukami, C. V. eds., *The SAGE Handbook of Management Leaning, Education and Development*, SAGE, 42-68.
Komorita, N. I., Doehrig, K. M. and Hirchert, P. W.（1991）Perceptions of Caring by Nurse Educators, *Journal of Nursing Education*, 30(1), 23-29.
小室豊允（2000）『選択の時代を勝ち抜く福祉マーケティング』筒井書房.
是枝祥子（2016）「第１章 自立に向けた介護とは　第１節 介護とは」介護福祉士養成講座編集委員会編『介護の基本Ⅰ（第３版）』中央法規出版，1-22.
公益財団法人介護労働安定センター（2013a）「平成 24 年度介護労働の現状について」http://www.kaigo-center.or.jp/report/pdf/h24_roudou_genjyou.pdf（2014/6/28）.
公益財団法人介護労働安定センター（2013b）「平成 24 年度介護労働実態調査　事業所における介護労働実態調査」http://www.kaigo-center.or.jp/report/pdf/h24_chousa_jigyousho_toukeihyou.pdf（2014/6/28）
公益財団法人介護労働安定センター（2013c）「平成 24 年度介護労働実態調査　介護労

働者の就業実態と就業意識調査」http://www.kaigo-enter.or.jp/report/pdf/h24_chousa_roudousha_toukeihyou.pdf（2014/6/28）
公益財団法人介護労働安定センター（2016a）「平成27年度介護労働実態調査　事業所における介護労働実態調査」http://www.kaigo-center.or.jp/report/pdf/h27_chousa_jigyousho_toukeihyou.pdf（2016/9/18）
公益財団法人介護労働安定センター（2016b）「平成27年度介護労働実態調査　介護労働者の就業実態と就業意識調査」http://www.kaigo-enter.or.jp/report/pdf/h27_chousa_roudousha_toukeihyou.pdf（2016/9/18）
河野篤・墨江善浩（2002）「高齢者福祉施設の経営に必要な自己評価・改善システム――ISOへの取り組みを通じて」『日本産業経済学会産業経済研究』2, 30–40.
高良麻子（2007）「介護支援専門員におけるバーンアウトとその関連要因――自由記述による具体的把握を通して」『社会福祉学』48(1), 104–116.
高齢者介護研究会（2003）「2015年の高齢者介護――高齢者の尊厳を支えるケアの確立に向けて」.
厚生労働省（2007a）「平成18年度高齢者の虐待防止，高齢者の養護者に対する支援等に関する法律に基づく対応状況等に関する調査結果（確定版）」.
厚生労働省（2007b）「平成18年介護サービス施設・事業所調査結果の概況」.
厚生労働省（2013a）「平成24年度高齢者虐待の防止，高齢者の養護者に対する支援等に関する法律に基づく対応状況等に関する調査結果」http://www.mhlw.go.jp/file/04-Houdouhappyou-12304500-Roukenkyoku-Ninchishougyakutaiboushitaisakusuishinshitsu/h24chousakekka.pdf（2014/6/17）
厚生労働省（2013b）「平成24年雇用動向調査結果の概況」http://www.mhlw.go.jp/toukei/itiran/roudou/koyou/doukou/13-2/dl/gaikyou.pdf（2014/6/28）
厚生労働省（2014a）「介護人材確保対策について　介護給付費分科会H26.9.3　資料」http://www.mhlw.go.jp/file/05-Shingikai-12601000-Seisakutoukatsukan-Sanjikanshitsu_Shakaihoshoutantou/0000056770.pdf（2014/10/6）
厚生労働省（2014b）「介護福祉士の登録者数の推移」http://www.mhlw.go.jp/bunya/seikatsuhogo/shakai-kaigo-fukushi6.html（2014/10/6）
厚生労働省（2016）「塩崎大臣会見概要（H28.4.28(木) 8：45～8：49 ぶら下がり）」http://www.mhlw.go.jp/stf/kaiken/daijin/0000123391.html（2016/9/9）
Krippendorff, K.（1980）Content Analysis : An Introduction to Its Methodology, Sage Publication.（＝1989，三上俊治・椎野信雄・橋元良明訳『メッセージ分析の技法――「内容分析」への招待』勁草書房.）
Kuhse, H.（1997）*Caring : Nurses, Women and Ethics*, Blackwell.（＝2000，竹内徹・村上弥生監訳『ケアリング――看護婦・女性・倫理』メディカ出版.）
九鬼周蔵（1941）「情緒の系図――歌を手引きとして」九鬼周蔵（1979）『「いき」の構

造他二篇』岩波書店，145-216.
蔵田伸雄（1998）「『パーソン論』とは何か――概念の説明」加藤尚武・加茂直樹編『生命倫理を学ぶ人のために』世界思想社，97-108.
栗木黛子・佐藤芳子・西浦功ほか（2003）「特別養護老人ホームにおける介護職の業務実態と負担感（調査報告）」『人間福祉研究』6, 101-119.
黒澤貞夫（2009）『人間の尊厳と自立』建帛社.
葛生栄二郎（2011）『ケアと尊厳の倫理』法律文化社.
Kwant, R. C.（1965）*Phenomenology of Social Existens*, Harper and Row.（＝1984，早坂泰次郎監訳『人間と社会の現象学――方法論からの社会心理学』勁草書房.）
Kyle, T. V.（1995）The concept of caring : a review of the literature, *Journal of Advanced Nursing* , 21, 506-514.
Larson, P. J.（1984）Important nurse caring behaviors perceived by patients with cancer, *Oncology Nursing Forum*, 11(6).
Lea, A. and Watoson, R.（1996）Caring research and concepts : a selected review of the literature, *Journal of Clinical Nursing*, 5, 71-77.
Leininger, M. M.（1984）Care : The Essence of Nursing and Health, Leininger M. M.（ed.）, *Care : The Essence of Nursing and Health*, Wayne State University Press, 3-15.
Leininger, M. M.（1985）「記述民俗学と民族看護学質的データ分析のモデルと方式」Leininger, M. M.（ed）, *Qualitative Research Methods in Nursing*, Grune & Stratton.（＝1997，近藤潤子・伊藤和弘監訳『看護における質的研究』医学書院，81-82.）
松田純（2005）「現代先端医療とケア」浜渦辰二編『〈ケアの人間学〉入門』知泉書館，31-66.
松田徳一郎編（1999）『リーダーズ英和辞典（第２版）』385.
松山郁夫・小車淑子（2004）「会話が出来ない重度痴呆性高齢者に対する介護者の認識」『老年社会科学』26(1), 78-84.
松山郁夫（2005）「高齢者施設における介護職員の介護福祉に対する認識」『研究論文集（佐賀大学）』9(2), 255-262.
Mayeroff, M.（1965）On Caring, *International philosophical quarterly*, 5, 462-474.
Mayeroff, M.（1971）*On Caring*, Harper & Row.
Mayeroff, M.（1971）*On Caring*, Harper & Row.（＝2003，田村真・向野宣訳『ケアの本質――生きることの意味』ゆみる出版.）
Mayring, P.（2000）Qualitative Content Analysis, Forum, Qualitative Social Research, 1(2). http://qualitative-research.net/fgs（2008/8/1）
McCance, T. V., NcKenne, H. P. and Boore, J. R. P.（1999）Caring : theoretical perspectives of relevance to nursing, *Journal of Advanced Nursing*, 30(6), 1388-

1395.
McGilton, K. S. and Boscart, V. M.（2007）Close care provider-resident relationships in long-term care, *Journal of Clinical Nursing*, 16, 2149-2157.
Miller, B. K., Haber, J. and Byrne, M. W.（1992）The experience of caring in the acute care setting-patient and nurse perspectives. Gaut, D. A. ed., *The presence of caring in nursing*, 137-156.
峯尾武己（2015）「介護福祉のあり方」岩田正美・大橋謙策・白澤政和編『高齢者に対する支援と介護保険制度（第3版）』ミネルヴァ書房，89-114.
操華子（1996）「解説　米国におけるケアリング理論の探求」鈴木智之・操華子・森岡崇訳『アクト・オブ・ケアリング――ケアする存在としての人間』ゆみる出版，206-224.
操華子・羽山由美子・菱沼典子ほか（1996）「ケア／ケアリング概念の分析――量的・質的研究から導き出された諸属性の構造」『聖路加看護大学紀要』22, 14-27.
操華子・羽山由美子・菱沼典子ほか（1997）「患者・看護婦が認識するケアリング行動の比較分析」『Quality Nursing』3(4), 359-367.
三菱UFJリサーチ&コンサルティング（2016）『地域包括ケアシステム構築に向けた制度及びサービスのあり方に関する研究事業報告書　地域包括システム研究会　地域包括ケアシステムと地域ケアマネジメント』http://www.murc.jp/uploads/2016/05/koukai_160509_c1.pdf（2016/9/16）
三井さよ（2004）『ケアの社会学――臨床現場との対話』勁草書房，98-114.
宮本真巳（2008）「看護師の感情労働と異和感の対自化――脱慣習化から価値観の再構築へ」『アディクションと家族』25(3)，205-214.
宮野正則（2000）「ケアする心を育む動物飼育」林泰成編『ケアする心を育む道徳教育　伝統的な倫理学を超えて』北大路書房，176-191.
溝部佳子・武田卓也（2010）「『人間の尊厳』を育む教育プログラムへの挑戦」『介護福祉教育』16(1), 59-66.
水野治太郎（1991）『ケアの人間学――成熟社会がひらく地平』ゆみる出版.
Monahan, R. S. and McCarthy, S.（1992）Nursing Home Employment : The Nurse's Aide's Perspective, *Journal of Gerontological Nursing*, 18(2)，13-16.
Montgomery, C. L.（1993）*Healing Through Communication: The Practice of Care*, Sage.（＝1995，神郡博・濱畑章子訳『ケアリングの理論と実践――コミュニケーションによる癒し』医学書院.）
Morse, J. M., Solberg, S. M. and Neander, W. L., et al.（1990）Concepts of caring and caring as a concept, *Advanced in Nursing Science*, 13(1), 1-14.
Moustakas, C. E.（1972）*Loneliness and Love*, Prentice-Hall.（＝1984，東山紘久・片岡康訳『愛と孤独』創元社，74-113.）

村松聡（2001）『ヒトはいつ人になるのか——生命倫理から人格へ』日本評論社，203-228.

村西美恵子（2007）「介護・ケア・介護福祉の概念検討」『滋賀文化短期大学研究紀要』17, 19-29.

村田久行（1997）「介護の価値をどう伝えるか——介護福祉専門職養成教育を考える」一番ケ瀬康子監修，日本介護福祉学会編『介護福祉職にいま何が求められているか』ミネルヴァ書房，63-69.

村田久行（1998）『ケアの思想と対人援助（改訂増補）』川島書店.

室伏君士（1985）『痴呆老人の理解とケア』金剛出版.

永田まなみ（2003）「ケアの倫理はありうるか——Allmark-Bradshaw 論争に関連して」『医学哲学医学倫理』21, 82-97.

Nightingale. F.（1860）Notes or Nursing : What it is, and What it is not New edition, revised and enlarged London : Harrison, 59 Pull Mall, Bookseller to the Queen（=2011，湯槇ます・薄井坦子，小玉香津子ほか訳『看護覚え書—看護であること看護でないこと（改訂第７版）』）現代社.

中島紀恵子（1989）「介護とは何か——その理論的枠組」『社会福祉研究』44, 13-18.

中島紀恵子（2003）「介護の働き」福祉士養成講座編集委員会編『新版社会福祉士養成講座 14　介護概論（第２版）』中央法規出版，24-47.

中島紀恵子（2006）「介護の働き」福祉士養成講座編集委員会編『新版社会福祉士養成講座 14　介護概論（第３版）』中央法規出版，26-49.

中村直美（2001）「ケア・正義・自律とパターナリズム」中山將・高橋隆雄編『ケア論の射程』九州大学出版会，89-116.

仲村優一・一番ケ瀬康子・重田信一ほか編（1974）『社会福祉辞典』誠信書房.

中村裕子（2003）「介護とは」岩橋成子編『介護福祉士選書 14　新版介護福祉概論』建帛社，1-26.

中村裕子（2007）「介護の概念」建部久美子編『臨床に必要な介護概論——介護概論』弘文堂，14-39.

中野啓明（2006）「メイヤロフとハルトのケアリング論」中野啓明・伊藤博美・立山善康編『ケアリングの現在——倫理・教育・看護・福祉の境界を越えて』晃洋書房，67-78.

中野麻美（2000）「ケア・ワーカー，ホームヘルパーの労働条件保護」『季刊労働法』193, 83-101.

中塩聖司（2003）「介護保険制度と市場福祉への転換について——『措置』から『契約』への転換を中心に」『國學院商学』12, 31-73.

中山將（2001）「ケアの本質構造——ハイデガーの寄与」中山將・高橋隆雄編『ケア論の射程』九州大学出版会，27-46.

中柳美恵子（2000）「ケアリング概念の中範囲理論開発への検討課題——看護学におけるケアリングの概念分析を通して」『看護学統合研究』1(2), 26-44.
成清美治（1992）「介護福祉概念の構築に向けて——テキストの比較研究から」『ソーシャルワーク研究』17(4), 292-299.
成清美治（2003）『新・ケアワーク論』学文社.
成田善弘（2001）「心理療法的関係の二重性」河合隼雄編『心理療法と人間関係』岩波書店，27-66.
根本博司（2000）「ケアワークの概念規定」一番ケ瀬康子監修，日本介護福祉学会編『新・介護福祉学とは何か』ミネルヴァ書房，18-42.
日本学術会議社会学員会（2011）「提言　福祉職・介護職の専門性向上と社会的待遇の向上を目指して」http://www.scj.go.jp/ja/info/kohyo/pdf/kohyo-21-t133-3.pdf (2014/7/1)
日本労働研究機構（2003）「調査研究報告書 No.153　ホームヘルパーの仕事・役割をめぐる諸問題——ホームヘルパーの就業実態と意識に関する研究報告」.
日経 BP 社（2012）「徹底分析　2012 年度介護報酬改定　介護報酬全体動向」『日経ヘルスサイエンス』April, 56-57.
認知症介護研究・研修仙台センター（2008）「介護現場のための高齢者虐待防止教育システム」https://www.dcnet.gr.jp/support/research/center/detail.html ? CENTER_REPORT＝59&center＝3(2012/12/13)
西村洋子（2005）『社会福祉専門職ライブラリー〈介護福祉士編〉介護福祉論』誠信書房，88-115.
西村洋子（2007）「介護の理念と概念」澤田信子・西村洋子編『新・社会福祉士養成テキストブック 12　介護概論』ミネルヴァ書房，47-82.
西村洋子（2008）「序章」西村洋子・太田貞司編『介護福祉教育の展望——カリキュラム改正に臨み』光生館，1-7.
西村洋子（2009）「生活を支える介護」西村洋子・本名靖・綿祐二・柴田範子編『介護の基本Ⅰ』建帛社，75-112.
西村洋子（2015）「介護福祉の概念」西村洋子編『介護の基本（第 4 版）』メヂカルフレンド社，58-101.
Noddings, N.（1984）*Caring : A Feminine Approach to Ethics & Moral Education,* The Regents of University of California.（＝1997，立山善康・林泰成・清水重樹ほか訳『ケアリング——倫理と道徳の教育』晃洋書房.）
野中ますみ（2014）「第 1 章 介護の基本Ⅰ　第 2 節 介護とケア」川井太加子・野中ますみ編『介護の基本／介護過程』法律文化社，11-28.
野崎亜紀子（2013）「ケアの倫理と関係性——ケア関係を構築するもの」『法の理論』32, 87-114.

Nussbaum, J. F.（1991）Communication, Language and the Institutionalized Elderly, *Ageing and Society*, 11, 149-165.

OECD（2009）*Health at a Glance2009 : OECD INDICATORS*,（＝2010，鐘ヶ江葉子訳『図表で見る世界の保健医療――OECD インディケーター（2009 年版）』明石書店，98-99.

小笠原祐次（1995）『介護の基本と考え方――老人ホームのしくみと生活援助』中央法規出版.

小川栄二（2002）「ホームヘルプ労働の専門性」真田是監修『社会福祉労働の専門性と現実』かもがわ出版，145-165.

荻野佳代子（2005）「患者との関係性が対人援助職のバーンアウトに及ぼす影響」『心理学研究』76(4), 391-396.

小倉啓子（2005）「特別養護老人ホーム入居者のホーム生活に対する不安・不満の拡大化プロセス――個人生活ルーチンの混乱」『質的心理学研究』4, 75-92.

小倉啓子（2007）『ケア現場における心理臨床の質的研究――高齢者介護施設利用者の生活適応プロセス』弘文堂.

小車淑子・松山郁夫（2004）「会話できない痴呆性高齢者に対する介護者の意識に関する調査研究」『高齢者のケアと行動科学』9(2), 63-68.

小楠範子・萩原久美子（2007）「特別養護老人ホームで働く職員の終末ケアのとらえ方――終末ケアにおける『よかったこと』『むずかしかったこと』に焦点を当てて」『老年社会科学』29(3), 345-354.

尾原喜美子・國岡照子・藤田晶子ほか（2000）「基礎看護学におけるケアリングの気づき――視聴覚教材の活用」『高知医科大学紀要』16, 37-50.

岡本千秋（1987）「ケアワークの範囲と質をどう考えるか――ホームヘルパーの役割・養成・訓練」『社会福祉研究』40, 43-48.

岡本多喜子（2001）「高齢者福祉分野のケア」『明治学院論叢』660, 147-173.

岡本民夫（1989）「はしがき」岡本民夫・久垣マサ子・奥田いさよ編『介護概論』川島書店，i～iii.

岡本民夫（1999）「介護福祉とは何か」岡本民夫・井上千津子編『介護福祉入門』有斐閣，1-20.

岡崎祐司（2004）「社会福祉『構造改革』の性格と自治体福祉の方向性――準市場化と共同論を中心に」『総合社会福祉研究』25, 51-59.

沖田佳代子（2002）「介護サービス計画の決定作成における倫理的ジレンマ――ケアマネジャーに対する訪問面接調査から」『社会福祉学』43(1), 80-90.

奥田いさよ（1989）「介護福祉の概念」岡本民夫・久垣マサ子・奥田いさよ編『介護概論』川島書店，1-20.

尾身浩光（2000）「ケアのモデル示範による道徳授業」林泰成編『ケアする心を育む道

徳教育――伝統的な倫理学を超えて』北大路書房，88-104.
大橋謙策（2014）「社会福祉におけるケアの思想とケアリングコミュニティの形成」大橋謙策編『ケアとコミュニティ』ミネルヴァ書房，1-21.
大森彌（2002）「高齢者介護――自立支援への転換」東日本監査法人編『施設介護が変わる　新型特別養護老人ホーム――個室化・ユニットケアへの転換』中央法規出版，1-30.
大塚保信（2000）「介護福祉の歴史」岡本千秋・小田兼三・大塚保信ほか編『介護福祉学入門』中央法規出版，13-46.
大塚保信（2002）「介護福祉士の倫理性」介護福祉学研究会監修『介護福祉学』中央法規出版，71-87.
大和田猛（2004）「ソーシャルワークとケアワーク」大和田猛編『ソーシャルワークとケアワーク』中央法規出版，230-287.
音山若穂・矢富直美（1997）「介護老人福祉施設の利用者中心的介護が介護スタッフのストレスに及ぼす影響」『季刊・社会福祉研究』33(1), 80-89.
小澤勲（2005）『認知症とは何か』岩波新書.
パナソニック（2014）「お客様の満足を高める活動（CS推進活動）」http://panasonic.co.jp/es/pesasv/cs/（2014/6/23）
Radwin, L. E.（1995）Knowing the Patient : A process model for individualized interventions, *Nursing Research*, 44(6), 364-370.
Radwin, L. E.（1996）'Knowing the Patient' : a review of reseach on an emerging cocept, *Jounal of Advanced Nursing*, 23, 1142-1146.
Reich, W. T.（1995a）Care : History of the Notion of Care, Reich, W. T. ed., *Encyclopedia of bioethics, 3rd edition*, Macmillan, 319-331.
Reich, W. T.（1995b）Care : Historical Dimensions of an Ethics of Care in Health Care, Reich, W. T. ed., *Encyclopedia of bioethics, 3rd edition*, Macmillan, 331-336.
Riemen, D. J.（1986）The essential structure of a caring interaction doing phenomenology, Minhall, P. L. & Oiler, C. J. ed., *A qualitative perspective*, Appleton-Century-Croft, 85-108.
Roach, M. S.（1992）*The human act of caring,* Canadian Hospital Association Press.（＝1996，鈴木智之・操華子・森岡崇訳『アクト・オブ・ケアリング――ケアする存在としての人間』ゆみる出版.）
Rogers, C. R.（1989）*On Becoming a Person : A Therapist's View of Psychotherapy*. Houghton Mifflin Company, Tuttle-Mori Agency.（＝1995，諸富祥彦・末武康弘・保坂亨訳『ロジャーズが語る自己実現の道』岩崎学術出版社，34-40.）
佐伯胖（1975）『「学び」の構造』東洋館出版.
佐伯胖（2004）『「わかり方」の探求――思索と行動の原点』小学館.

佐橋克彦（2006）『福祉サービスの準市場化――保育・介護・支援費制度の比較から』ミネルヴァ出版.

斎藤勉・高橋由香里（2001）「小学校におけるケアリング教育の研究」『教育実践研究指導センター研究紀要』20, 1-26.

実藤基子・植田美穂（2013）「看護過程を始めて学ぶ学生に対する臨床看護事例を用いた教育方法の評価」『日本赤十字広島看護大学紀要』13, 59-68.

佐藤正子（2001）「看護実践によるメイヤロフのケア論の修正的解釈」『ヘルスサイエンス研究』5(13), 31-35.

佐藤豊道（1989）「ソーシャルワークとケアワーク」『ソーシャルワーク研究』15(2), 17-34.

澤田有希子（2007）「介護職のキャリア意識に見るジェンダー構造――高齢者福祉施設調査を通して」『関西学院大学人権研究』27-37.

Sen, A.（1992）*Inquality Reexamined*, Oxford University Press.（＝1999, 池本幸生・野上裕生・佐藤仁訳『不平等の再検討　潜在能力と自由』岩波書店, 77.）

Sherwood, G. D.（1988）Nurses' caring as perceived by post-operative patients : A phenomenological Study, *Dissertation Abstract International*, 49(6), 2133B.

繁田雅弘（2001）「第4節 痴呆症状とそれに影響する要因」高齢者痴呆介護研究・研修センターテキスト編集員会編『高齢者痴呆介護実践講座Ⅱ』第一法規, 21-29.

嶌末憲子（2016a）「第1章 介護の概念や対象　第1節 介護の概念と範囲」社会福祉士養成講座編集委員会編『高齢者に対する支援と介護保険制（第5版）』中央法規出版, 302-314.

嶌末憲子（2016b）「第1章 介護の概念や対象　第2節 介護の理念」社会福祉士養成講座編集委員会編『高齢者に対する支援と介護保険制度（第5版）』中央法規出版, 315-321.

清水英夫（1987）『老人ホーム寮母論（改訂版）』老人生活研究所.

清水哲郎（2005）「ケアとしての医療とその倫理」川本隆史編『ケアの社会倫理学――医療・看護・介護・教育をつなぐ』有斐閣選書, 105-130.

下村明子・松村三千子・内藤直子（2008）「ケアリングの実践に有効な一体験的学習方略としてのロールレタリング――自己の気づきに焦点をあてた研究」『日本看護学教育学会誌』18(2), 11-21.

品川哲彦（2002）「〈ケアの倫理〉考（一）」『関西大学文学論集』51(3), 1-24.

品川哲彦（2013）「ノモスとピュシスの再考――ケアの倫理による社会契約論批判」『法の理論』32, 3-25.

篠﨑良勝（2006a）『介護労働者が利用者から受ける　ケア・ハラスメントの実態調査　介護職という社会的弱者』（調査報告書）.

篠﨑良勝（2006b）「介護労働を取り巻くケア・ハラスメントの研究Ⅰ――ケア・ハラス

メントに関する先行研究の整理と実態調査」『八戸大学紀要』32, 27-36.
新谷奈苗（2006）「専門職としての介護職と看護医療の連携」守本とも子・星野政明編『介護概論』黎明書房，35-44.
白澤政和編（2013）『人間の尊厳と自立（第2版）』ミネルヴァ書房.
須加美明（2004）「ケアワークの理論と技術」岡本民夫監修，久保紘章・佐藤豊道・川廷宗之編『社会福祉援助技術論（下）』川島書店，267-285.
杉山せつ子（2013）「介護福祉の概念に関する研究――介護過程に焦点をあてて」『聖隷クリストファー大学社会福祉学部紀要』11, 65-77.
Suhonen, R., Valimaki, M. and Katajisto, J.（2000）Individualized care in a Finish health organization, *Journal of Clinical Nursing*, 9, 218-227.
鈴木裕久（2006）『臨床心理研究のための質的方法概説』創風社，148-164.
鈴木和雄（2006）「感情管理とサービス労働の統制」『大原社会問題研究所雑誌』566, 15-28.
鈴木聖子（2011）「『介護福祉学』の構築に向けて――ケア論からの考察」『介護福祉学』18(2), 167-172.
社会福祉法人湯梨浜町社会福祉協議会（2014）「平成24年度介護サービス満足度調査」http://www.yurihama-shakyo.jp/kekka.html（2014/6/23）
田畑邦治（1990）『ケアの時代を生きる――かかわりと自己実現』看護の科学社.
田川佳代子（2007）「新自由主義と社会福祉の市場化――社会福祉実践の再構築に向けて」『愛知県立大学文学部論集（社会福祉学科編）』56, 67-77.
高橋美岐子・藤沢緑子・佐藤沙織ほか（2001）「介護専門職のストレスの現状と課題　特別養護老人ホーム介護職員のストレス要因体験頻度の分析から」『日本赤十字秋田短期大学紀要』6, 61-68.
高橋隆雄（2001）「ケア論の素描と本書の構成」中山將・高橋隆雄編『ケア論の射程』九州大学出版会，2-23.
高岡國士（2009）「社会福祉法人のサービス向上に活用されるISO9001マネジメントシステム」『ISO NETWORK』17, 14-17.
竹松志乃（2005）「信頼されることによって生まれる自信――心理臨床家の立場から」『児童心理』59(14), 1331-1336.
田村充子（2005）「関係の中の自己決定――関係に生きる者が医療の現場で決断主体となるために」『生命倫理』15(1), 194-201.
田村美子・岡本次枝（2013）「小児看護学におけるケアリングを育むシミュレーション教育」『看護・保健科学研究会誌』14(1), 147-154.
田中智志（2004）「ケアリングの存在条件」臨床教育人間学会編『他者に臨む知』世織書房，11-26.
種橋征子（2003）「昼夜逆転し，夜間，頻回にナースコールをする女性の事例」ケアマネジメント実務研究会編『ケアマネジメント実践事例集』第一法規，4003-4013.
種橋征子（2005）「痴呆症（認知症）高齢者介護現場の現状と課題——職員が認識するケアと仕事上の負担との関連から」『評論・社会科学』77, 115-147.
種橋征子（2007）「個別ケアを阻害する要因に関する研究——介護老人福祉施設における認知症高齢者担当介護職員の個別ケア実践と仕事上の負荷の現状」『介護福祉学』14(1), 46-65.
種橋征子（2008）「職員の配置不足が介護の量的・質的側面と介護職員に及ぼす影響に関する研究——個別対応に時間を要した利用者を介護したフロアの事例から」『同志社社会福祉学』22, 47-61.
種橋征子（2011）「看護学における『ケア』概念研究の課題——介護現場における『ケア』概念研究に向けて」『同志社大学大学院社会福祉論集』25, 1-12.
種橋征子（2012）「意思疎通困難な寝たきりの高齢者に対する援助の視点——介護職員との『ケア』の関係性に着目して」『高齢者のケアと行動科学』17, 52-63.
種橋征子（2015）「介護老人福祉施設の介護職員に対する『ケア』の概念の教育，研修方法に関する研究——『ケア』の関係性の実態と介護職員が『ケア』の概念を理解する意義」『関西社会福祉研究』1, 57-69.
谷口幸一・吉田靖基（2000）「老人福祉施設職員の介護ストレスに関する研究」『ストレス科学』15(1), 82-88.
Tanner, C. A., Benner, P. and Chesla, C., et al.（1993）The phenomenology of knowing the patient, *Image*, 25(4), 273-280.
立山善康（1990）「実践課題としての『ケアリング』について」関西倫理学会編『現代倫理の課題』晃洋書房，69-83.
立山善康（2006）「高ケア社会の展望」中野啓明・伊藤博美・立山善康編『ケアリングの現在——倫理・教育・看護・福祉の境界を越えて』晃洋書房，188-201.
立山善康（2014）「第1章　人間の尊厳と自立　第一節　人間理解と尊厳」日本介護福祉士養成施設協会編第一巻編者田中博一・小坂淳子『人間の尊厳と自立／社会への理解』法律文化社，3-8，20-24.
帝国データバンク（2014）「医療機関・老人福祉倒産事業者の倒産動向調査」http://www.tdb.co.jp/report/watching/press/pdf/p140203.pdf（2014/6/17）
東京商工リサーチ（2013）「老人福祉・介護事業の倒産　前年同期より6割増の44件」http://www.tsr-net.co.jp/news/analysis/20131111_05.html（2014/6/17）
坪山孝（1989）「介護とは」岡本民夫・久垣マサ子・奥田いさよ編『介護概論』川島書店，21-33.
辻中浩司（2001）「顧客満足を高めるサービス・マネジメント」『総合ケア』11(4), 32-36.
津村俊充（2012）『プロセス・エデュケーション——学びを支援するファシリテーショ

ンの理論と実際』金子書房.
津島順子・小河孝則・吉田浩子ほか（2008）「虚弱高齢者の通所介護利用に関する心情」『介護福祉学』15(2), 182-189.
後小路肖美（1992）「D. コルブ経験学習論の形成過程に関する研究」『中国四国教育学会教育学研究紀要』38(1), 284-289.
鷲田清一（1999）『「聴く」ことの力——臨床哲学試論』TBS ブリタニカ.
渡辺俊之（2001）『ケアの心理学——癒しとささえの心をさがして』KK ベストセラーズ.
Watson, J.（1988）*Human Science and Human Care ; The Theory of Nursing*, National League for Nursing.（＝1992, 稲岡文昭・稲岡光子訳『ワトソン看護論——人間科学とヒューマンケア』医学書院.）
Watson, J.（2001）*Assessing and Measuring Caring in Nursing and Health Science*, Springer Publishing Company.（＝2003, 筒井真優美監訳『ワトソン看護におけるケアリングの探究——手がかりとしての測定用具』日本看護協会出版会.）
Widar, M., Anna-Christina, E. K., Ahlström, G.（2007）Caring and uncaring experiences as narrated by persons with long-term pain after a stroke, *Scandinavia Journal of caring science*, 21, 41-47.
Wolf, Z. R.（1986）The caring concept and nurse identified caring behaviors, *Topic in clinical Nursing*, 8(2), 84-93.
Wolf, Z. R., Giardino, E. R. and Osborne, P. A., et al.（1994）Dimensions of Nurse caring, *IMAGE Journal of Nursing Scholarship*, 26(2), 107-111.
八木裕子（2012）「介護福祉と社会福祉援助技術の概念に関する諸説の検討」『広島国際大学医療福祉学科紀要』8, 41-62.
山岸俊男（1999）『安心社会から信頼社会へ——日本型システムの行方』中公新書.
山鳥重（2002）『「わかる」とはどういうことか——認識の脳科学』ちくま書房.
山浦一保（2011）「組織文化」産業・組織心理学会編『産業・組織心理学ハンドブック』丸善, 224-227.
横山寿一（2003）『社会保障の市場化・営利化』新日本出版社.
横山壽一（2007a）「『コムスン問題』の本質と課題」『福祉のひろば』10 月号, 9-15.
横山壽一（2007b）「コムスン問題と介護保険制度の改革」『月刊国民医療』241, 21-27.
吉江悟・斎藤民・高橋都ほか（2006）「介護支援専門員がケースの対応に関して抱く困難感とその関連要因」『日本公衆衛生雑誌』53(1), 29-39.
結城康博（2009）「社会保障制度における介護保険制度の意義——社会保険と福祉制度からの考察」『現代思想』37(2), 78-90.
財団法人介護労働安定センター（2010a）「介護労働者の研修ニーズ調査結果〈介護労働者アンケート調査〉」http://www.kaigo-center.or.jp/report/pdf/h21_kenkyukai_5.p（2014/6/29）

財団法人介護労働安定センター（2010b）「介護労働者のキャリア形成に関する研究会最終報告書」http://www.kaigo-center.or.jp/report/pdf/h21_kenkyukai_2.pdf（2014/6/29）
財団法人介護労働安定センター（2010c）「介護労働者の研修ニーズ調査結果〈介護事業所ヒアリング調査〉」http://www.kaigo-center.or.jp/report/pdf/h21_kenkyukai_5.pdf（2014/6/29）
全国老人施設協議会（2008）「第２回介護労働者の確保・定着に関する研究会　ヒアリング提出資料」http://www.mhlw.go.jp/shingi/2008/04/dl/s0425-10d.pdf（2010/2/23）

おわりに

本書は，同志社大学に提出した博士論文「介護老人福祉施設の介護職員と利用者の間で展開される『ケア』の概念の研究――ケアプロセスにおける互いの『成長』に着目して」に，介護職員に対する「ケア」の概念の教育・研修方法とその課題について考察した第8章部分を追加し，修正を行ったものです。

同志社大学大学院文学研究科社会福祉学専攻博士後期課程に入学後，博士論文のテーマを決めるまでに3年，本格的に本書の研究に取り掛かって8年，学位取得までには長い時間を要しました。長きにわたって終始的確なご指導を賜りました主査の木原活信先生，並びに，懇切丁寧なご指導とご助言を賜りました副査の岡本民夫先生，山田裕子先生には心より感謝を申し上げます。

博士後期課程入学時の指導教員であった岡本民夫先生には，なかなか博士論文に取り掛かろうとせず，テーマも決めきれないという状況であったため，ずいぶんご心配をおかけしました。テーマを決めることができたのは，先生の退官の直前でした。その時に仰った「あなたのケア論を作り上げたらよいのですよ」という一言は，その後の研究生活での心の支えになりました。

山田裕子先生には，2008年に先生の学部科目と大学院科目のティーチングアシスタントとして1年間お世話になりました。卒論指導の授業では，学生に頼られるとついつい甘い姿勢をとってしまう私に，それでは学生のためにはならないと，メイヤロフが *On Caring* で指摘している，相手が成長することを待つ「忍耐（Patience）」の姿勢をご指導いただきました。現在，専任教員となって3年目ですが，その時のご指導を大切にし，学生教育に当たっています。このように，副査の先生方には，博士論文のご指導だけでなく，様々な場面で多くの学びを与えていただいたことにも感謝を申し上げなければなりません。

振り返ってみますと，博士論文を提出するまでには，多くの困難がありました。とりわけ，2009年の秋以降仕事との両立も難しく，研究を断念することを考えました。しかし，この困難な時期を乗り越えて，2013年に追加調査を行い，論文を書き上げるまでのモチベーションを取り戻せたのは，木原活信先生をはじめ，大学院や仕事でお世話になった先生方，木原ゼミの先輩，後輩たちの助言や励まし，元職場である社会福祉法人聖徳会でお世話になった上司や同僚，友人など，私に関わってくださった多くの皆さんのご厚意や支えのおかげでした。

特に，木原活信先生には，大変ご心労をおかけしました。1回目の調査によって「ケア」の概念を明らかにしたところまで書き上げた後，提出までに至らなかった時期には，先を焦る私に一度論文を書くこと自体を止めることを勧めてくださいました。当時の文書ファイルの日付を見ると1年間まったく更新していなかったことがわかります。その時は，気持ちも荒んでいたところもあり，追加調査など考えることもできませんでした。先生にとっては，私に対して先の見えない「忍耐（Patience）」の時期であったと思います。それでも私の成長を信じて「ケア」し続けてくださったことに，感謝という言葉では言い尽くせない気持ちです。本当にありがとうございました。

本書では介護職員と利用者の関わりにおける認識から「ケア」の概念を明らかにすること，また，介護職員が「ケア」の概念を理解する意義を明らかにするために，2つの調査を行っています。前者の調査では介護老人福祉施設5施設の介護職員，利用者の方々，それぞれ15名に，後者の調査では介護老人福祉施設1施設10名の介護職員の方々にご協力をいただきました。

介護職員の方からは，認知症等で的確に思いが伝えられず介護を拒否する利用者に葛藤を感じながらも，利用者のために試行錯誤で関わり続ける中で，利用者を知り，利用者との関係性を形成していく姿，一般的に援助される人として見なされがちな利用者の方からは，自分たちよりも若く未熟な存在である介護職員の痛みを理解して助けたり，介護職員の成長を信じて許容したりする姿を学び取ることができました。それらの学びを自分自身の介護現場での経験に照らして振り返ってみますと，利用者の方々に相談を持ち掛けられ，生活相談員として認めてもらうことによって責任を自覚したことなどが思い出され，改めて自分も利用者との「ケア」の関係性の中にあって成長してきたことを実感しました。

お忙しいにもかかわらず，調査に協力してくださった各施設の管理者の方，介護職員の方々，利用者の方々には心より感謝を申し上げます。

現在，介護現場では介護職員がなかなか定着しないといった人材確保の問題や，施設内での介護職員による虐待の問題が顕在化しています。それらの問題の要因は単純なものではなく，複数の要因が複雑に絡み合い，短期間で簡単に解決できるといったものではありません。現場の方々も日々，葛藤を抱えていることと思います。本書で明らかにした「ケア」の概念は援助の価値・思想であり，それだけでは現状の複雑な問題を解決することはできません。しかし，明確な援助の価値・思想がなければ問題の解決には至らないと考えています。今後も，引き続き「ケア」の概念の教育・研修方法や，「ケア」の概念を理念としそれを実現させられる組織作りに関する研究を続け，介護職員の働きやすさ，援助の質の向上に少しでも貢献できればと考えています。

最後になりましたが，本書の刊行にあたりお世話になりましたミネルヴァ書房の北坂恭子さんに感謝申し上げます。

2017年3月

著　者

初出一覧

本書は，同志社大学に提出した博士論文「介護老人福祉施設の介護職員と利用者の間で展開される『ケア』の概念の研究――ケアプロセスにおける互いの『成長』に着目して」に加筆・修正を行ったもので，各章の初出論文は以下の通りである。

序章・1章～7章・終章：学位論文「介護老人福祉施設の介護職員と利用者の間で展開される『ケア』についての研究――ケアプロセスにおける互いの『成長』に着目して」

第2章：種橋征子（2011）「看護学における『ケア』概念研究の課題――介護現場における『ケア』概念研究に向けて」『同志社大学大学院社会福祉論集』25，1-12

第3章：種橋征子（2012）「意思疎通困難な寝たきりの高齢者に対する援助の視点　介護職員との『ケア』の関係性に着目して」『高齢者のケアと行動科学』17，52-63

第7章：種橋征子（2015）「介護老人福祉施設の介護職員に対する『ケア』の概念の教育，研修方法に関する研究――『ケア』の関係性の実態と介護職員が『ケア』の概念を理解する意義」『関西社会福祉研究』1，57-69

第8章：書き下ろし

資料編

利用者と自分との相互作用について振り返るシート　名前：＿＿＿＿＿＿　期間＿＿＿＿＿＿

利用者との日々の関わりを通して感じたことについて、教えてください。

①　利用者について気がついたこと（強みや人となり、悩みごとや生活のしづらさなど）あるいは、教えられるなあ、すごいなあと感じたこと

・　どのような状況（場面、利用者の言動）で、それをどのように感じ，解釈しましたか

・　それに気づいたことによって、自分の気持ちや利用者に対する認識に変化があれば、それはどんな変化でしょうか、また、その利用者にどういった援助をしていこうと思いましたか

②　あなたの働きかけによって利用者に変化があった、正の感情や認識（例えば、安心した、自信を持った、励まされたなど）を持ってもらったと感じたこと

・　どのような状況（場面、利用者の言動）で気付き、それをどのように感じ，解釈しましたか

・　それに気づいたことによって、自分の気持ちや利用者に対する認識に変化があれば、それはどんな変化でしょうか、また、その利用者にどういった援助をしていこうと思いましたか

③ 利用者から信頼されている必要とされている、あるいは、利用者が自分のために言ってくれている、してくれている、気遣ってくれている（助けてくれている）と感じたこと

・ どのような状況（場面、利用者の言動）で気付き、それをどのように感じ，解釈しましたか

・ その実感によって自分の気持ちや利用者に対する認識、利用者に対する関わり方・援助についての考え方に変化はありましたか、あれば、どのような変化でしょうか

④ 利用者と関わっていて、自分が励まされたり、自信を得たり、安心したりするなど、正の感情を感じたり、認識をもったこと

・ どのような状況（場面、利用者の言動）で気付き、それをどのように感じ，解釈しましたか

・ その実感によって自分の気持ちや利用者に対する認識、利用者に対する関わり方・援助についての考え方に変化はありましたか、あれば、どのような変化でしょうか

索　　引

さ　行

た　行

な　行

は　行

ま　行

や　行

ら・わ行

欧文

《著者紹介》

種橋　征子（たねはし・せいこ）

1993年　愛知県立大学文学部社会福祉学科卒業。
1993から2004年　社会福祉法人聖徳会勤務。
2004年　大阪教育大学大学院教育学研究科健康科学専攻発達人間学講座修士課程修了。
2005から2008年　京都光華女子大学人間関係学部社会福祉学科実習助手。
2009から2014年　社会福祉法人聖徳会地域支援事業部副部長。
2015年　同志社大学大学院社会学研究科社会福祉学専攻博士後期課程修了。
現　在　椙山女学園大学人間関係学部人間関係学科助教。
　博士（社会福祉学）同志社大学。
著　書　『介護職員の倫理と職務』（分担執筆）全国社会福祉協議会，2007年
　『高齢者施設用語辞典』（分担執筆）中央法規出版，2007年
　『福祉社会の再構築』（分担執筆）ミネルヴァ書房，2008年
　『介護技術の自己点検』（分担執筆）創元社，2011年

MINERVA 社会福祉叢書㊻

介護現場における「ケア」とは何か
——介護職員と利用者の相互作用による「成長」——

2017年10月1日　初版第1刷発行　〈検印省略〉

定価はカバーに
表示しています

著　者　種　橋　征　子
発行者　杉　田　啓　三
印刷者　藤　森　英　夫

発行所　株式会社　ミネルヴァ書房
607-8494　京都市山科区日ノ岡堤谷町1
電話代表（075）581-5191
振替口座　01020-0-8076

亜細亜印刷・新生製本

ISBN978-4-623-08100-4
Printed in Japan